回望与省思

当代小学语文教学设计发展研究

林志芳 著

齊魯書社
·济南·

图书在版编目（CIP）数据

回望与省思：当代小学语文教学设计发展研究 / 林志芳著. -- 济南：齐鲁书社, 2023.9
ISBN 978-7-5333-4767-3

Ⅰ.①回… Ⅱ.①林… Ⅲ.①小学语文课－教学设计－研究 Ⅳ.①G623.202

中国国家版本馆CIP数据核字(2023)第157824号

责任编辑/许允龙
封面题签/李　平
装帧设计/赵萌萌

回望与省思：当代小学语文教学设计发展研究

HUIWANG YU XINGSI DANGDAI XIAOXUE YUWEN JIAOXUESHEJI FAZHAN YANJIU

林志芳　著

主管单位　山东出版传媒股份有限公司
出版发行　齊魯書社
社　　址　济南市市中区舜耕路517号
邮　　编　250003
网　　址　www.qlss.com.cn
电子邮箱　qilupress@126.com
营销中心　（0531）82098521　82098519　82098517
印　　刷　日照日报印务中心
开　　本　720mm × 1020mm　1/16
印　　张　19
字　　数　302千
版　　次　2023年9月第1版
印　　次　2023年9月第1次印刷
标准书号　ISBN 978-7-5333-4767-3
定　　价　78.00元

序 一

回望这“金黄的稻束”

潘庆玉

20 世纪 40 年代，青年诗人郑敏站在昆明城外的田间小路上，刚刚割过的稻田静静地平铺在夕阳的怀抱里，一束束捆扎后屹然而立的水稻映入诗人的眼帘，金灿灿的霞光把收获的喜悦一抹抹、一道道地雕刻出来，塑成人类的一个个思想。那金黄的稻束，洋溢着收获的喜悦，更肩荷着伟大的疲倦！历史在她面前，不过是一条缓缓流去的小河。一切时间、辛劳、汗水、希望、虔诚、专注和执着，都默然地凝聚在这生命的涅槃与精神的站立之中。

林志芳的博士论文即将付梓，约我写一篇序，我想，也许再也没有比“金黄的稻束”更合适的题目了。这稻束里，有的不只是生活的疲倦、精神的压力、家庭的牵绊、导师的警策，更有生命的柔韧、专业的热忱、钻研的苦辛和志在必达的勇气。这篇博士论文，是用心、用力、用情写就的，字里行间都浸透着作者对小学语文教学深沉的热爱、理性的观察和专业的反思。林博士对小学语文学科发展史上的重要事件、代表人物、教学思想了如指掌，如数家珍。读她的文字，有娓娓道来之感，就像重温一段重要的历史，又像与名家名师促膝而谈，这除了需要端正的写作态度、流畅的文笔外，还需要扎实的学养、清晰的思维和深刻的洞察。当然，事物都有两面，也许正如有的评阅专家所说，“论文的理论建构还有待加强”，在现有的基础上进行更加深厚丰富的理论思考，是林博士今后需要面对的课题。概而言之，我认为本书具有以下几个方面的特点，值得读者注意。

一、清醒的历史还原与细描意识

把近 40 年小学语文教学设计的历史发展作为研究对象，对其进行梳理、概括和提炼，发掘其发展线索、历史规律和时代特点，可以说，这个研究的工作量对于一篇博士论文来讲是巨大的。40 年，从理论上也许可以画出几个粗线条来勾勒，但从历史研究的角度看，仅有粗线条是远远不够的，我们要看到历史的细节，还原历史发展的迂回顿挫，感受绵延不绝的各种教育思潮交汇冲决带来的眩晕，追溯历史理性做出关键抉择时形成的思想冲击波。这些都需要研究者沉浸在庞杂繁多的史料中进行观察、比较和感悟，需要借助清晰的理论框架进行整理和归纳，需要站在历史的高处进行哲学的审视和批判。林博士在这篇论文中显示了扎实的历史研究功力和驾驭理论透视历史的能力，体现了清醒的历史还原意识与细描精神。

林博士对小学语文教学设计发展史怀着一颗敬畏之心，不仅把它看作研究对象，也看作一次专业上的精神返乡。因此，她特别在意那些在当今已经成为语文教学共识的优秀思想是如何进入历史的——探寻关键事件、关键人物，通过历史细描揭示语文教学设计思想发展的轨迹。如，20 世纪 80 年代人们普遍认为小学语文教学设计应“整体着眼，部分入手”，1991 年支玉恒老师提出“阅读教学应从整体入手”的观点，引起历时两年多的激烈讨论，最终形成阅读教学设计应遵循“整体—部分—整体”的共识。林博士对这一历史转变在学理上进行了透视和定格，把它凝聚为语文教学思想发展的一个重要节点。再比如，20 个世纪 80 年代中期，阅读教学的课堂结构发生重大变化：从线性串讲转变为“变序教学法”。20世纪80年代开始，人们逐渐意识到线性串讲结构的单调，改革课堂教学结构的呼声越来越高。林博士对此进行了大量的实证材料的查阅和统计，通过分析1982—1988年《小学语文教学》杂志中发表的所有文章，发现关于教学结构研究的有52篇，占所有文章的7.8%。发生改变的标志性事件是“中心讲读法”的提出（《小学语文教学》1984年第6期），这种打破课文顺序进行变序教学的设计立即引起人们的巨大兴趣，传统的串讲方式受到严重挑战，引发了阅读教学结构研究的热潮。林博士慧眼独具，对诸如此类的很多早已被淹没在海量的资料中的小学语文教学设计历史发展的关键节点特别敏感，在研究中处处留意，细心发掘，最终整理演绎出一段段脉络清晰、翔实可考的学科简史。

林博士对历史的研究不是一味依从书面的文字史料，由于她对小学语文教学实践情况的熟稔，所以能超越文字的束缚，从教育实践情境出发解读文献中的隐含情境，发现有价值的问题线索，进行大胆的推断和批评。为了对小学语文教学设计提供一个直观的线性历史发展图谱，林博士采用了教学个案比较研究，由于受条件限制，有的课文在某一历史阶段无法找到合适的课例，就选用了相应的教学设计或文本解读来代替，显然，这给研究工作带来了一定的难度。但林博士从自己丰富的小学语文教学研究经历、与名师交往的专业背景和自身实践经验出发，立足文本内容线索，勾连语文教学时代思潮，富有创造性地从中解读出教学设计的思路、方向和特点，保证了整个研究的一体化和完整性。比如对周益民的《“月亮船”的启示——听李吉林老师教〈小小的船〉后》一文的解读和分析，林博士认为在一定意义上，这篇文章是周益民老师在“我注六经”，更是在“六经注我”。她从这篇课堂教学观后感中辨认出作者彼时自己的课程观、教学观与教学设计观，认为作者此时深受新世纪课程改革理念的影响，意识到教师在课程建设中的作用，把学生情感态度价值观的培养作为语文教育重要的课程目标，并且重视学生的学习体验。这种解读和建构，需要合理的教学想象、对历史“同情的理解”，以及长期修炼而成的专业洞察力。

二、贯通理论与实践的对话与建构

在对小学语文教学设计进行历史梳理的同时，论文还进行着理论的分析和建构。一方面，作者通过对大量教学实践、名师教学思想的个案分析和归纳，发掘小学语文教学设计在历史实践中积累沉淀下来的重要思想，通过学术命名的形式自觉地建构本土经验；另一方面，作者通过搭建多学科的理论视野，对小学语文教学设计的学科归属、性质、内涵、特点等进行理论清理，结合本土经验进行重新归纳，力图展现自身对小学语文教学设计的深度思考。可以说，贯通理论与实践，实现深度的对话和积极的理论—实践双向建构，是这篇博士论文最突出的特点。

在我国，教学设计的学科归属是一个问题。教学论、教育技术学、学科教学论都有这一部分内容，但各学科对“教学设计”的研究旨趣、方法和落脚点都不大一样。林博士从教学设计的学科归属问题入手，在教育学、教育心理学、教学论、教育技术学等学科之外，又引入了教育工学、设计学、教学美学视角，搭建了一个探讨教学设计的多学科融合视野，从而把教学设计的研究提升到一个新的高度。林博士受设计学启发颇深，把教学设计看作“人为之事”，认为设计中凝聚了人的观念和目的性，凝聚了人的力量、劳动与创造。因此，她特别关注语文教学设计的“艺术创造”“生命体验”特性，批评过分科学化的视角遮蔽了教学设计的创造精神。由此，她又更进一步对教学设计提出“孤立绝缘”的美学要求，追求教学设计“作品化”。这些见解丰富了小学语文教学设计的理论内涵，具有鲜明的理论创新价值。

林博士对一线优秀教学经验尤其是对历代小学语文教学名师教学思想的发掘和概括值得肯定和称赞，这是对历史的尊重，也是对实践的尊重。没有这种尊重，就不可能建构起真正的理论大厦。可以说，实践在很多方面是走在理论前面的。作家余华在谈语文与文学的关系时说，文学冲锋陷阵浴血奋战取得胜利之后，语文下山来摘桃子了，所以说文学前进的时候，语文也在前进，不同的是一个在前方前进，一个在后方前进。其实教学又何尝不是如此？一个优秀的教学案例会被各个不同的理论研究者用在各自的论文中论证自己的理论。到底是理论催生实践，还是实践催生理论？客观地说，二者相互为用，相互转化。皮亚杰、杜威、陶行知、陈鹤琴等人的理论研究无一不是深深扎根在自身教育实践之中的。林博士对优秀教学实践经验和思想具有自觉的提炼意识，她通过对优秀语文教师教学设计智慧进行分析与总结，将蕴含在教学设计中的“默会知识”“实践知识”转化为认知策略与手段，使语文教学设计经验的传播由“暗中摸索”转为“明里探讨”。比如她对教学样式、修辞化教学结构的提炼和概括：受建筑设计学启发，她提出了语文教学设计样式的概念，发掘出支玉恒老师的“回环复沓式的引读”“隐喻指令”、王崧舟老师的“闭目成象”、蒋军晶老师的“课堂突转”等样式；受修辞学启发，她提出了修辞化的教学结构，即在构思设计教学过程时，将文章构思、文学创作时经常运用的诸如呼应、并列、反复、层递、突降、留白等修辞手法转化运用至教学结构中，通过教学段落间的巧妙联系，使课堂教学呈现强烈的艺术效果，带给学生具有高度审美化的学习体验。她以王崧舟老师的课例为基础阐释了修辞化教学结构的各种形式。可以说，以上的发掘和总结，都是小学语文教学设计的宝贵经验和精神财富。

三、坚守教育学者的真诚和良知

做博士论文，应该是先有研究，才有写作。现在的研究生培养以发表论文为导向，不重视研究过程，只追求发表结果，带来很多不良后果。教育学研究，不同于一般的人文学科研究，它的研究对象主要不是文本，而是活生生的人、教育实践情景中真实的人。因此，离开对教育现象的深入观察、调查和理解，脱离对教育现场的真实感受，缺少与教师、学生的心灵交流，仅仅通过文本分析、数据统计、概念演绎和理论嫁接是很难产生真正有学术价值的好论文的。一篇优秀博士论文的背后，一定蕴含着诸多宝贵的东西：对学术的真诚、对教育的热爱、对人的关注、对良知的坚守、对理想的孜孜以求！林博士的这篇论文，正印证了这个道理。

志芳读博，付出了常人难以想象的努力和心血。她家在济南，明明可以走读，却申请了博士生宿舍，一住就是整整四年，甚至毕业了还想“赖”在那里。为了查阅资料，她几乎是“住”进了《小学语文教学》杂志社的资料室，躲进小楼“海量阅读”。为了写好教学名师，她走遍大江南北，访问小语界老中青三代名师，结交诸多师友。为了发表高质量的学术论文，她十易其稿，不厌其烦，精益求精，终于有成。为了弄清楚一个问题，她请教所有能给予她帮助的学者，从不半途而废。尽管她总是调侃自己“笨”，但没有笨功夫，哪里来的真学问！面对生活上的压力和困难，她默默承受但绝不因此而放弃自己的学术追求。作为导师，能遇到这样真诚好学、坚定执着的学生，甚感欣慰。志芳博士毕业刚刚两年，论文还没有出版，就由讲师破格评为正教授，得知这个好消息，我也倍感荣焉。

2021 年春天，山东师范大学教育学部在山师附小举办了林志芳博士小学语文教学专场研讨会，她连续执教两堂语文公开课，做了一场学术报告。整个学术会堂五百多名师生一上午整整四个小时被讲台上这位文弱的女老师所吸引，她的课如诗如画，温馨空灵，她的报告深入浅出，亲切自然。作为导师，静静地坐在台下聆听，是我教育人生的一种极致体验。最后我作为嘉宾上台致辞，谈到了教育学博士的两次毕业，一次是博士论文通过答辩而毕业，再一次就是博士论文的理论观点在教室里讲台上通过了教学实践的检验而毕业。这第二次毕业是真正的毕业！

这本书的出版，是对林博士两次博士毕业的最好见证，也是林博士未来学术道路的新开始。我们期待下一个学术季再次邂逅林博士的“金黄的稻束”。

（本文作者系山东师范大学教授、博士生导师）

序　二

好书三读

王崧舟

志芳的这部书稿，我前后读了三遍。每一遍读，不敢说都能深刻领悟，但收获却是实实在在的。

第一遍读，我基本沉浸在一种“自失”的状态中。通常，“自失”发生在文学作品的阅读中。曲折离奇的情节让你着迷，个性鲜明的人物让你憧憬，而那些似曾相识的境遇、动人心魄的情感会把你深深地拽进去，你流连其间、欲罢不能。

但这是一部学术作品，鲜有学术作品能让我读到自失状态的。这次读，似乎是个例外。志芳对“小学语文教学设计的认识与思考”让我击节叹赏。教学设计的本质究竟是什么？她说，“‘教学设计’作为一个偏正短语，中心词在‘设计’，其本质是一种设计活动”。而在我的潜意识中，“教学设计”就是“设计教学”。从偏正结构转向动宾结构，貌似构词关系发生了变化，实质是对事物本质理解的天壤之别。我突然意识到，一旦抓住“设计”这个牛鼻子，之前长期困扰教学设计的诸多理论问题就能迎刃而解。她另辟蹊径，从“设计学”的视角研究小学语文教学设计，真有一种势如破竹、锐不可当的酣畅与痛快，其研究路向令我耳目一新，更令我刮目相看。

更吸引我的，是志芳对“当代小学语文教学设计的发展轨迹”的考察与审视。这让我时时有共鸣之感，仿佛那轨迹就是自己语文教育生涯的浓缩史、成长史，其所述所论，都能照见我在语文教学征途上翻山越岭、踽踽独行的影子。20 世纪 80 年代，作为一名小县城的普通语文教师，我刻意追求课堂教学的“新、巧、实”，一度对“变序教学法”“自学辅导法”“情境教学法”“读写结合法”痴迷不已，这不正是自己“设计意识的觉醒”阶段吗？从 1989—1999 年，作为当时浙江省最年轻的小学语文特级教师，我通过《大仓老师》《荷花》《盖北葡萄》《万里长城》等公开课，也通过观摩于永正、贾志敏、支玉恒、靳家彦等名师的公开课，摸索着语文教学设计的门道，试图破解自己心中理想语文课的成功密码。那时的我，已自觉于教学设计“共性与规律的寻求”，以至于对《万里长城》一课，涉及伤筋动骨的构思调整就不下七八次。从 2000—2010 年，我以《一夜的工作》公开课为契机，在小语界第一次提出了“诗意语文”的主张。之后，诗意语文在潘新和先生“言语生命动力学”的指引下，以更坚实的行动、更自觉的思考，怀揣梦想，一路奋进，奏响心中的诗意之歌。不得不说，那是我职业生涯的黄金时代，在教学设计“个性风格的追求”上，我似乎成了那个时代的标志性人物。唯一有所不同的是 2011—2020 年，在志芳的考察中，那是一个“设计的常态化回归”阶段。而我，却本能地抗拒着“常态化”背后的惰性、麻木和自甘平庸。我坚信教学设计的灵魂在“艺术的创造”“创造的艺术”，我更坚信，教学设计的终极指向不在学生，而在自己。正是在拒绝“常态化”的教学设计中，我确证着人格的尊严、思想的独立、精神的自由，乃至永不止息的生命原创力。

志芳的“当代小学语文教学设计发展述评与反思”，则给我以继续求索的兴致与自信，也令我对未来小学语文教学设计的发展愿景和格局产生期待。她提出，设计问题的发现要遵循“创造性与合理性的统一”，设计问题的解决要追求“科学化与艺术化的共振”。对此，我深以为然。但我想借着她的反思接着说，作为“人为之事”“人为之物”的教学设计，其主语一定不在“事”与“物”上，一定只在“人”上。是作为“人”的教师在设计，设计是为了作为“人”的学生，最终乃是为了作为“人”的教师自己。忘记了“人”，遮蔽了“人”，消解了“人”，对教学设计之道的探寻只会隔靴搔痒、缘木求鱼、本末倒置。唯有求真的人，才有设计的真；唯有向善的人，才有设计的善；唯有尚美的人，才有设计的美；同理，唯有诗意的人，才有设计的诗意。因此，面向未来，与其说我是对教学设计有所期许，毋宁说是对语文教师的专业自觉、生命澄明有所关切。

第二遍读，我刻意走出了自失状态，而让自己进入一种“出离”的省思中。我告诉自己，必须从志芳的学术语言层中抽离出来，保持一种合适的审视距离。这一遍读，我试图拨开语言的涂层，以抽象之眼发现、聚焦、放大其运思过程中的深层逻辑。一句话，我要读懂的不是其学术内容，而是其学术形式。

那么，决定学术形式品质高下的关键因素是什么呢？我以为，是研究者的哲学修养。这一点，我到了大学之后，尤其是正儿八经地开始带研究生之后，感受尤为深切。在我看来，哲学修养对语文教学的研究而言，最重要的并非某些哲学概念、哲学范畴、哲学流派的直接影响，而在于对研究者理性思维的淬炼，给他们一双去伪存真、洞幽烛远的法眼。同时，也让研究者不断保持一种求知的惊异感与思想的原创力。

志芳对当代小学语文教学设计的考察，处处可见其哲学立场的站位痕迹。譬如，在阐述教学设计的本质问题时，面对当前研究中普遍忽视设计的“创造性”“艺术性”这一倾向，她指出，“这样的观点遮蔽了教学设计中教师带着各自的生命特质，以富有想象力的创造性思维投入教学活动中的意义”。显然，这样的批判是基于她自身的人本主义信念与存在主义哲学。又譬如，在她的研究中，将当代小学语文教学设计发展历史分为四个时期，即“设计意识的觉醒”“共性与规律的寻求”“个性风格的追求”

“设计的常态化回归”，在文献研究和经典案例研究的基础上，归纳、总结出每一时期小学语文教学设计发展的特点。对此，她明确指出，自己运用的是“历史分析法”，“即运用发展、变化的观点分析客观事物和社会现象的方法”。很显然，这是历史唯物主义哲学修养在研究中的直接显现。

但是，我更看重的还不是这些，而是其在研究过程中所表露出来的清晰而坚定的理性思维。事实上，在小学语文教学领域，我见过的不少研究成果，往往是“用情感遮蔽事实”“以观点取代逻辑”，却还美其名曰“独树一帜”“填补空白”。严格说来，这样的研究是伪研究，有哗众取宠之意，却无实事求是之心。我以为，做研究，理性思维才是命门。在志芳的研究中，我看到了她对理性思维的高度自觉，更看到了她对理性思维的深刻遵循。

理性思维首先要求对研究的概念，尤其是核心概念做出确切而周密的界定。志芳的整个研究就像一座大厦，而其中的核心概念则是整座大厦的基石。通览其研究的全部内容，“小学语文教学设计”就是它的核心概念。对于这个核心概念的界定，她采用逐层聚焦的方法，先确立其上位概念——“设计”，把握住一般设计活动的普遍属性：目的性、筹划性、创造性、显现性；然后瞄准其中位概念——“教学设计”，揭示出教学设计的基本特征：中介性、开放性、未完成性、教育性；最后锁定其本位概念——“小学语文教学设计”，辨析其有别于其他教学设计的主要特点：语文性、儿童性。整个界定，如层层剥笋，又如步步为营，彰显出一种简洁而明晰的理性之美。

理性思维的灵魂，在于全部思考过程的合逻辑性。即，命题具有逻辑特点，推论恪守逻辑规则，建构符合逻辑体系。志芳对当代小学语文教学设计的研究，主要采用的是归纳法；严格说来，属于不完全归纳法；更准确一点说，属于简单枚举归纳推理。事实上，人文社科类的研究，这是最常见的一种逻辑方法。要切实提高简单枚举归纳推理的可靠性，关键在于把握两个支点。第一，枚举数量的丰富性；第二，枚举质量的典型性。对此，志芳的做法，一是以具有代表性的课程标准（或教学大纲）的颁布为时间节点，结合小学语文教学发展变化的实际，对研究时段进行历史分期。这样做，至少能在宏观层面上保证枚举数量的丰富性，也兼顾了枚举质量的典型性。二是筛选典型课文在四个历史时期的教学设计案例，作为教学设计的纵向分析对象。从她对典型课文及典型设计的统计数据看，通过对足够数量的案例筛选，在微观层面上确保了枚举质量的典型性。三是筛选四代小学语文名师，作为教学设计思想的研究对象。从四代 12 位小学语文名师的所处地域、擅长学段及标志性成就看，这样的筛选在中观层面上凸显了枚举质量的典型性。我们由此断言，志芳对四个阶段小学语文教学设计的基本特征及核心经验的归纳与总结，具有相当的可靠性。这可靠性，来自于她对枚举对象的严格筛选，来自于她对归纳过程的严谨推理，来自于她对最终结论的严密表述。整个过程，洋溢着一种均衡而整饬的逻辑之美。

理性思维的更高表现，则是将范畴之间的各种逻辑关系建构成一个自洽的理论体系。我不敢说志芳的研究已经为当代小学语文教学设计构筑了一个完整的理论大厦，但是，我又确确实实地感受到了她的这种努力，无论是在研究框架的搭建上，还是在基本范畴的创建上。譬如，她对小学语文教学设计的本质追问与特点厘清，以及提出的小学语文教学设计观察的双维标准——科学品质与审美意蕴等，就是对“小学语文教学设计本体论”的深刻阐发；又譬如，她关于小学语文教学设计的价值澄明，以及对当代小学语文教学设计现实问题的剖析，就是对“小学语文教学设计价值论”的精辟议论；再譬如，她围绕“设计问题（需求）”所提出的小学语文教学设计分析的三个核心要素，就是对“小学语文教学设计过程论”的细致筹划；还譬如，她对当代小学语文教学设计的基本特征与核心经验的概括，就是对“小学语文教学设计方法论”的生动揭示。

总之，志芳对小学语文教学设计的本然研究，概念明确，条理清晰，具有很强的思辨性与逻辑性；对小学语文教学设计的实然研究，遵循“论从史出，史论结合；以议引述，述议结合”，剖析遒劲有力，阐发见微知著；而对小学语文教学设计的应然研究，则依循规律，切合实际，独树一帜，富于创见。应该说，其理论大厦的雏形已经诞生，而理论的成熟体型与强健体魄则未来可期。

第三遍读，我试图借助自己的实践经验与学术想象力，还原志芳的整个研究过程与细节，让自己也进入一种真实的“创作”状态。这绝对是一件吃力不讨好的事情，却很有意思。我问自己三个问题，第一，她的哪些研究，我是能够做到的？第二，她的哪些研究，我是做不到的？第三，她的哪些研究，我是可以改进的？

不得不承认，关于小学语文教学设计的第四个研究路向——“设计学”路向，我是找不到的。找不到的原因，一是跟自己的学术视野相对逼仄有关，因为设计学是一门理、工、文相结合，融机电工程、艺术学、人机工效学和计算机辅助设计于一体的科技与艺术相融合的新型交叉学科。在我的学术视野中，根本就没有见过它的影子。二是跟自己长期形成的认知惰性密不可分，如前所述，在我的潜意识中，想当然地以为“教学设计”就是“设计教学”。如此一来，我的研究重心极有可能滑向“教学”，研究思路就成了“为什么要设计教学”——“怎样设计教学”——“设计教学如何评估”。按照这个思路，研究根本无法触及“教学设计”的本体范畴，要想做出深度成果来，无异于南辕北辙。

至于历史分析法的选择与四个阶段的划分，于我倒是熟门熟路。我与志芳合作研究过诗意语文课谱，运用的基本方法就是历史分析；而我自己对专业发展的叙事研究，习惯于分段剖析、递进阐发，这种“历史阶段”意识早已是根深蒂固的了。但在历史研究过程中，对于典型样本的筛选，尤其是微观分析中三个课文样本的确立——第一学段《小小的船》、第二学段《海底世界》、第三学段《草原》，我估计很难做到。做不到的原因，跟文献搜集无关，跟经验积淀无关，而是设计不出这样精致的微观研究方法。据我所知，与自然科学相比，人文社科领域的研究方法，尤其是教育学范畴的研究方法，尚未引起许多研究者的重视，他们对此大多还停留在虚设或者粗放的阶段。事实上，很多研究，包括志芳的研究一再表明，人文社科领域的研究方法同样重要，在一定程度上甚至决定着研究成果的最终品质。

当然，在我的还原研究中，也有一些志芳没有触及、来不及深挖的地带。譬如，从辩证唯物主义的角度看，事物发展的根本原因来自其内部矛盾，取决于内部的主要矛盾。那么，当代小学语文教学设计发展的主要矛盾究竟是什么呢？在志芳的研究中，影响设计发展的因素包括“教育思潮”“政策纲领性文件”“重要组织、关键事件、典型人物”等。但是在我看来，这些因素都属于外部条件，真正决定设计发展的一定来自其内部的主要矛盾。这个主要矛盾就是：学生不断变化中的教学设计需求（包括文化需求、语言需求、思维需求、审美需求等）与教师相对滞后的教学设计供应（包括设计理念、设计目标、设计智慧、设计激情等）之间的矛盾。正是40年来学生不断变化的设计需求，推动着当代小学语文教学设计的不断进步和发展。教育思潮可能是一时的，政策纲领性文件会有修正与冲突，重要组织、关键事件与典型人物也有相当的局限性，唯有学生的设计需求（用户）与教师的设计供应（产品与服务）之间的矛盾才是整个小学语文教学设计中唯一不变、横贯始终的根本原因。

再譬如，作为一种有目的的实践活动，设计的“目的性”无疑是其首要属性。表现在具体的教学设计中，这一目的性体现在两个不同的维度。第一个维度，设计是为了学生的发展，因此，设计必然涉及“教学目标”；第二个维度，设计是为了教师的发展，因此，设计必然涉及“设计品质”。显然，这两个维度既是考察当代小学语文教学设计的重要参照系，也是提炼当代小学语文教学设计核心经验的基本分析框架，更是评估当代小学语文教学设计质量的主要标准。如何设计教学目标？教学目标如何分类？教学目标如何影响教学过程设计？教学目标与教学内容之间究竟是一种怎样的关系？是否需要将教学目标的评估也纳入设计范畴？诸如此类的问题，在志芳的研究中都还留有相当的空白。

当然，任何研究都是没有止境的。这是因为，一方面，没有任何一种研究不存在“漏洞”，“漏洞”是思维的必然代价；另一方面，一切“漏洞”都是历史的，而历史发展是无限的，谁也无法将“漏洞”彻底填满。我们唯一能做的，就是在理性思维的操作平台上，用自己的勇气和坚持，不断完善小学语文教学设计这座美丽的大厦。

是为序。

（本文作者系杭州师范大学教授、博士生导师）

目　录

第三部分 当代小学语文教学设计发展述评与反思

导　言

历史的吁请与时代的应答

改革开放以来的语文教育走过了一段从封闭到开放、从单一到多元的历史。它经历了改革初期拨乱反正、解放思想的生机勃勃，经历了20世纪80年代西方教育思想引介入国内带来的洗礼与碰撞，经历了90年代科学化探索所导致的争鸣与冲突，又带着“世纪末的尴尬”与诘难走进了21世纪。在第八次课程改革的背景下，语文教育的种种改革与试验异常活跃。这当中，自然不乏积极有效的探索，也难免存在冒进与冲动。从“语文到底姓什么”的追问到“人文精神”的呼唤，再到“语文意识”的回归、“语文本体知识”的讨论，当代语文教育一面试图划清语文教育的边界，寻找自身发展的规律，一面又难免受到社会环境、政治因素的影响；一面试图建立科学化的语文教育方向以改变无章可循的教学现状，一面又滑入科学主义的窠臼，步履蹒跚。四十多年来，现代性的探索与后现代的反思交织存在于语文教育的现场，社会的风云际变、思想的激烈震荡、教育改革的欣喜与困惑也都浓缩于语文教育的现场。

审视当前的语文教育教学现状，改革的勇气固然带来了思想的解放与行动的创新，各式各样的课程教学实验带来了语文教学研究的丰富与繁荣。

但是，我们也必须清醒地看到，由于语文教育公共理性的缺失，当前的语文教育研究仍然纷争不断，山头林立，各种口号层出不穷。看似百花齐放、百家争鸣的热闹背后实则隐藏着“任意”的风险，也彰示着一种“丰富的单调”。另外，笔者在十几年语文教育教学观察与研究的过程中，遗憾地看到部分语文教师由于对语文教育的发展历史缺乏足够的认识与了解，受功利主义驱使，急于提出自己的语文教学“新观念”“新方法”“新主张”，事实上，这些观念、方法、主张在现当代的语文教育史中早就不乏前人探索的足迹。而在语文教学现场，在急于“创新”的研究氛围下，一些名目繁多的理论不过是常识的精致表达或经验的漂亮说辞。更为严重的是，由于种种原因，一些语文教育史上已经证明行不通的语文教学研究的方向、方法或道路，仍以“创新”“实验”或“正本清源”的名义执拗地存在着，影响较大。

正如有的学者指出的：“语文教育界的许多争论，许多现代语文教育家已经有过探讨，给出过明确的答案，且对当今语文教育的改革和发展仍有指导意义，但由于多数人不了解语文教育发展史，不知道前辈大家的论述，往往是重复前人的话题，又往往是并未达到前辈大家已有的高度。”① “语文教育有些新问题，一查历史，古已有之，原来是老问题。本来，老问题既然存在，从新的条件，新的角度，去求取新的认识，探索新的解决方法，也是事理之常。可是有的并不这样。由于忽视历史，有的还无视历史，把问题拉到原地去踏步，或者在原地绕圈儿转转。语文教育的前进，这么磕磕绊绊的，难免耽误了，延缓了。”②

当前的语文教育亟须历史的反思与审视，语文教育的研究与实践者亟须在历史发展的眼光里寻到一份冷静与清醒，以对当下语文教育中出现的

---

① 徐林祥主编：《历史追问：语文教育发展篇》，山东教育出版社 2008 年版，第 345 页。

② 蒋仲仁：《中国语文教育史纲》序，载武玉鹏、韩雪屏等著《语文课程教学问题史论》，中国社会科学出版社 2013 年版，第 1 页。

种种纷繁复杂的现象做出理智的认识与判断，对遇到的各种困难与问题做出理答与回应。因此，笔者将研究的目光放在当代语文教育史的视域中，希望对改革开放以来语文教育的路程做一定的梳理与审视，对这期间语文教育研究的成败得失予以总结与分析，并以此观照当下的语文教学现状，为现实的语文教学改革实践提供借鉴与参考。

笔者将审视的触角具象在小学语文教学设计中，以使得这项研究具有可观察可考量的实物，而不至于陷入坐而论道的空谈。教学设计是沟通教学理念与教学实践的桥梁，是教学过程的中间环节。以教学设计为切入点，向上可以分析教师的教育理念、教育思想，向下可以到达教师课堂教学的现场。语文教学思想的变化与发展无疑直接体现在教学设计的变化与发展之中。众所周知，因为学业的压力与负担相对较小，小学阶段的语文教研向来比中学阶段的更积极、更活跃。以小学语文教学设计思想的研究为抓手、为角度、为入口，可以以小见大，睹微知著，感知这段时期语文教育的整体面貌。

毋庸置疑，教学设计在语文教育教学实践中发挥着重要的作用，但目前我国语文教学设计的研究还非常薄弱。一方面，作为严肃的语文教育理论研究的语文教学设计还处在蛮荒的状态，未被研究者充分重视，关于语文教学设计的理论专著或经典文献还不多见。这种现状的产生固然与语文学科教学论重“道”轻“术”的研究传统有关，也跟“教学设计”在我国教学理论研究中的地位有关。在我国，“教学设计”作为教育技术学的一门专业课程来开设，传统教学论往往将其置于边缘位置，甚至有时候把它排除在外。这就使得属于基础教育理论的教学设计研究成果很难对接到语文教学设计的研究现场。国外教学设计研究已经走过了五十多年的历程，国内的教学设计研究也经过了四十多年的探索，其中不乏有效的成果。但是，教学论与教学设计分属两个独立的学科，界限森严，泾渭分明，教学设计的研究与学科教学的研究还存在相当大的裂缝，遑论这些成果走进学科教学的实践中，发挥教育理论所应有的作用。另一方面，作为教育实践智慧的语文教学设计尚处于“缄默”状态，未被研究者有效整理、揭示。在语文教学的一线，在一代又一代优秀的语文教师那里，自然存在着大量关于语文教学设计的实践经验与智慧，但是，这些经验与智慧往往以“缄默知识”“实践知识”的形式存在。将经验提升为实践性的理论，捕捉存在于经验中的实践感，揭示隐藏在人的行动中的实践逻辑，是一项艰难的工作，因为“实践逻辑的步骤很少是完全严密的，也很少是完全不严密的”①。由于教师理论素养欠缺等缘故，这些知识很难被准确揭示、整理并有效传播。现实中，它们要么被简单归纳为操作的方法或者程序，要么被大而不当地总结为某种流行的说辞，成为某些时尚教育理念的蹩脚注释。真正地促进学生学习认知的工具与把手却被隐蔽在“自在”的状态。其他教师试图学习借鉴的时候，大多只能在实践中品味揣摩。在教育现实中，教育理论家常常认为自己创造和传播了理论，教育实践者就会转换，而教育实践者却在等待教育理论家为他们提供解决问题的处方。造成的结果是教育思想在知识的仓库里俯拾皆是，而仓库的外面，教育实践者及其实践却常常被一些貌似精致的程序或一些近乎荒唐的经验诱惑和引导。② 这种局面在语文教学设计领域尤为严重。

基于以上分析，笔者以“当代小学语文教学设计发展研究”为研究课题，梳理改革开放以来小学语文教学设计发展与变化的轨迹，总结其发展变化的特点，并结合时代背景，对其发展与变化的原因做出一定的分析。同时，在对语文教学设计思想发展的考察中，拟对优秀语文教师教学设计智慧进行分析与总结，将蕴含在教学设计中的“默会知识”“实践知识”转化为认知策略与手段，使语文教学设计经验的传播由“暗中摸索”转为“明里探讨”。

本研究的基本思路与方法如下：

---

① ［法］皮埃尔·布迪厄著，蒋梓骅译：《实践感》，译林出版社2003年版，第19页。

② 刘庆昌：《教育工学——教育理论向实践转化的理论探索》，福建教育出版社2016年版，第224页。

（一）在文献分析的基础上思考小学语文教学设计的本质，描述小学语文教学设计的特点，阐释小学语文教学设计的意义，明确小学语文教学设计研究的内容与分析维度

本研究力图对当代小学语文教学设计的发展做出观察与透视，在史料梳理与述评之前，笔者将对小学语文教学设计的本质属性与基本特征进行追问与反思，并在此基础上确定小学语文教学设计的研究维度，以便为自己的思考提供理论基础，为自己的观察提供一定的视角。在确定研究内容时，将努力遵循“双向建构”的原则，既依据已有的教育教学理论演绎推导——进行理论演绎建构，又从语文教学实践案例中进行审视与总结——进行实践归纳。

（二）将当代小学语文教学设计发展历史分为四个时期，在文献研究和典型案例研究的基础上归纳、总结每一时期小学语文教学设计发展的特点

1. 以具有代表性的课程标准（或教学大纲）的颁布为时间节点，结合小学语文教学发展变化的实际，对研究时段进行历史分期

改革开放以来，国家共颁布 9 套小学课程标准（或教学大纲），课程标准（或教学大纲）是国家教育行政部门对中小学课程设置、培养目标、教学内容、教学安排的指导性文件，是编写教材、教学实施、课程评价的依据。其中以 1978 年颁布的《全日制十年制小学语文教学大纲（试行草案)》（下文简称“1978 年大纲”）、1992 年颁布的《九年义务教育全日制小学语文教学大纲（试行)》（下文简称“1992 年大纲”）、2001 年颁布的《全日制义务教育语文课程标准（实验稿)》（下文简称“2001 年课程标准”）以及 2011 年颁布的《义务教育语文课程标准（2011 年版)》（下文简称“2011 年课程标准”）最具代表性、开创性。以这些课程标准（或教学大纲）研讨或颁布为节点，结合语文教学的发展和变化，本研究将改革开放以来的语文教育划分为四个阶段：

第一阶段（1978—1988 年）：这十年间，被“文革”破坏的教学秩序逐渐重建。1978 年大纲颁布，新教材开始启用，小学语文教学委员会成立，

人们积极热情地投入教学研究，呼唤小学语文教学的“黄金时代”①。

第二阶段（1989—1999 年）：这十年间，义务教育教学大纲与教材启用，小学语文教学追求科学化，重视语言文字训练。20 世纪 90 年代末，过度的科学化追求逐渐消解了语文教育的思想性，使之逐步陷入技术主义路线。1997 年“语文教育大讨论”爆发，语文教育受到了口诛笔伐的责难，带着挥之不去的尴尬进入 21 世纪。

第三阶段（2000—2010 年）：这十年间，语文教育在新世纪课程改革的背景下发生了巨大的变化，随着 2001 年课程标准的颁布，人们对科学主义、工具主义的弊端进行了深刻的检讨与反思，语文教育中蕴含的人文精神得到高扬，但也出现了“泛语文”的病疾。

第四阶段（2011—2020 年）：这十年间，语文教育经过反思与调试进入第二轮课程改革。在 2011 年课程标准中，语文课程被定义为一门“学习祖国语言文字运用的综合性、实践性课程”，“语言文字运用”成为研讨热词。2017 年，教育部统编语文教材开始试用。2019 年，统编教材在全国全面启用，教材加大了中华优秀传统文化、革命文化、社会主义先进文化与语言文字教育的融合，语文教育带着课程本体的追问与立德树人、传承文化的历史使命继续前行。

2. 筛选典型课文在四个历史时期的教学设计案例，作为微观教学设计纵向分析对象

改革开放以来，小学语文教材经历了 8 次改革修订，课文内容变化很大，但是有一些经典课文在各阶段各版教材中始终存在。这些课文选文经典，代表性强，是各时代教研的热点。本研究将经典课文的历代教学设计案例作为典型史料，分析研究其中所蕴含的当代小学语文教学设计发展的变化信息。

① 1985 年，《小学语文教学》改为月刊，开篇语标题为“迎接小学语文教学改革的黄金时代”。

在反复比对后，本研究选择《小学语文教学》杂志作为典型教学设计案例筛选来源。原因如下：首先它创刊早（1981 年创刊），刊物发行覆盖的时段恰好与本研究关注时段基本吻合。其次，该刊物曾长期由中国教育学会小学语文教学专业委员会（下文简称“小语会”）管理，是小语会会刊，刊物集中反映了小学语文教研管理部门在不同时期对教学实践的指导与要求。再次，刊物发行量大，直接影响着全国小学语文教学实践。笔者在《小学语文教学》编辑部帮助下，获得了 1981—2020 年《小学语文教学》（合订本）共 40 册，通读之后，将 40 年间发表于本刊物的三千余篇课文教学设计的文章进行了分类统计，筛选出针对 26 篇传统课文的教学设计类案例共 130 篇，剔除年份未能覆盖四阶段的案例，最终选出在四个时期皆有教学设计研讨文章的课文 6 篇，相关文章共 45 篇。如表 0-1 所示：

表 0-1　1981—2020 年典型课文设计案例年份分布及基本信息表

序号	课文	设计案例所处年份				研讨文章总数
		第一阶段（1978—1988）	第二阶段（1989—1999）	第三阶段（2000—2010）	第四阶段（2011—2020）	
1	《小小的船》	1985、1988	1993、1999	2003（1）、2007（2）	2017	8
2	《草船借箭》	1984、1988	1991、1992、1995	2004	2001、2013、2015	9
3	《草原》	1984、1986	1990、1993、1994、1998	2000、2004	2016	9
4	《将相和》	1985、1987	1989、1990、1992、1994	2009	2017	8
5	《白杨》	1985	1990	2004、2005	2011	5
6	《海底世界》	1986、1988	1991、1993	2000	2014	6

对 6 篇课文进行分析比较，考虑选取不同年段、不同题材的课文，同等情况下比对、选择案例较多的课文。最终确定将《小小的船》《海底世界》《草原》作为研究课文，其基本信息如表 0–2 所示：

表 0–2　典型课文基本信息表及教学设计研讨文章数目表

课　文	所属年段	体　裁	研讨案例数
《小小的船》	低段（1~2 年级）	儿　歌	8
《海底世界》	中段（3~4 年级）	科普说明文	6
《草原》	高段（5~6 年级）	散　文	9

这些文章有的是对课文进行了文本分析并提出教学建议，有的是对课文教学设计的局部问题进行了讨论，有的是观摩本课教学后对其设计进行的思考。在同类文章中，笔者根据典型优先，兼顾品质的原则，从 23 篇研讨文章中，选取了 12 篇作为研究对象，具体信息列表如下：

表 0–3　典型课文教学设计研讨文章基本信息表

课　文	文章标题	作　者	发表年份
《小小的船》	《小小的船》训练要点与心理分析	金玫林	1985
	《小小的船》教学设计	李达吉	1993
	“月亮船”的启示——听李吉林老师教《小小的船》后	周益民	2003
	《小小的船》教学	徐　艳	2017
《海底世界》	《海底世界》导读设计新探	江全佐	1986
	《海底世界》教学建议	连雪红	1991
	《海底世界》教材分析与教学建议	莫永辉	2000
	《海底世界》“教什么”的厘定历程	王学林	2014

（续表）

课　文	文章标题	作　者	发表年份
《草原》	试谈《草原》一课的教学	朱瑞足 吴宝法	1984
	引导学生在比较、联系、点拨中学习 ——《草原》重点段教学谈	洪　榴	1994
	《草原》第一课时说课设计	谢文斌	2000
	赏画面之美　品人情至深——《草原》（第二课时）教学设计	倪水良	2016

3. 筛选四代小学语文名师（典型人物），作为中观教学设计思想研究对象

在小学语文教学近四十年的发展中，涌现出一代又一代的教学名师。他们在小学语文教育教学实践的过程中，形成了自己的教学思想、教学风格，体现着一个时代的特征，又影响着这个时代的小学语文教学发展。本研究将对四十年小学语文教学领域涌现出的四代名师的部分经典课例与主要教学思想进行分析与研究，通过分析比较，找出小学语文教学设计发展变化的轨迹与特点，并总结优秀的语文教学设计经验。

在选择代表性名师的过程中，笔者首先通过对亲历了四十年小学语文教学的一线教师、教研员等进行访谈，然后参照《小学语文教学》《语文教学通讯》《小学语文教师》等刊物的“人物专刊”以及《中国著名特级教师教学思想录（小学语文卷）》等文献，初步确定了24位名师，最后综合考虑其标志性贡献与风格、地域、所执教年段等因素，选出四代12位名师作为研究对象。四代12位名师主要信息如表0-4所示：

表 0–4 四代 12 位名师主要信息表

代表时段	姓　名	所处地域	代表性课例年段	贡献或标识
1978—1988 年	李吉林	江苏	低中高段（1~6 年级）	情境教学
	丁有宽	广东	低中高段（1~6 年级）	读写结合
	朱雪丹	浙江	低段（1~2 年级）	认识事物
1989—1999 年	于永正	江苏	低中高段（1~6 年级）	言语交际训练
	贾志敏	上海	低中高段（1~6 年级）	素描作文
	支玉恒	河北	中高段（4~6 年级）	以读代讲
2000—2010 年	窦桂梅	北京	高段（5~6 年级）	主题教学
	王崧舟	浙江	高段（5~6 年级）	诗意教学
	薛法根	江苏	低中高段（1~6 年级）	组块教学
2011—2020 年	蒋军晶	浙江	中高段（4~6 年级）	群文阅读
	何　捷	福建	低中高段（1~6 年级）	游戏精神
	彭才华	广东	中高段（4~6 年级）	音乐精神

需要说明的是，在进行代际划分时，本研究按照名师代表性课例形成的时间即教学设计风格成熟的时间进行划分，并将其归入该时段进行分析。以李吉林老师为例，李老师自 1978 年被评为特级教师至 2019 年离世，其教学实践覆盖了本研究的四个阶段，其教学设计思想在几十年间都有广泛影响，但其代表性课例产生、设计理念基本成熟是在 1984—1988 年，因此，本研究将其划为 1978—1988 年这一代际名师。

4. 运用设计还原法对典型课例进行分析，利用文献分析、访谈等方法对典型人物教学设计思想进行分析，在典型课例与典型人物分析的基础上结合相关史料对四个历史阶段小学语文教学设计发展的特点进行总结归纳

设计还原法是把教师的课堂教学实录（文字或视频）进行分析、提炼、归纳，尝试还原成教师的课堂教学设计方案，然后据此对教师设计此课的思想、过程、方法等进行分析的方法。分析当代小学语文教学设计典型课例时，对于找不到教学设计文案的课例，主要使用设计还原法进行教学设

计还原，然后做出相应分析。对于教学实录与教学设计文案都能查找到名师代表性课例的，则对实录还原与教学设计文本进行比对分析。若能联系到执教者进行访谈的，则进行教学实录、教学设计、执教者访谈的三角互证。

2016—2020 年，笔者曾多次前往北京、杭州、徐州、苏州等地参加全国性的小学语文教学研讨活动，现场观摩过本论文研究对象中于永正、贾志敏、窦桂梅、王崧舟、薛法根、蒋军晶、何捷、彭才华这 8 位名师的公开课，并分别对他们进行了访谈。访谈重点围绕名师的经典课例及标志性贡献展开，并结合其代表性著作，对其教学设计思想进行深入了解与探究。对丁有宽、李吉林、朱雪丹、支玉恒 4 位名师教学设计思想的研究则主要通过视频分析、文献分析等方法进行。

（三）运用历史分析法对当代小学语文教学设计发展进行总结述评，并对其发展变化的原因做出一定的解释。对小学语文教学设计经验进行总结，对当前小学语文教学设计中存在的问题进行反思，对其发展提出建议与展望

历史分析法即运用发展、变化的观点分析客观事物和社会现象的方法。客观事物是发展、变化的，分析事物要把它发展的不同阶段加以联系和比较，才能弄清其实质，揭示其发展趋势。本研究将运用历史分析法对四十年小学语文教学设计的典型史料进行分析，对它发展的不同阶段加以联系和比较，以厘清小学语文教学设计在四十年发展过程中的“来龙去脉”，从而认识过去、深思当下、展望未来。本书的内容与框架是在写作研究的过程中逐步确立的，基本观点在写作过程中逐步生成，写作的过程遵从“论从史出，史论结合；以议引述，述议结合”① 的原则。

本书整体研究与写作思路如图 0-1 所示：

① 张心科：《清末民国儿童文学教育发展史论》，北京师范大学出版社 2011 年版。

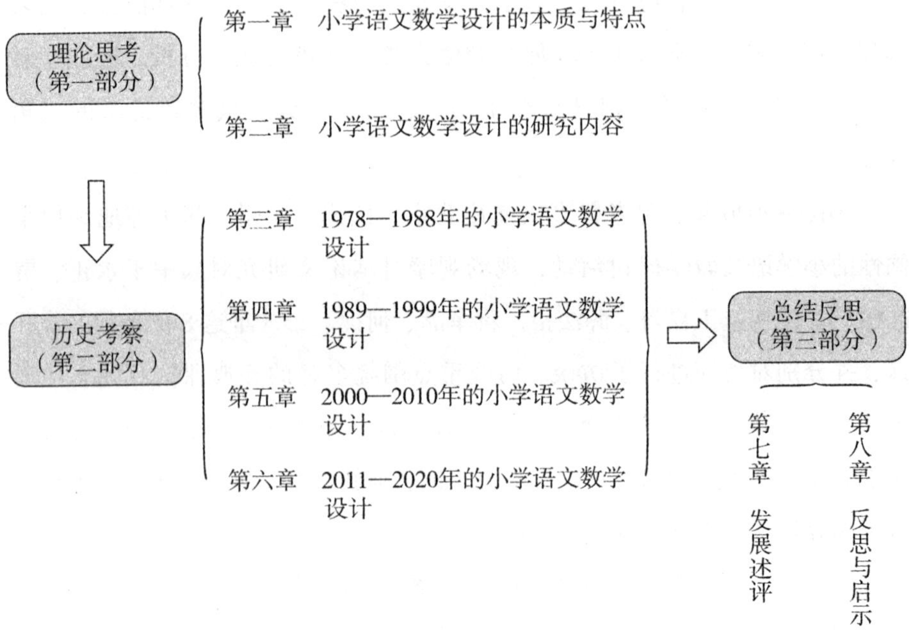

图 0-1　研究与写作思路示意图

第一部分

关于小学语文教学设计的认识与思考

本研究力图对当代小学语文教学设计的发展做出观察与透视，在史料梳理与述评之前，笔者拟对小学语文教学设计的本质属性与基本特征进行追问与反思，并在此基础上确定小学语文教学设计的研究内容与研究维度，以便为自己的思考提供理论基础，为自己的观察提供一定的视角。其中，对小学语文教学设计的本体思考，将在已有教学设计研究成果的基础上，加强对学科特征、学段特征的体认并加入设计学视角；对研究内容与维度的确定则将努力遵循“双向建构”的原则，既依据已有的教育教学理论演绎推导——进行理论演绎建构，又从语文教学实践案例中进行审视与总结——进行实践归纳。

第一章
小学语文教学设计的本质与特点

人们对教学设计的含义存在不同角度的理解，概念的差异显示出不同研究者对教学设计所持的不同研究视角与思考路向。历史地看，教学设计的发展经历了一个由思辨理性到经验理性到科学理性再到技术理性的过程，行为主义、认知主义、人本主义、建构主义、系统理论以及后现代的混沌理论、模糊逻辑、阐释学等都先后影响了人们对教学设计的研究与认识。但教学设计的研究不是简单的迭代更替，当前教学设计的研究呈现出复杂多元的现象，存在基于教学论、教育心理学、教育技术学等不同路向的教学设计研究。但教学设计作为人类设计活动的一种，其与其他设计活动一致的本体属性，还没引起研究者足够关注，补充设计学视角将有利于我们更好地认清教学设计的各个位相，把握其本质与特点。

第一节　小学语文教学设计的本质追问

一、教学设计研究的常见路向

当前教学设计的研究至少存在源于教学论、教育心理学、教育技术学三股不同学缘的研究力量，三股力量都对教学设计的理论基础如教学理论、学习理论、系统理论、传播理论等有所吸纳，研究内容互有交叉，但在各自发展的过程中总体呈现出不同的话语体系以及不同的研究关注点。

教学论的研究者对教学设计的研究主要是“以教为中心的”，研究目标在于解决教学中存在的问题，夸美纽斯的“大教学论”、裴斯泰洛齐的“要素教学法”、杜威的“做中学”、凯洛夫的“五步教学法”、赞科夫的“一般发展教学论”等都为教学设计理论的发展提供了依据。这一路向的教学设计研究在宏观上关注教育目的的确立、课程体系的建设、学段安排等，在中观上与微观上关注课堂教学结构的探索与建立以及课堂教学经验的提升总结。

教育心理学领域的研究者对教学设计的研究是“以学为中心的”，赫尔巴特的四阶段教学理论根据学生心理活动规律，把教学过程分为明了、联想、系统和方法四个阶段，其对教学的设计追求科学规范、可操作性强，对后世产生了较大影响。皮亚杰的发生认识论、加涅的信息加工理论分别从不同角度不同深度解释了学习的心理机制与规律，建构主义心理学以其对学习者自身经验与认知结构建构的重视使教学设计的研究彻底走向以学为主的研究方向。总体看来，教育心理学路向的教学设计研究重视学习者的学习心理、认知规律以及学习过程中的经验获得，注重在此基础上建构科学有效的学习模式或路径。

教育技术学是随着现代科学技术的发展而发展起来的一门学科。作为教育技术的教学设计研究受到技术理性、工具理性的深刻影响，把教学设计当作提高教学效率的工具，注重设计过程的结构化、规范化，信息技术的充分利用以及开放、多元的教学系统是其主要特征。荷兰麦里恩伯尔博士提出的4C/ID教学设计模型以及巴纳西的宏观教学设计等是影响较大的研究成果。在教育技术的研究视域中，传统教学设计正逐步发展为多媒体组合教学设计、网络和信息化环境下的课堂教学设计。信息技术是教学设计迅猛发展的有力杠杆，它使教学设计发展呈多元化路线。

二、不该被遮蔽的设计学视角

“教学设计”作为一个偏正短语，中心词在“设计”，其本质是一种设计活动。目前在人们对教学设计的研究中，设计学的视角还没有受到充分重视。尽管教学论、教育心理学、教育技术学专业的学者在进入教学设计的研究时，也会对“设计”这一概念做出一定的考察与阐释，对其“问题求解”的活动本质有所认同，对其相关的“最优化理论”“决策理论”等有所借鉴，但普遍忽视了设计中最核心的“创造性”“艺术性”追求，对设计活动中人们进行判断、直觉、思考、决策和创造的过程缺乏深入研究的自觉，对设计活动中所蕴含的令人神往的智慧与技能缺乏关注。甚至以其不确定性、难以掌控性等特质为由，对设计活动具有灵魂意义的个性风格、创造力、艺术性等加以排斥。有学者明确反对将“教学成功的条件归因于学生遇到了技术精湛的好老师”，反对“看重教师个人的天赋特质和教学艺术风格”，认为这是“可遇不可求的”，主张由教学设计开发出一系列“教学基本工作中遵循相对明确的操作程序和基本规范来取得可靠稳定的教学成效”。[①] 这样的观点遮蔽了教学设计中教师带着各自的生命特质，以富有想象力的创造性思维投入教学活动中的意义，而这恰恰是教师职业生命中最具魅力的事情，也是教师职业幸福的重要源泉。对学生而言，他们的学习过程如果仅仅是面对一系列既成的程序或规范，也就失去了学习活动中发现新知的惊异感以及沉浸其中的审美体验。

在教育走向专业化的今天，设计理应成为“最耀眼的概念”[②]。教学设计的研究应围绕“设计”这一核心，确证教学设计作为人类设计活动的一种，其与建筑设计、服装设计等其他设计活动一致的一般属性，并发现其目的与作品的独特性，即为“教学”活动而设计与其他设计的不同，确证

---

① 盛群力等编著：《教学设计》，高等教育出版社 2005 年版，第 15 页。

② 刘庆昌：《教育工学——教育理论向实践转化的理论探索》，福建教育出版社 2016 年版，第 14 页。

其独有属性，而不是将研究的重心偏至“教学”上，将自己的研究内容变为如何设计某一类内容的教学活动。如若变成后者，“教学设计”研究即变成了“设计教学”研究，顺序改变，重心偏移，研究的内容就会出现偏差。在教学设计研究中长期存在的教学设计与教学论研究混同的现象，很大程度上是由于教学设计研究中的“设计”特质没有得到凸显，教学设计研究的独立品格未能得到确认。

三、小学语文教学设计研究需要设计学的视角

在设计学视角下理解阐释教学设计的本质、观察评价教学设计的实践是教学设计研究不该缺失的重要路向。小学语文教学设计因其学科特殊性、学段特殊性，其研究、实践与设计学的关系更密切，其特点、规律更需要用设计学的理论与方法来审视。一方面，语文教材中的课文大多是文质兼美的文学作品，教学内容本身的艺术性为艺术化、创造性地设计课堂教学提供了丰沛的内容资源；另一方面，小学语文教学的教学对象是6~12岁的儿童，这个年龄段的孩子充满幻想，活泼好动，设计感强、充满艺术性的教学更容易激发他们的学习兴趣，辅助他们完成学习任务。总之，就学科特点而言，小学语文教学设计更容易成为富有艺术化的作品；就学段特点而言，小学语文教学设计的作品化追求符合小学生学习心理的需求。与中学阶段的语文教学设计相比较，小学语文教学设计往往更注重叙事性、代入感，它重视学生在学习过程中的参与度，努力使他们成为沉浸其中的体验者，而非仅仅是冷静旁观的学习者。在现实中，小学语文教学设计的设计学研究已经具备了丰富的实践资源。

四、设计学理论对认识小学语文教学设计本质属性的启示

1. 小学语文教学设计的本质是创造“人为事物”

赫伯特·A. 西蒙于1969年在《关于人为事物的科学》中首次正式提出设计科学的概念，从传统的自然科学描述方法和工程设计规范方法两方

面，总结了当时已初见端倪的设计科学的特点、内容和意义。1981 年，他对《关于人为事物的科学》一书做了重要补充，设计科学体系基本上得到确立。在西蒙看来，设计就是人们将自己的知识、经验及直觉投射于未来，目的在于改变现状的活动。设计的结果，无论是精神产品还是物质产品，都属于“人为事物”，设计的过程属于“人为之事”。“人为事物”区别于自然事物，并不在于物理结构或化学成分，而是其中凝聚了人的观念和目的性，凝聚了人的力量、劳动与创造；“人为之事”较自然之事的不同在于它包含了时间、空间、人物、信息、意义等元素。

人类的活动可笼统地分为认识活动与实践活动，设计属于实践活动。它的目的不在于求“真”，而在于解决某种需求。但并非所有解决问题的实践活动都是“设计”，依赖经验、因循古制的实践不是“设计”，只有有目的、有创造性思维参与且指向未来的精神活动才是“设计”。简单地说，设计就是创造性地解决问题。设计的结果，可以是物质的，比如“楼房”“电视”；也可以是精神的，比如“活动方案”。“每个人，只要他设想行动方案，想以此把现状改变为自己称心如意的状况，他就是在进行设计。从根本上讲，产生物质产品的智力活动，同给患者开药治病，或给公司设想一套销售新计划，或给州政府拟定一项社会福利制度，是没有什么差别的。”①

将“小学语文教学设计”回归到“设计”活动中，我们更容易认识它的本质。小学语文教学设计是一种实践活动，它是设计者（教师）将自己的知识、经验及直觉投射于未来，以期改变学生学习现状的活动，也是为了解决教学中的问题而进行的创造性的思维活动。小学语文教学设计属于“人为事物”，是教师有目的、有计划、有意识地对学生的学习进行的干预。设计的意义在于超越自然状态，教学设计的意义在于通过有效的设计超越学生自然学习的状态，从而达到更优化的学习效果。

---

① ［美］赫伯特·A. 西蒙著，杨砾译，朱春松等校：《关于人为事物的科学》，解放军出版社 1985 年版，第 127 页。

2. 小学语文教学设计的过程是设计小学生语文学习之“事”的过程

借鉴设计事理学方法论，我们可以从新的角度理解小学语文教学设计的过程。设计事理学是被称为“中国工业设计之父”的清华大学美术学院柳冠中教授提出的设计学理论。所谓“设计事理学”就是以“事”作为思考和研究的起点，从设计“物”到设计“事”的飞跃，就是“设计事理学”。柳冠中从本体论角度解释“设计”与“事理”，认为“设计”协调人类需求、发展与生存环境条件限制之间的关系，它研究“事”与“情”的“道理”，简称“事理”。“事”是“人”与“物”关系的中介点，不同的人或同一人在不同的时间、环境、条件下，即使目的相同，他所需要的工具、方法、行为过程、行为状态也是不同的，所需的造型、材料、构造等也不相同。“事”体现了人与物之间的关系，反映了实践与空间的情境，蕴含着人的动机、目的、情感、价值等意义。在具体的“事”里，人与物之间的隐形逻辑与显性关系被揭示出来。“事”是体现“物”的“关系场”。①

设计事理学认为设计应该先研究不同的人在不同的环境中、时间下不同的需求，并由此确定设计目的。然后，再选择所造“物”的材料、工艺、形态、色彩等内部因素。它注重关系而非元素，注重整体而非局部，注重过程而非状态，注重理解而非解释。设计活动是针对具体问题的外部因素而展开的研究，把人文社科的有关知识整合进来，去理解用户及其在特定的“事”里的需求，从而为设计提供“知识资源”。设计事理学并不是一套具体的方法，而是一种针对具体的问题，通过融贯多学科知识去探究“关于设计的知识”的研究思路，是生产设计知识的科学方法论。

借鉴设计事理学方法论，小学语文教学设计的过程就是设计小学生语文学习这一“事”的过程，是小学语文教师通过对学生某一语文内容学习需求（与困难）的分析，综合运用分析、归纳、判断等思维方式，创造性

① 柳冠中：《事理学方法论》，上海人民美术出版社 2019 年版，第 18 页。

地提出解决问题的方案、方法及组织和管理机制的过程。设计者应该从分析学习者的需求或困难出发，发现设计问题，并围绕问题选择所需材料，然后遵循一定的规律进行教学设计。

第二节　小学语文教学设计的特点厘清

如果说教学论路向的教学设计研究以“教”为中心，教育心理学路向的教学设计研究主要以“学”为中心，教育技术路向的教学设计主要以“技术”为中心，那么设计学为教学设计提供了以“设计”为中心的第四种路向。笔者绝非意欲舍弃原有的教学设计研究成果而另起炉灶。事实上，无论是教学论路向、教育心理学路向还是教育技术路向的教学设计研究都对设计学的理论与实践有所借鉴，各种路向的教学设计研究展现出人们对教学设计不同侧面的认识，它们互相补充，有利于我们充分认识教学设计的各个位相。在综合小学语文教学设计研究成果的基础上，补充设计学视角，我们可以更好地对教学设计的本质属性予以确认，对小学语文教学设计基本特征予以辨析。

一、小学语文教学设计属于“设计活动”

作为设计活动的小学语文教学设计，具备一般设计活动的普遍特征：目的性、筹划性、创造性、显现性。

1. 目的性

所有的设计都具有目的性，目的是设计活动的出发点，也是设计活动的归宿。设计的目的可以是创造某一满足特定需要的物品，也可以是解决问题的方案。教学设计的目标不同于教学目标，它以搭建教师教育理念到教学实践的桥梁为根本目的，是一个教师综合运用创造性思维创作教学作品的过程。具体而言教学设计的目标确定至少包括“学生学的目标”以及“教师教的目标”两个层面。“学的目标”是指通过课堂教学希望达到的学生学习变化，是通常意义上的教学目标。“教的目标”特指剥除了“对学生施加影响，使之发生一定期待变化”的这一针对学生学习的目标之外的“教研的目标”。在日常教学设计的研究中，人们常常把“教的目标”淹没在“学的目标”里，或者将两者等同，是因为没有意识到教学行为之于教师的意义，是对教师存在的忽视，也是对课堂教学作品的意义做了窄化的理解。至于强调教师的一切行为只能是为了学生的发展，而不允许“学的目标”之外的“教的目标”的存在，则有“掩耳盗铃”的意味了。

2. 筹划性

设计理论家 kim 等人认为：“设计是将想法转化为现实，是复杂的问题求解活动，对一个特定的项目寻找最好的可能解。以最好的可能方式满足特定需要的智力尝试。”① 教学是一种有目的有计划的活动，教学设计就是针对教学所做的规划与筹备，是教师为达到优化的教学效果，运用创造性思维对自己的教学活动预先进行的设计、筹划与准备的行为。教学设计的筹划是依据一定的计划系统进行的，计划可以是详细的，也可以是简略的，但它是设计展开的依据。教学设计的筹划性既表现为对教学活动的筹划，同时也包括对自身设计活动的筹划。

3. 创造性

与人类所有的设计活动一样，教学设计是人们为满足特定需要，精心制定、寻找和选择满意备选方案的活动，这种活动在很大程度上是一种思维活动、问题求解活动和创新发明活动。在这个过程中，创造性思维、想象力发挥关键作用。教学设计基于理性和直觉，设计过程是包含发散思维和聚合思维的创造性过程，这与其说是一种追求最优化的过程，不如说是设计者之间以及情境之间不断对话的过程。“优秀的设计者会在实践的基础

① 刘强：《基于样式的教学设计方法研究》，南京师范大学 2008 年博士论文，第 36 页。

上发展自己的创意想象力。这种创意想象力的特点是在前台自由想象，同时在后台评估费用能否满足、功能能否实现。”① 对教学设计者而言，他在对教学内容与教学形式进行富有想象力的创意性设计时，会同时评估这样的设计是否遵循了教学的规律，能否促进儿童的认知发展。

4. 显现性

设计的结果通常是可见的，可以物化的。它可以是一个草稿、图样，也可以是一个计划方案等。外现的教学设计结果是物化的教案以及将教案实施而形成的课堂教学作品；内隐显现的是教师对课程与教育教学的理解、审美旨趣、文化修养等。教师通过教学设计可以完成一种表达，使教学设计成为自己教育生命存在的一种方式，在一定意义上，与其说教师在设计教学，不如说将自己诉诸教学设计。例如，彭才华在设计《渔歌子》一课的教学时，就将自己对古诗文教学的理解、对积极入世与逍遥出世两种人生态度的比较与思考寄托其中，使课堂成为自己生命存在的确证。

二、小学语文教学设计是“为教学”而设计的活动

小学语文教学设计作为“为教学”而设计的活动，具有其他设计活动不具备的特殊属性，主要表现为：中介性、开放性、未完成性、教育性。

1. 中介性

教学设计是教育理论向教育实践转化的中间环节。教育者的理念正是通过教学设计这一中间环节转化为教学材料与教学实践。在这一意义上，教学设计实现了杜威在《我们怎样思维》中所设想的能够把教育心理学和教育教学实践连接起来的具有“桥梁”作用的特殊的“连接科学”。理论的观念不依赖于具体情境和主体，也不指向任何具体的目的和任务，而实践则是发生在特定时空中的、有具体目的和任务追求的。“教育理论的应用与

① 刘强：《基于样式的教学设计方法研究》，南京师范大学 2008 年博士论文，第 38 页。

转化，本质上是要把美好的教育理念与教育活动的空间、时间、主体、目的有机地结合起来。”① 教学设计就是思考如何应用与转化的问题。教学设计工作类似于工程师的工作，工程师借助物理学的概念和原理进行工作，教学设计借助教育心理学的概念和原理进行工作。

2. 开放性

教学设计存在两种基本样态，一种是确定性取向的教学设计，一种是非确定性取向的教学设计。前一种设计的教学过程是向着既定的方向行进，教学的内容与目标大致都是在教师预设与掌控之中的；后一种设计的教学过程则更接近于理智的冒险，教师将教学设置为灵活的、未确定的内容与目标。从功能上讲，两种样态各有利弊，前一种更有利于保证获得预期的教学效果，而后一种更有利于发展学生的自主性与能动性。但是无论哪一种样态的教学设计，都具有开放性的特点，教师不可能完全设计出课堂的具体情境，总是在一种临时的、现场的情境下保持着一定的开放性。

3. 未完成性

教学设计的未完成性表现在当一份纸质教案完成后，它还不能称为一个教学作品，只有实施后，方案才产生主要意义。除了课前设计，教师在课堂教学的过程中往往需要根据学生学习的现状或出现的问题进行随机的设计修改。例如，于永正老师在某一次借班上课时，发现学生已经学过即将讲授的课文，便临时改变设计，由新授课转为复习巩固及自主质疑课，收到了良好的教学效果。这种情况并不多见，但遇见学生在没有预料的地方出现学习困难，教师随机的启发性问题的抛出等都是一种课中设计。另外，在一堂课上完之后，有许多教师会对自己的设计进行调整、修改、完善、细化，使之不断趋于更理想的教学效果。

① 刘庆昌：《教育工学——教育理论向实践转化的理论探索》，福建教育出版社 2016 年版，第 22 页。

4. 教育性

教学设计是教育活动中的一个环节，它的一切行为必须以教育的基本原则为原则，以促进学生的全面发展为最终旨归。教育是教育者根据一定的社会需要对受教育者身心发展实施影响的活动，教育的本质是对受教育者成长的善意的干预。加涅认为“教学包含一套外在于学生的、设计用于支持学习内部过程的事件”，这些事件就是教学设计的主要内容，它以促进学生学习为目的，它的出发点和落脚点都是学生的认知状态——出发点是认知起始状态，落脚点是教学给学生的认知带来的变化。

三、小学语文教学设计是“为小学语文”而设计的活动

小学语文教学设计作为“为小学语文”而进行的设计活动，具有语文性与儿童性。

1. 语文性

语文课程是一门学习祖国语言文字运用的综合性、实践性课程。学生对语文课程学习的过程就是学习运用祖国语言文字进行交流沟通的过程，也是涵养文化素养、提升精神成长的过程。语文教学的设计要遵循语文学科的基本特点，通过有效的语文实践活动设计，促进学生听说读写能力的全面发展。另外，语文本身丰富的文学性、文化性为教学设计的艺术化、审美化提供了可能，也对教学设计的艺术化、审美化提出了要求。语文教材中的课文题材多样，内容广泛，其中不乏充满情智趣味的优秀文学作品。理想的小学语文课堂学习过程应该是教师引导学生经由语言符号的中介，开启文字背后所蕴含的丰富的智力世界、审美世界的过程；是既充满智力挑战又富有文化熏陶、精神涵养的过程；是学生在教师的引领下体会语文之趣、品味汉语之美的过程。理想的小学语文教学设计，会既注重实用又充满诗意，在充分考虑儿童心理认知特点和母语学习规律的基础上，帮助学生在掌握语言文字运用的规律、形成良好的语感图式的同时获得审美体验、文化浸润和精神成长。

2. 儿童性

小学语文教学的授课对象是6~12岁的儿童。小学阶段的儿童认知心理有一个发展变化的过程。低年级（6~7岁）的儿童充满幻想，好奇心强，有丰富的想象力，认知方式以无意注意为主，其观察与感知觉缺乏系统性、自觉性。中年级以后，学生的认知发生较大转变，有意注意的时间明显增强，感知觉发展到有目的、有顺序的阶段，思维力有所提升，并且仍保持着丰富的想象力、创造力。小学生的这些认知特点要求教师在教学设计中创设具有情境性、趣味性的学习环境，使小学生主动积极地参与到学习中来。根据基兰·伊根教授的认知工具理论，人的思维发展经历依次分为身体认知、神话认知、浪漫认知、哲学认知和讽喻认知五个阶段。6~12岁的儿童主要通过身体认知、神话认知、浪漫认知等方式认识世界。教师如果在小学语文教学设计中能利用故事、游戏、二元对立等富有想象力的认知工具，将大大提高学生的学习兴趣，开启他们充满惊异与渴望、富含理智与冒险的学习之旅。

第三节　小学语文教学设计的价值澄明

通过有效的小学语文教学设计，小学生的语文学习过程可以变成充满愉悦的旅程，教师在设计过程中可以体验创造的甘苦，获得职业幸福的高峰体验。但是，小学语文教学设计的理性是有限理性，小学语文教学设计作用的发挥具有一定的限度。

一、小学语文教学设计的意义

小学语文教学设计的意义是多方面的。对教育活动本身而言，小学语文教学设计是教师的教育理念向教育实践转化的桥梁，具有优化教学效果的意义。“在教育走向专业化的今天，人们已经不满足于把教育活动建立在教育者的本能、习惯和他们所在的传统之上，而是要在专业的意义上运行教育。在此背景下，设计就成为最耀眼的概念。”① 小学语文教学设计可以把语文教学原理转化为具体的教学材料和教学活动，通过预先的设计与规划，提高教学的科学性、创造性、艺术性。对小学生而言，教学设计为他们更有效、更愉悦地参与小学语文学习活动提供了可能。无疑，教学设计的第一目的是促进学生的学。精心设计的课堂教学是教师针对学生学习需求，对学生学习自然状态的干预，它致力于引领学生在愉悦的氛围里品读课文、学习语言，在阅读与写作的过程中发现语文之趣、领悟语文之思、感受语文之美。对教师而言，教学设计作为教学活动“颇为讲究的准备”，其过程实际上就是教师为教学活动制定蓝图的过程。通过教学设计，教师可以对教学活动的基本过程有个整体的把握，可以根据教学情境的需要和教育对象的特点确定合理的教学目标，选择适当的教学方法、教学策略，采用有效的教学手段，创设良好的教学环境，实施可行的评价方案，从而保证教学活动的顺利进行。此外，教学设计是教师职业能动性、创造性的主要体现，成功的教学设计能带给教师愉悦的从业体验，是教师职业幸福感的重要源泉。

二、小学语文教学设计的限度

小学语文教学设计属于广义设计，它与一般的艺术设计、工业设计不同，是一种人文活动，普通设计中的工学品格与工程思维在小学语文教学设计中发挥的作用具有一定的限度。小学语文教学活动本身是一个由多因素组成的复杂系统，它有高度的综合性、层次性、多样性、开放性。小学语文教学设计的理性不是绝对的，而是有限的。首先，教师无法实现设计的绝对最优化。苏联教育家巴班斯基提出的教学过程最优化理论是教学设计重要的理论之一，但巴班斯基给出的最优化的前提是：从所提出准则的

① 刘庆昌：《教育工学——教育理论向实践转化的理论探索》，福建教育出版社2016年版，第14页。

观点出发，在全面考虑学习规律、教学原则、教学形式与方法、外部已有条件和所有学生特点的基础上，使教育过程最有效地发挥效能。无疑，这是一种绝对的理想状态，所谓的最优化只能是相对的，在这个意义上，教学设计本身永远是充满遗憾的艺术。其次，设计者无法对小学语文教学活动所有细节做出设计。因为教学系统的复杂性，教师根本无法对活动过程中的每一方面、每一细节都做出准确清晰的把握，也就无法对教学活动的每一个细微的元素都做出相应的设计，无论如何努力，小学语文教学设计都有无法穷尽的细节。再次，小学语文教学设计的实施具有不确定性。事实上，无论教师在备课时准备得多么万无一失，课堂教学中都会有超出预期的问题出现，课堂复杂多变，老师们通常不得不面对突发情况并需要迅速地做出决定，对既定的教学设计做出调整，或临时生成课堂教学中的二次设计。最后，教学设计的限度还在于决定课堂教学质量的永远不是设计本身，而是执教者如何将设计运用到教学情境中。设计的本质类似于工学或科学，我们可以对它持乐观态度，相信它可以越来越丰富，越来越成熟。但是，决定教学优劣的关键永远不是教学设计方式的成熟与否，而是教师自身的文化素养、知识储备、教学决策力，是他能否运用设计为学生提供解决问题的学习情境，能否通过设计激发学生认知的渴望并使他们在学习中体验理智探索的愉悦与幸福。

第二章

小学语文教学设计的研究内容

在对小学语文教学设计进行了本体论、认识论、价值论的追问与反思之后，本章将从小学语文教学设计的思想与观念、过程与要素以及小学语文教学设计的评价三个方面构建其研究内容与分析维度，以便全方位搭建当代小学语文教学设计发展研究的视角。

第一节　思想与观念
——小学语文教学设计研究的内隐视角

小学语文教学设计的行为是在一定的教学设计思想与观念的指导下进行的。在教师进行教学设计时，教学设计思想与观念可能呈现“在场”的状态，即教师对自己的教学设计思想与观念有自觉的意识，也可能呈现为“不在场”的状态，即教师对自己的教学设计思想与观念并没有自觉的认识，而是按照潜意识的某种经验或感觉而进行的“自在”的行为。无论教师是否意识到，其教学设计的思想观念都决定着其教学设计的行为导向。小学语文教学设计的思想与观念既包含教师对设计实践活动的一般认识——设计观，也包含教师对教育教学的哲学思考与价值判断——教学观，还包括教师对语文学科基本性质任务的理解——语文观，以及对教学对象（6~12岁儿童）身心发展特点与规律的认识——儿童观。

一、设计观

小学语文教师的设计观是指小学语文教师对教学设计问题的基本看法，是对教学设计的本质、特点、意义、方法的理解与认识。小学语文教师的设计观是在小学语文的教学设计实践中逐渐形成的，它是教师在进行教学设计构思过程中所确立的主导思想。小学语文教师的设计观往往是自发的、朴素的、零散的，但它至关重要，它赋予教学设计作品科学意义、文化内涵与艺术风格。系统化的设计观即为设计哲学。现实的小学语文教学设计中出现的许多问题，其实跟教师的设计观有关。例如，有的教师在教学过程中不顾及学生的学习现状而僵化地推进教学流程，出现了所谓“走教案”的现象，其根源就是对教学设计的未完成性认识不足、对教学设计的有限理性认识不足。

二、教学观

教学观是教师在教学实践及教育思维活动中形成的对“教学应然”的理性认识，是教师对教育教学基本问题的看法。它包括教师对教育宗旨、教育使命、教育目的、教育理想、教育目标、教育原则等内容的理解与认识。教师职前职后所受的教育与教师在长期的教学活动中的经验与感受共同起作用，形成教师的教学观。教学观总是受一定的教育哲学支配。在一堂课的教学设计中，教师的教学观会决定教师对教学目标、教学内容、教学方法的选择与判断。

三、语文观

语文观是指语文教师对语文学科的课程性质、目标、规律的理解与认识，具体而言是语文教师对语文教学中基本问题的理解与认识，这些基本问题包括语文教学的内容与目标问题、文道关系问题、文白关系问题、文学与语言关系的问题、语言与思维关系问题等。语文教师的语文观决定了其语文课堂教学的基本走向，有什么样的语文观，就会有什么样的语文教学。就一堂课的教学设计而言，语文教师的语文观会决定其对语文教学目标、语文教学内容的厘定。

四、儿童观

此处没有使用“学生观”这一课程与教学论研究体系中的概念，而是使用了“儿童观”这一相对宽泛的概念，是希望表达对小学语文教学的特殊对象——6~12岁儿童身心发展特点、规律的重视。儿童观是指社会对待儿童的看法或观点，涉及儿童的特性、权利和地位，儿童期的意义以及教育和儿童发展之间的关系等。在小学语文教学设计的研究中，设计者对儿童语言与思维发展的规律、儿童认知心理特点、儿童语文学习中的困难与需求等问题的理解与认识是我们观察与思考的重点。

第二节　过程与方法
——小学语文教学设计分析的核心要素

如前所述，借鉴设计事理学方法论，小学语文教学设计的过程可理解为设计小学生语文学习这一“事”的过程，是小学语文教师针对学生具体课程内容的学习需求（与困难），综合运用分析、归纳、判断等思维方式，创造性地提出解决问题的方案、方法及组织和管理机制的过程。设计应该从分析学习者的困难与需求出发，发现设计问题并围绕问题选择所需材料，然后遵循一定的规律进行教学设计。

一、设计问题的发现——小学语文教学设计的起点

设计问题就是教学设计中需要设计的具体教学问题。设计问题的发现即设计者对“所教内容中哪些具体问题需要设计”的判断与选择过程。设计者只有明确了“我要对什么具体问题进行设计”之后，才能考虑“怎么设计”的问题。发现“用户”的需求——学生学习的期待与困难，找到需要设计的具体问题，明确设计任务是小学语文教学设计的起点。

小学语文教学的设计者必须先具有问题是否需要设计的洞察力。设计问题需要被解答，也需要被发现。基于不同的语文观或学情分析，同一篇课文，不同的设计者往往从中发现不同的设计问题，并由此形成不同的设计。不同的小学语文教学设计实践中每个人所解决的往往是不同的问题，而不是对同一问题生成不同的解决方案。值得注意的是，不同的小学语文教师针对同一篇课文可能会发现不同的设计问题并由此生成不同的教学设计，而这些教学设计可能都具有合理性。

设计问题发现的起点是文本解读。小学语文教学设计中的文本解读是指小学语文教师在进行教学之前，对所执教的文本（课文或者其他自选文章）进行细致的阅读分析，对文章内容意蕴和表达形式做出分析的过程。文本解读的过程首先是教师自身与文本进行对话的过程，它的实质是教师自身的言语经验在文本中的唤醒。教师的文本解读不同于一般的文学性解读，在文本解读的过程中，教师需要认真思考文本包含了哪些知识点，有哪些能力训练，何处可以让学生经历思维训练，文章可以带给学生哪些情感态度与价值观影响。有创造性的文本解读是创造性教学设计的重要支点，但教师不可偏离教材编写的意图，扭曲作者的写作初衷，进行任意解读。

设计问题确定的依据是学生学习的需求。教师确定对哪些学习点进行设计的重要依据在于文本呈现的知识点对于学生学习而言所存在的困难。学习中的困难得以解决，以愉快的体验获得新知是教学设计的“用户”——学生的需求，也是设计者需要解决的真正问题。不同学生有不同

的学习辅助需求，同一学生有不断增长、变化的学习辅助需求。设计的目的是通过设计带给学生更好的学习效果或体验，因此，对学生认知情况、学习需求的预估与分析是决定教学设计成功与否的关键。

影响设计问题确定的两个重要因素是教学内容与教学目标。设计问题是对教学内容的设计学分析与转化，教学目标决定设计任务与设计目标，也必然决定诸多设计问题中的主次先后的秩序。小学语文教学设计问题的发现源自设计者的洞见，它跟语文教师的文化素养、学科意识以及创造力密切相关。具体而言，语文教师对教学目标及教学内容的理解是教学设计问题发现的主要影响因素。教学目标是关于教学将使学生发生何种变化的明确表述，是指在教学活动中所期待得到的学生的学习结果。在教学过程中，教学目标起着十分重要的作用。教学活动以教学目标为导向，且始终围绕实现教学目标而进行。“目标在教育活动的起点得以设定，在终点得以实现，从而使整个教育过程处于目标导向之下。教师不会时时明示教育的目标，但对学生偏离目标的行为会有本能的敏感，其时，教师是把显在的教育目标推向前台，使学生能自觉地在目标的作用下调整自己的行为。可以说，目标在这里成为教师控制学生现场行为的工具。”① 广义的“教学内容”即课程，是指学与教相互作用过程中有意传递的主要信息，一般包括课程标准、教材等。本论文讨论的“教学内容”则是狭义的，是与课程内容、教材内容区别而言的，它是指语文教师处理教材的结果，即一篇课文或一堂课“教什么”。教材内容不等于教学内容。语文教师在教学设计时会依据课程目标、文本特点、学生学习实际等确定教学内容。语文学科的特殊性在于教学内容的未完全规定性，这就需要执教者有足够的专业敏感和对课文中语文学习点的敏感。教学目标与教学内容的关系是双向互动、互相制约的，不可能完全地根据目标选择内容，也不可能完全根据内容确

---

① 刘庆昌：《教育活动中的控制行为》，《教育理论与实践》2014 年第 13 期，第 8 页。

定目标。

二、设计问题的求解——小学语文教学设计的核心过程

在明确设计问题的基础上对设计问题进行综合分析，运用创造性思维，制定出解决方案的过程是小学语文教学设计的核心过程。小学语文教学设计活动需要综合分析外部环境，通过一定的手段，解决学生学习的困难。

（一）小学语文教学设计的整体布局

小学语文教学设计的整体布局包括课堂教学结构以及教学中的时空安排。

1. 课堂教学结构

课堂教学结构是指教师运用创造性思维筹划课堂教学的框架而形成的一堂课的基本教学结构或思路，即预设的大致教学流程。从结构教学的逻辑关联看，教学框架存在线性与板块型两种结构。线性结构是指教学环节从头至尾呈现出一种密切的关联与紧密的推进，如“复习导入”—“讲授新课”—“拓展训练”—“布置作业”等；板块式的教学框架里内容关联呈板块式，如“读一读”—“写一写”—“议一议”—“练一练”等。从目标路向看，教学结构有封闭与开放两种。封闭的结构也并非完全封闭，但课堂基本会朝着既定的方向前行，而开放的结构往往不设计完全固定的目标，为学生理智的冒险与课堂生成留下较大空间。

2. 教学设计的时间之流与空间之维

在整体设计时，设计者应该对教学的时间与空间做出分配与安排。小学语文教学设计的过程就是教师将自己抽象的、理想的小学语文教育理念和思想落实到教学空间与时间的系统之中，它可以被理解为目标明确的工学行为，表征为结构清晰的程序运动。

教学设计者需要通过时间管控，把握教学设计的节奏。教学设计问题有大小主次之分，教学内容有难易之别，设计者在确定重难点之后，就要分清主次，对教学内容进行详略设计，由此大致确定每个教学环节占用时

间的长短；教学设计者需要通过空间设计，营造教学势能。空间设计是指教学材料出现的方式与顺序。值得注意的是，成功的教学设计往往是围绕某一个教学点进行的，通过层层聚焦，形成势能，使某一点得以凸显，而其他的淡化为背景。优秀的教学设计离不开好的时空感，它既包括整堂课时间的分配，也包括某一教学内容出现的时机。具有良好时空感的教学设计会使教学呈现一种和谐的节奏。

（二）小学语文教学设计的局部设计

教学框架搭建的是课堂教学的整体结构，有效的教学设计在结构之外还必须根据已有教学内容、教学材料，设计、选择、组合教学方法与教学样式以及教学辅助手段。

1. 教学方法

教学方法就是在教学过程中，教师和学生为实现教学目标、完成教学任务而运用的方式和手段。一般的教学方法可以分为几类：第一，以语言传递信息为主的方法，比如讲授、谈话、讨论、读书指导等；第二，以直接感知为主的方法，比如演示、参观等；第三，以实际训练为主的方法，比如练习、实验、实习作业等；第四，以欣赏活动为主的方法；第五，以引导探究为主的方法。① 以上为各学科都适用的教学方法。语文学科因其特殊性，根据不同的教学内容，有许多自己独有的教学方法，例如，针对识字教学，有韵语识字、注音识字、字族文识字等方法；针对阅读教学，有熟读成诵、学思结合等方法；针对作文教学，有现场素描、读写结合等方法。

2. 教学样式

教学样式是指在特定情境中使用的具有一定固定性程序的教学方式。“样式”理论源自建筑设计学，美国建筑设计理论家 Christopher Alexander 是应用样式的先驱。20 世纪 70 年代，他在自己的著作《建筑的永恒之道》中首次完整介绍了他的样式和样式语言思想，提出了应用样式的哲学思考。

---

① 李秉德主编：《教学论》，人民教育出版社 1991 年版，第 193 页。

在《样式语言》中，他例举了253个建筑样式。“样式是一个具体形式的抽象，这种具体形式在特定的情境中重复出现”①，其中，样式是原形之意。样式的三个主要特征是：可重复性、可传授性以及拥有一个名字。样式在设计中的作用如下：“每个样式描述了一个在我们的环境中不断出现的问题，接着指明了这个问题的解决方案的关键部分，这样就可以重复使用这个方案，而不必另起炉灶，重新摸索。”设计和设计样式分别对应的词是Design、Design Pattern。在Alexander看来，一栋建筑是若干有限样式复合组成的，这些有限的样式经过组合，形成“无名特质”。建造的过程就是追求“无名特质”的过程。样式理论产生之后除了在建筑设计学领域广为传播，还影响到软件工程领域。样式被广泛应用于面向对象的编程中，在今天，样式和设计样式已经成为软件开发人员的共同话题和必备知识。也有一些信息技术教育专家开始探索如何利用样式来支持信息技术教师教学，提出了“可重用的教法设计样式”。刘强在其博士论文《基于样式的教学设计方法研究》中提出了“教学样式”的概念与理论，为教学设计的研究提供了广阔的空间。

样式理论为小学语文教学设计的研究打开了新的思路。在小学语文教学设计的实践中，存在着许多适合某一情境使用的可重复性、可传授性的教学样式，只要将其归纳总结，便可整理出小学语文教学的样式。我们比较两个教学片段：

片段一：《去年的树》教学片段②

师：大家看，当太阳露出笑脸的时候——

生：鸟儿站在树枝上，给树唱歌。树呢，听着鸟儿唱。

① 刘强：《基于样式的教学设计方法研究》，南京师范大学2008年博士论文，第18页。

② 王崧舟、林志芳：《就这样唱给你听——〈去年的树〉课堂实录与评析》，《小学语文教学》2013年第3期，第18页。

师：当月亮挂上树梢的时候——

生：鸟儿站在树枝上，给树唱歌。树呢，听着鸟儿唱。

师：当森林里的雪都融化了的时候——

生：鸟儿站在树枝上，给树唱歌。树呢，听着鸟儿唱。

师：当叶子在秋风中飘落的时候——

生：鸟儿站在树枝上，给树唱歌。树呢，听着鸟儿唱。

师：迎着风，迎着雨——

生：鸟儿站在树枝上，给树唱歌。树呢，听着鸟儿唱。

师：走过春，走过夏——

生：鸟儿站在树枝上，给树唱歌。树呢，听着鸟儿唱。

师：这真是一段美好的时光。

片段二：《跨越海峡的生命桥》教学片段①

师：18岁，多么美好的年龄！当同龄人吃过晚饭后，携着父母的手在绿荫道上漫步时，小钱——

生：（朗读）静静地躺在病床上。

师：当同龄人在球场上奔跑，为每进一个球欢呼跳跃时，小钱——

生：（朗读）静静地躺在病床上。

师：当同龄人坐在教室里，为实现自己的理想而奋斗时，小钱——

生：（朗读）静静地躺在病床上。

不难看出，在这两个教学片段中，教师在引导学生朗读重点语句时都不约而同地使用了一种相似的模式，这种模式的特点是：（1）教师运用排比式的引导语，引导学生重复朗读一句话；（2）教师的拓展语是对课文情

① 本教学片段由济南市育秀小学张乐老师提供。

境的拓展，旨在引导学生想象；（3）朗读的目的不仅在读本身，更是通过师生对话式的朗读形成一种情境，从而使学生披文入情，深入理解课文。这种在小学语文教学设计中常常被使用的具有一定情景适应性、可复制迁移的教学微设计，就可以叫作“教学样式”，并给它一个固定的名字便于传播，例如前文列举的样式就可以被称作“回环复沓的朗读”。

教学样式与教学方法的区别在于：教学样式通常有特定的操作程序，而教学方法没有；教学样式的使用比教学方法有更明确的情境限制；在整个样式中，可以使用一种教学方法，也可以综合使用多种教学方法。一堂课中，教师通常会使用不同的教学样式。教学样式的选择与组合形成这一堂课的“无名特质”。教学样式的丰富将带来课堂教学更多的趣味与意味，教师可能在这一过程中运用创造性思维，创造性地使用已有的样式，也可能创造出新的教学样式。应该承认，在小学优秀语文教师的设计实践中，实用有效的样式比比皆是，遗憾的是对它们的总结、归类、推广还尚未引起语文教育界的重视。语文教学设计的实践智慧的传播在教学样式的帮助下将从自得自悟的“暗中摸索”，走向有章可循的“明里探讨”。

3. 小学语文教学设计中的教学辅助手段

教学辅助手段是教学中师生相互传递信息的工具、媒体或设备。随着科学技术的发展，教学手段经历了口头语言、文字和书籍、印刷教材、电子视听设备和多媒体网络技术五个使用阶段。传统语文教学手段主要是粉笔、黑板、挂图等，20 世纪 80 年代以来，幻灯机、投影仪、录音机、录像机、电视机等利用声、光、电的现代化教学手段作为直观教具进入语文课堂，称为“电化教学”。21 世纪，随着信息技术的兴起，多媒体课件、慕课、翻转课堂、线上线下混合教学等现代化网络技术成为语文教学的辅助手段。

三、设计方案的实施与修改

小学语文教学设计的实施是教师将自己设计的小学语文教学预案在课堂教学中实践的过程。通常，小学语文教学设计的实施很难完全按计划推进，因为学情是变动不居的，在教学的过程中，教师必须根据学情随时调整自己的教学。优秀的教师会在课堂教学当中根据学生学习的情况，现场实施二次设计，调整自己的教学方案。真正成功的小学语文教学课堂，一定不是百分之百按计划推进的课堂，而是计划与生成相辅相成、水乳交融的课堂。优秀的教师会根据课堂教学的实际情况，在课后对自己的教学设计进行修改调整，完成三次甚至四次设计。在课堂教学中既有原教学设计的推进，又有根据学情临时生成的未曾预约的精彩。

第三节　科学品质与审美意蕴
——小学语文教学设计观察的双维标准

优秀的小学语文教学设计是科学性与艺术性的统一。教学设计的科学性表现在教学设计的合规律性、合目的性，教学设计的艺术性表现为教学设计的美学品格。

一、小学语文教学设计的科学品质

小学语文教学设计的科学性表现为合规律性与合目的性的统一。马克思提出人类实践活动应遵循“合规律性”与“合目的性”两大尺度，认为社会的发展要努力实现合规律性与合目的性的统一，即社会发展既要合乎客观规律，又要满足人的多方面的需要。小学语文教学设计的科学品质所追求的合规律性是指设计者在设计小学语文课堂教学时，要遵循设计规律、教学规律、认知规律。小学语文教学设计的合目的性是指教学设计符合语文教育的目标并且所设计的教学方案能够达成目标。

（一）小学语文教学设计的合规律性

小学语文教师在设计课堂教学时，必须遵循设计活动的规律、小学语文教学的规律以及小学生认知的规律。

设计就是创造“人造物”的过程，它发生在内部因素与外部因素的

“关系”中。小学语文教学设计是教师将自己内在的教育理念、教育经验投向于实践，制造“人为事物”，以期改造小学生语文学习状态的过程。在设计过程中，教师必须遵循设计活动的基本规律，对小学语文课堂教学的内部因素与外部环境做出准确分析，运用设计思维，在设计的前端做出观察、分析，在设计的中端进行联想、创造并形成方案，在设计的后端实施方案并做出反馈评价。

小学语文教学有自己学科知识的内在逻辑，无论是教师教语文还是学生学语文都应遵循学科知识的内在规律。诸如：语文学习的过程是从“语言”到“内容”再从“内容”回到“语言”的过程；熟读精思是提高小学生阅读与写作能力的重要途径；语文学习是对祖国语言文字的学习，具有“习得”特征，等等。小学语文设计应该是在课程标准（教学大纲）的指导下进行的，设计者在设计教学时只有遵循语文教学的基本规律，才能设计出符合小学语文教学实际的方案，切实提高课堂教学的效率。

小学语文教学设计应充分尊重6~12岁儿童独特的认知心理，依据学生学习需求选择设计问题，确定设计重难点，寻找解决设计问题所选用的方法与策略，尽量能够唤醒学生感知觉，激发其学习兴趣，持续保持其有意注意，激活思维，引发其想象与创造，带给学生新奇且愉悦的学习体验。

（二）小学语文教学设计的合目的性

“物”是人的目的性投射。作为“人为事物”的小学语文教学设计是设计者教育目标的投射，它是以一定的目的、一定的方式来达到与小学语文教学客观条件和内部关系相适应的人为适应性系统。小学语文教师设计课堂教学的活动，首先必须符合语文课程整体育人目标，致力于培育学生热爱祖国语文的思想感情，指导学生正确地理解和运用祖国语文，丰富语言的积累，培养语感，发展思维，使他们具有适应实际需要的识字写字能力、阅读能力、写作能力、口语交际能力。在此基础上，课堂教学目标依据年段学习目标、单元学习目标及文本特点确定，教学内容依据教学目标选取，与教学目标相对应且能够达成教学目标。其次，小学语文教学设计的活动内容与实施策略和设计目标相一致，且能够实现设计目标。此外，小学语文教学设计的方案应具有完成性、可行性，与现实的小学语文教学的外部客观环境相匹配，其执行难度是在充分评估了执教者本身的能力与素养之后确定的。只有如此，小学语文教学的设计者才能全面达成自己的设计目标。

二、小学语文教学设计的审美意蕴

小学语文教学设计在科学与实用之外存在着可独立品评的审美意蕴。发现小学语文教学设计的美学品格，揭示小学语文教学设计之美的一般规律可以帮助我们发现与总结语文教学设计中存在的艺术风格，进而优化教学设计实践，为师生艺术化的教育人生提供可能的路径。

（一）小学语文教学设计存在“孤立绝缘”的美

朱光潜先生在《谈美》中将人们对待事物的态度分为三种：实用的、科学的、审美的。他比较了三种态度的特征，并强调：

> 在实用的和科学的世界中，事物都借着和其他事物发生关系而得到意义，到了孤立绝缘时就都没有意义；但是在美感世界中它却能孤立绝缘，却能在本身现出价值。照这样看，我们可以说，美是事物的最有价值的一面，美感的经验是人生中最有价值的一面。①

如果说以往我们对语文教学设计的研究主要是从实用与科学的角度进行的，致力于“向善”与“求真”，那么本文试图提出“尚美”的研究视角，则致力开启教学设计在实用与科学之外所存在的可以“孤立绝缘”的美。在观摩优秀的语文课堂教学实践时，我们常常会惊叹于执教者高超的教学设计，这种设计往往超越了基本的内容合宜、教法得当等科学与实用

① 朱光潜：《谈美》，中华书局2010年版，第32页。

的目标而呈现出鲜明的艺术气质，比如现实与想象相对比造成的虚实结合，无声思考、默默读写与热烈讨论相对比形成的动静相生，重点段落或语句的反复敲打与其他部分一带而过相对比形成的张弛有度等。我们也能感觉到有的教学设计很平缓，设计的问题坡度不大，由浅入深，其形成的课境节奏舒缓、温润平和，而有的教学设计却呈奇绝之势，可以通过关键问题设计引起课境的"突转"，呈现峭拔之美。无疑，与所有的设计活动一样，小学语文教学设计具备一定的审美品格。

此处论及的小学语文教学设计的美学品格，不同于语文教育与美育这一话题，也区别于课堂教学风格的研究，它首先从语文教学的文本内容抽身而出，研究的是"怎么教"的问题；其次，它从课堂教学风格的综合性特质中剥离出来，不停留在执教者在课堂教学现场所表现出来的综合性的个性气质，而是由此还原，追溯这个现场背后的设计力量。事实上，教学设计之美一定是语文教育之美不可或缺的一部分，也是课堂教学风格形成的重要组成。

西方的美学研究与理性研究相对，强调事物带给人们的直观感受与感觉。中国传统的美学研究则属于生命超越的美学，突出作品与创作者、欣赏者生命体验的互通与确证。其实这两种研究思路并不完全相左，研究教学设计的美学品格，就可从直观的感觉与感受出发，走入作品所传递出的执教者的生命体验。这种"心物交互""回流往复"的审美态度正是人在生产实践过程中改变世界又从而改变自己的一种结果。

（二）小学语文教学设计之美的规律

设计风格的形成可以看作小学语文教师专业成熟的标志。优秀的小学语文教学设计各具特色，其审美特征的形成不仅与教师个体生命有关，也往往与教师所处的时代密切相关。小学语文教学设计的审美风格可以有多种类型，但大都契合设计之美的基本规律。

1. "恰好"的美——小学语文教学设计的意象与趣味

审美经验的发生心理有这样的一个过程："创造是表现情趣于意象，是情趣的意象化；欣赏是因意象而见情趣，是意象的情趣化。美就是情趣意象化或意象情趣化时心中所觉到的‘恰好’的快感。”语文教学设计之美产生的心理基础大致如下：教师根据自己对课文的理解、对学生认知心理与学习任务的把握设计教学，这一设计中不仅暗含着教师的教育教学理念，还暗含着教师的审美旨趣，即教师的“情趣”。教师的“情趣”投射到设计中，形成审美的“意象”，学生（或观课者）在教学设计实施时，感受甚至参与创作形成这种“意象”，如果它与学生（或观课者）本身的“情趣”恰好相合，就形成了教学设计的审美体验。例如王崧舟老师在《枫桥夜泊》一课①的朗读指导设计：

师：（随着音乐）月亮西沉，乌啼声声，霜气布满了天地之间；江枫瑟瑟，渔火点点，寒山寺的夜半钟声悠悠传来。睡不着啊，睡不着，无限愁绪涌上心头。《枫桥夜泊》就这样从张继的口中轻轻地流出。月落乌啼——

生：霜满天。

师：江枫渔火——

生：对愁眠。

师：姑苏城外——

生：寒山寺。

师：夜半钟声——

生：到客船。

师：（随着音乐，大声朗诵）姑苏城外寒山寺——

生：（随着音乐，大声齐读）夜半钟声到客船。

师：（随着音乐，小声朗诵）姑苏城外寒山寺——

① 王崧舟、林志芳：《诗意语文课谱：王崧舟十年经典课堂实录与品悟》，华东师范大学出版社2011年版，第188页。

生：（随着音乐，小声齐读）夜半钟声到客船。

师：（音乐消失，更小声朗诵）姑苏城外寒山寺——

生：（更小声齐读）夜半钟声到客船。

在这个环节中，教师将自己对诗歌中所表现的愁眠之夜、钟声悠悠的意境通过一个师生合作朗读的设计呈现出来，教师为这种师生合作朗读选择了恰切的音乐以做渲染，且将对读设计为逐渐变弱，以此表现出钟声逐渐消失的感觉。这种“逐渐变弱”的审美意象在音乐理论里称“声音渐弱”，电影表现手法里称“画面渐隐”。它是执教者审美“情趣”的呈示，是执教者创造的表现诗歌中钟声悠远缥缈情境的一种“意象”，学生身在其中，参与完成了这一意象，在朗读诗歌、理解文意的同时获得了“恰好”的审美愉悦。

2. “完整”的美——教学设计的整体与部分

优秀的艺术作品具有“完整有生命的形式”①。创作者须在整体构思的情况下，全面把握对象的特征，处理好各部分之间的关系，使作品整体结构关系协调。汪曾祺论语言之美时也曾说道：“语言的美不在一个一个句子，而在句与句之间的关系。包世成论王羲之的字，看来参差不齐，但如老翁携带幼孙，顾盼有情，痛痒有关。好的语言正当如此。”② 转换到小学语文教学设计的话语中，执教者在设计一堂课时也要处理好整体与部分的关系，好的设计必从整体布局考虑教学内容详与略的处理、学习活动动与静的结合、教学节奏快与慢的搭配，甚至教学段落之间蓄势、层递转折等关系。教学设计的成功是一种整体的成功、系统的成功，部分在整体中妥帖安置，整体在部分的协调组合中得以完整。

3. “格律”的美——教学设计的齐整与变化

艺术家的创作大都从格律入手，习得规律之后，则挣脱格律，追求寓

① 朱光潜：《谈文学》，安徽教育出版社 1996 年版，第 57 页。

② 汪曾祺：给青年写作者的建议，https：//www. douban. com/note/681336809/.

齐整于变化。因为“一味齐整，如钟摆摇动声，固然单调；一味变化，如市场嘈杂声，也还是单调”①。

教学设计的“格律”可以理解为教学设计的一般程式，如：导入新课—整体感知—细节品读—拓展训练—布置作业等；也可理解为教学设计的某些约定俗成的规则，如导课环节不宜超过3分钟等。这些程式与规则，使得语文教学设计呈现一定的“齐整”，在实施固定教学模式的课堂实践中，这种格律式的齐整就表现得更加突出。当然，教学设计需要一定的“格律”，对“格律”的遵守内含了对教育规律、学习规律的尊重，新手教师的教学设计最好从“入格”开始，掌握教学设计的常规而不至于造成明显的疏漏。另一方面，成熟的执教者又要勇于“破格”，根据文本、教师、学生的实际进行创新与变化。所谓“工在格律而妙则在神髓风骨”。

发现教学设计之美、构建教学设计之美，其意义首先在于实现教学设计的优化。它意在以一种“无所为而为”的审美精神与“有所为而为”的教育实践共同达到教学的目标。尽管我们将教学设计的美学品格进行了“孤立绝缘”的审视，使之与“实用”“科学”的价值追寻相区别，但我们必须清楚地知道，作为“人为事物”的教学设计，其审美属性绝非要离开教学设计之用孤芳自赏，对它的研究必将以实现教学效果的优化为目标，以促进学生言语生命的和谐发展为旨归。此外，教学设计审美意蕴的开掘是语文教师从业状态审美化的重要途径与不二法门。借由课堂教学设计的审美构建，教师才能体验创造带来的愉悦与美好，抵御教育生活中琐屑事务带来的疲惫与困顿，释解工作的焦虑，实现“诗意的栖居”。

① 朱光潜：《谈美》，中华书局2010年版，第91页。

第二部分

当代小学语文教学设计的发展轨迹

“创造力的获得，并不是一定要站在时代的前端。如果能够把眼光放得足够长远，在我们身后，或许一样隐藏着创造的源泉。”① 在这一部分，笔者将对改革开放以来四十年小学语文教学设计的发展历史分为四个时期，在文献研究和典型案例研究的基础上归纳、总结每一时期小学语文教学设计发展的特点。希望这样的梳理与反思有利于语文教育者加深对当代小学语文教学设计发展变化的认识，从而承接优秀的设计经验，发现并改进当前小学语文教学设计中存在的问题。

① ［日］原研哉著，朱锷译：《设计中的设计》，山东人民出版社 2006 年版，第 15 页。

第三章

设计意识的觉醒

——1978—1988 年的小学语文教学设计

改革开放以后，随着社会风气拨乱反正，教学秩序得以恢复与重建，语文教师的思想得到解放，小学语文教学的研究逐步发展起来。这一时期，教学改革试验广泛开展，小学语文教学展露出一片生机勃勃的局面。在这一阶段，教师的设计意识逐渐觉醒，课堂教学结构的变化成为研讨热点，教学方法与教学辅助手段日益多样，小学语文教学设计的面貌发生了显著变化。

第一节 教学秩序的重建与黄金时代的期许

1978 年 1 月，教育部颁布《全日制十年制中小学计划（试行草案）》；2 月，又颁布《全日制十年制中小学语文教学大纲（试行草案）》。秋季，全国通用教材开始试用，依据新的大纲与教材，被“文革”破坏的语文教学秩序开始恢复与重建，各种教学改革陆续开展。1978 年 3 月 16 日，吕叔湘在《人民日报》上发表了《当前语文教学中两个迫切问题》，尖锐地指出语文教育存在少慢差费的问题：“十年时间，2700多课时，用来学本国语文，却是大多数不过关，岂非咄咄怪事！”他大力呼吁改变语文教学的落后状态，提出了捍卫语文教育工具性的问题。同月，叶圣陶在北京地区语言学科规划会议上发表《大力研究语文教学，尽快改进语文教学》的讲话，提出多快好省改进语文教学的建议。会上，他提出了一个重要的命题，即“‘讲’都是为了达到用不着‘讲’，‘教’都是为了达到用不着‘教’”。他大力倡导转变教学思想，正确处理教与学的关系，培养自学能力。这些思想在当代语文教育史上影响深远。在此前后，张志公也先后发表《大力提高语文教学的效率》《语文教学需要大大提高效率——泛论语文教学科学化和进行语文教学科学研究的问题》。在文章中，他对语文教育工具性问题做了全面系统的阐释，并且指出，不能继续把提高语文能力这件事神秘化而听其自然，要力求做到语文教学科学化。这一阶段语文教育科学化的追求与工具理性的复兴，是对“文革”后语文教育过度强调思想性的一次“去蔽”、启蒙与重新定位。随后一段时期，语文教育的工具性得到重视，如何在语文教学中加强基础、培养能力、发展智力，如何多快好省地进行语文教育的科学化训练成为当时语文教育理论界与实践领域普遍关心的话题。

1980年7月中国教育学会全国小学语文教学研究会（下文简称“小语会”）成立，会后，各省市相继成立省级小学语文教学研究会。小语会成立之后，成为小学语文教学研究与实践的主导组织，成为当代小学语文教学改革发展的主导性力量，开启了当代小学语文特色教研的时代。1982年7月全国小语会第二届年会在太原召开，会议决定将原山西教育杂志社编辑出版的《小学语文教学》改为全国小学语文教学研究会会刊，时任小语会会长袁微子担任编委会主任。从此，《小学语文教学》成为传递小语会声音的主要阵地，影响了一代又一代的小学语文教师。1983年，邓小平为景山学校题词“教育要面向现代化、面向世界、面向未来”，三个面向为当时的小学语文教学改革指明了方向。

1985 年，《小学语文教学》改为月刊，开篇语标题为“迎接小学语文教学改革的黄金时代”。确实，在这一时段，张志公“分进合击”的改革试验、吕敬先小学语文能力整体发展实验、李吉林“情境教学法”实验、黑龙江省“注音识字，提前读写”以及以吴立岗素描作文为主要训练形式的作文训练序列实验、广东丁有宽“读写结合五步系列训练”等语文教育教学改革的实验陆续开展，语文教育界呈现出百家争鸣、生机勃勃的局面。

1985 年 3 月，欣之在《小学语文教学》发表《小学语文教学改革中的几个问题》，第一次提出了“把语文课上成训练课”的主张。文章认为语文学科具有实践性，“语文原是一门工具课。在语文教学过程中，教师要引导学生自己去认识与掌握这个工具，并在掌握语言中开拓和发展学生的思维。实践是认识的动力，是知识的源泉，学生的语言和思维能力，离开自己的实践是没有法子提高的。我们必须以实践第一的观点来组织语文教学过程，把语文课上成思维和语言的训练课”。从此“训练”成为当代语文教育研究的重要词汇，如何科学有效地训练，提高学生听说读写的能力成为 20 世纪 80、90 年代语文教育讨论的重点。1985 年 5 月《中共中央关于教育体制改革的决定》颁布，《决定》提出“有理想、有道德、有文化、有纪律”的人才培养目标，万里同志发表讲话，号召教师改变“陈腐的教育思想”，反对灌入式教育。1985 年以后，改革课堂结构的呼声很高，传统的串讲方式受到挑战与批评，一点突破法、变序教学法等兴起，培养学生自学能力、发展学生思维成为这一阶段教学设计的主要目标。

1986 年国家组织专家对 1978 年大纲进行修订，制定了《全日制小学语文教学大纲》（以下简称“1986 年大纲”），在这一稿的大纲中明确规定了小学语文教学具有基础性、工具性和思想性，并阐述了这一问题的重要意义。1986 年 9 月华东师范大学邀请目标教学的创始人——美国芝加哥大学教授、著名教育学家、心理学家布鲁姆来我国讲学，同年翻译出版了他的《教育目标分类学》，这本书在美国被称为“乐观的教学理论”“最有意义的教育研究成果之一”，为各科制定教学目标提供了理论依据。目标教学与训练、语文教学科学化等问题成为这一时期语文教学研究的热词。在这一时期，思想教育并没有被忽视，人们在语文教学中渗透辩证唯物主义教育，希望学生通过语文学习了解世界、认识事物，并获得思想的升华。

第二节 1978—1988 年小学语文教学设计实践

在本节中，笔者将从三篇典型课文教学设计案例与三位典型人物教学设计思想两个角度呈现 1978—1988 年之间的小学语文教学实践面貌，经由这些生动鲜活的典型案例，我们可以抵达小学语文教学设计研究的细节，从而真切地触摸属于这一时代教学设计的特点、总结属于这一时代的教学设计智慧。

一、1978—1988 年小学语文经典篇目的设计例举

前文已述，本研究从 1981—2020 年《小学语文教学》合订本中筛选出关于《小小的船》《海底世界》《草原》三篇经典课文的 12 篇教学设计研讨性文章，其中 1978—1988 年段的文章三篇，现呈现文章原貌并做分析如下：

（一）小学低段诗歌体裁课文《小小的船》课堂教学设计（1985 年）

《小小的船》训练要点与心理分析①

河北　金玫林

《小小的船》一文教学中的训练要点是：

1. 创设情境，感知课文，激发学生学习的兴趣。

2. 启发联想，理解课文，训练学生的读写能力、联想与想象的能力。

---

① 金玫林：《〈小小的船〉训练要点与心理分析》，《小学语文教学》1985 年第 10 期，第 29~30 页。

3. 巩固练习，完成词句训练。

这样学生学习轻松愉快，能加深对课文的理解。对教学过程的心理分析如下。

一、教学过程中的审美训练

《小小的船》以儿童的语言与情趣，创设了美妙的情境，引起了孩子们无尽的美妙的遐想。教学中，教师要充分选择教材中的审美教育因素，在读与说的训练中，引导学生认识事物之间的联系，体会相应的语言现象。同时进行审美训练。

教师首先从调动孩子们的感性认识入手，让学生回答："谁看过晴朗夜晚的天空，当时你想到了什么？"以提问的方式将孩子们引入课文的情境，然后出示彩图，描述孩子们登上月亮时的幻想，在轻柔的音乐中范读课文。这个环节，调动多种教学手段，对学生施加多种感官的刺激，引起学生的美感，完成对课文整体的感知。这里感知训练与审美训练是融合在一起进行的。

"弯弯的月儿"和"小小的船"是两个具有相似点的不同事物，这两个事物正是因恰似而形成了联系，才使学生产生了"我在小小的船里坐"这样美妙的联想。教学中，教师首先借助挂图，引导学生说出月儿和小船在什么地方很相似，建立两个事物的联系，并体会打比方的说法，用自己的话说出："弯弯的月儿像小小的船。"接着引导学生体会"弯弯的""小小的"其中的含义，使学生脑子里"弯弯的月儿"和"小小的船"的表象联系更加清晰，体味"月儿"的美丽可爱。这个环节，由直观到抽象，从认识事物之间的相似联系，到体会语言中的打比方的说法；从对"弯弯的""小小的"这些词语的理解，到建立完整、清晰的表象联系，完成了对课文内容的理解。这里，感知训练与审美训练也是融合在一起进行的。

这时，教师进一步引导学生思考：如果把弯弯的月儿比作小船，那么蓝蓝的天像什么？闪闪的星星像什么？从而使学生的形象思维在更多的事物联系中展开。学生很快地从月儿、蓝天、星星想到了船儿、大海、航标灯，眼前浮现出一幅更完美、更富有神奇色彩的画面。在这样的一个形象生动的意境中，再让学生体会“蓝蓝的”“闪闪的”这些语言表达上的特点，它就比较容易了。

完成对课文内容的理解，教师和孩子们一起唱起了《小小的船》这首歌，学生在轻松愉快的气氛中，回味着课文的情境，在美的享受中，消化着学到的新知识。

二、教学过程中读与说的训练

读与说的训练，是在感知与理解课文过程中，与审美训练相互渗透，同时进行的。

说的训练，主要表现在引导学生表述思维过程与思维结果上。其一，在感知阶段，让学生述说自己所见到的夜空景象，把学生平日的表象积累转化为语言，使学生的有关生活内容与课文的内容相结合，变为理解课文内容的基础。其二，叙述自己联想与想象的过程，当学生发现“月儿、蓝天、星星”与“船儿、大海、航标灯”的相似之处时，便构成联想；当这些事物在特定的环境中发生联系时，学生便把它们编织成画面，进行想象。教师不失时机地引导学生用语言描述联想和想象的过程，这样就把形象思维转化成了语言，把作者的语言变成了学生自己的语言，从而在思维训练的同时进行了语言训练。其三，说说对词语的理解。课文中类似“弯弯的”“闪闪的”“蓝蓝的”这些词语，细微地显现了相应事物的特点。教学中，教师可引导学生看图或看演示，让学生描述出事物的特点，从而把实物形象与词语联系起来，达到理解词语的目的。有感情地朗读，是一种特殊的表达方式。教学中的朗读训练，一是在学生理解内容，进入情境的基础上，激发学生的兴趣，以趣带声，用朗读来加强和巩固对课文的理解和审美训练；二是恰当地进行朗读技巧的指导，并辅之以教师的范读，逐步提高学生利用技巧表情达意的能力。

整个教学过程，是以读、说训练为手段，以形象思维训练为核心，而审美训练则贯穿其中，起着美感教育和强化认识过程的作用。

这是一篇教学设计叙事，作者叙述了自己对《小小的船》一课的教学设想。作者着重说明了在本课教学中应如何进行读说训练、形象思维训练和审美训练，以及在进行这些训练的过程中学生的心理体验，但并没有呈现清晰明朗的教学过程设计。作者比较重视说明“我为什么要这样做”，而没有将“我怎么做”作为描述的重心。至于“我怎么做”的教学过程说明，是散落在“我为什么要这样做”的解释性话语里的，这可能跟作者的立意有关，也可以看出当时教学设计研究刚刚从知识性“备课”转型而来，相关的要求或范式还未形成。分析这一案例，从作者相对系统的“我为什么要这样做”的教学设计意图描述说明，以及散落在解释性话语里的“我怎么做”的教学过程中仍可以比较清晰地感受到这一教学设计的几个突出特点：

1. “训练”是教学的目标与落脚点

作者开篇就开宗明义地表明自己的训练点，尽管这种训练点的说明带有目标性，也有一定的方法性、过程性。读写训练和词句训练是作者预设的训练点。在后文中，作者又将自己本课的训练内容描述为“以读、说训练为手段，以形象思维训练为核心，而审美训练则贯穿其中”。

2. “认识事物之间的联系”是主要教学内容

在这一案例中，作者始终将“认识事物之间的联系”作为促进学生认知的主要手段。教师在引导学生学习过程中，注重抓住事物特点，并在此基础上运用联想与想象，引导学生发现“小小的船”—“月亮”“海”—“蓝天”“航标灯”—“星星”之间的联系，由此理解课文内容并进行思维训练。

3. 重视审美，重视情境创设，综合运用了音乐、美术等艺术手段

教师重视审美熏陶（文中称“审美训练”），在教学过程中，教学挂

图、歌曲《小小的船》等美术与音乐手段的使用无疑增加了学生学习的兴趣，创设了一定的审美情境，有利于学生的理解与认知。不同于今天多媒体的便捷，这些手段在当时相对简陋的教学条件中，显得弥足珍贵。

4. 没有涉及识字写字教学

《小小的船》一课在 1983 年人教版教材中是小学一年级第一册第 14 课。在这一课中"像""蓝"两个生字是需要识的，"弯""尖""里""见""闪"等五个生字是需要识并书写的，识字写字作为一年级教学的重点内容在这一案例中却没有涉及。当然可能是教师在第一课时已经完成了生字识写的任务，案例呈现的只是第二课时课文讲读的设计，但作为低段课文教学设计的研讨文章，未能涉及识字写字教学的内容，不得不说是个遗憾。

（二）小学中段说明文体裁课文《海底世界》课堂教学设计（1986 年）

《海底世界》导读设计新探①

湖北　江全佐

编入六年制小学语文课本第七册的《海底世界》，是小语教材的传统篇目。怎样使传统篇目的教学出现一个"新"字呢？我认为在备课时既要考虑教法，又要考虑学法，既注意纵向联系，又注意横向联系，四面八方，统筹兼顾，才有可能教出新特点来。我对这一课的安排是：

一、紧扣课题设疑，激发阅读兴趣。

在学生阅读课文前，教师联系以前学过的课文，出示下列句子设疑，引起学生思考：

1. 大海退潮了，海面上露出了美丽的珊瑚。

2. 我隐约看见一只海龟随着波浪，慢慢腾腾地向海边划来。

① 江全佐：《〈海底世界〉导读设计新探》，《小学语文教学》1986 年第 9 期，第 36~38 页。

3. 西沙群岛一带，海水呈现出种种色彩。

教师启发：请同学们想一想，上面第一个句子是什么意思？第二句话中的海龟是从哪里来的？海水为什么会呈现出种种色彩呢？这样就把问题由海面引向了海底。学生对大海深处产生了一连串的问号，急于想知道大海深处的秘密，于是对《海底世界》一文便有了浓厚的阅读兴趣。

二、围绕课后问题，揭开海底秘密。

本课课后作业1、2、3题是理解课文内容的钥匙，让学生带着这三个问题阅读全文，便能抓住文章的主要内容，揭开“海底世界”的秘密。

以下表格练习可让学生在阅读中一次完成：

带入问题	阅读内容	获得印象
1. A 海面波涛澎湃，海底怎样？	课文第二自然段1、2句	海底依然宁静，没有风浪……
B 海底有光吗？	课文第二自然段3、4句	阳光射不到海底，却有……发光的鱼
C 海底有声音吗？	课文第3自然段	有各种动物的声音
2. D 海里的动物课文着重讲了哪几种？它们是怎样活动的？	课文第4自然段	海参：靠肌肉伸缩爬行；梭子鱼：比火车还快；乌贼和章鱼：有反推力；贝类：巴在轮船底下
3. E 海底有植物吗？	课文第5自然段	植物的色彩多种多样，最小的……最大的……
F 海底有矿物吗？	课文第6自然段	有煤、铁、石油……还有……稀有金属。

在学生通过自学完成上面作业的基础上，教者再联系全文集中浓缩，学生对“海底世界”就有了这么一个总的印象：海底世界是景色

奇异，物产丰富。

三、抓住分段训练，探究内部联系。

课后作业第4题是分段训练，分段训练是四上学生理解课文训练的重点，因此，一定要扎扎实实抓好。“要教学生学会把课文内容联系比较紧密的段落构成一大段；要指导学生逐步学会分析课文是按怎样的次序安排内容的，段与段之间是怎样联系起来的，从而依课文的叙述顺序和对段与段之间关系的理解，给课文分段。”（引自六年制小学语文第七册教学参考书）

根据教材要求和本篇课文的特点，顺着前面的教学思路，本文的分段训练可从中间突破，即从课文的主要内容——海底的景色和物产两个方面入手。

时机：在学生完成表格练习后紧接着进行。

方法：先对2~6自然段从意义上进行合并归类，再联系全文分析文章的结构安排。

具体做法：把2~6自然段的大意用简洁的文字板书出来，然后引导学生从“景色”和“物产”两个方面把意义相近的自然段归并成两个意义段。中间突破后，再引导学生纵观全文，整篇文章的段落结构就一目了然了。全文共分四段：文章的第1自然段即第一段，提出“大海深处是怎样的”问题，引起全篇；文章的2~6自然段是从景色和物产两个方面介绍海底情况，即文章的二、三段；最后用“海底真是个景色奇异，物产丰富的世界”一句话结束全篇，独立成段。开头和结尾互相照应，层次十分清楚。

四、入文反刍回味，再现“海底”画面。

在理清课文的层次脉络以后，教师还要引导学生回到课文上来。通过对课文语言的品尝，借助想象，把《海底世界》融成一幅生动有趣的画面。

怎样启发学生想象，再现“海底”画面呢？

1. 辨“色”。课文的第2自然段和第5自然段分别描述了海底的光线和植物的色彩。如“在这一片黑暗的深海里，有许多光点像闪烁的星星……”“植物的色彩多种多样，有褐色的，有紫色的，还有红色的。”让学生从这些语句中想象海底世界的绚丽多彩。

2. 配“声”。课文的第3自然段用一连串的比喻描写不同的深水动物所发出的各种声音，生动逼真。让学生想象或模拟这些声音，可以使学生入情入境。同时也使这篇课文的教学更富有情趣。

3. 绘“形”。课文的第4自然段和第5、6自然段对海底的各种动物、地形、植物和矿物都做了较全面的介绍。特别是对海底几种动物的活动方式的描写，通过生动形象的比喻，简直把动物写活了。让学生把这些都置于海底的空间去描绘，整个画面就“动”了起来。

总之，抓住课文的“色、形、声”三因素启发学生想象，进行创造性思维训练，既能加深对课文内容的理解，又激发了学生对海底世界的兴趣，能使学生从小树立探索大自然奥秘的理想。

把学习语文和认识事物，思维训练和思想教育融于一体，综合训练，以收到一课多得、一箭双雕的效果，从而提高教学的效率。

与同时期大多是片段式的教学札记或备课资料相比，这一设计案例教学过程完整，教学定位清晰准确，教学方法多样，是一篇优秀的小学语文教学设计案例。尽管文章中个别标题或句段逻辑不够严密，但些微瑕疵遮盖不住这位教师的教学实践智慧。

1. 教学设计的整体感强

这一课的教学设计从复习导入入手，然后运用表格帮助学生完成了整体感知，接下来进行分段练习完成课文结构分析，最后回到细节，让学生体验回味课文之精妙。整个过程基本遵循了整体—部分—整体的阅读教学规律。各部分联系紧密，特别是导入环节，在复习了学生学过的《珊瑚》《富饶的西沙群岛》《海龟下蛋》等课文中的句子后，通过学生的“已知”，引出新问题，导入新课，既激发了学生的好奇心以及学习兴趣，又做到了前后知识的勾连。

2. 有设计指导思想的自觉

普通的教师往往凭经验或直觉设计教学，设计者的设计思想呈混沌状态，但本文的作者已显示出一定的设计思想自觉。例如在文章开头，作者称“在备课时既要考虑教法，又要考虑学法，既注意纵向联系，又注意横向联系，四面八方，统筹兼顾，才有可能教出‘新’特点来”。在总结自己的课堂教学设计时用了这样的描述：“把学习语文和认识事物融为一体，思维训练和思想教育融为一体。”这些设计思想受当时的教研话语影响，也与教师自身的实践经验密切相关。这种刚刚觉醒的设计思想，可以看作是教师设计教学的指导，也可视作教师对自己教学实践的一种解释。

3. 重视段的教学

在这一设计中，教师的教学都是围绕着段展开的，分段训练是本课重要的教学内容之一，这与中年级教学任务有关，也反映出当时语文教学的基本内容。分段训练有利于帮助学生理解课文结构，并得到一定的思维训练。

4. 设计中调动了学生的身体认知方式

在这一教学设计的第四部分中，教师运用辨“色”、配“声”、绘“形”等方式，引导学生唤醒感知觉，通过联想与想象理解海底世界的神奇，并在脑海中形成画面。

5. 运用了“中心突破法”

在分段教学中，教师没有按照传统的依照课文顺序进行分析教学的方法，而是抓住中心与难点，先进行中间段落的分段训练，再通观全篇。“中心突破法”是20世纪80年代中后期兴起的课堂教学设计方法，这种方法打破了固有的学习顺序，可以直奔中心，带给学生一定的陌生化学习体验。

当然，本设计中仍存在可以改进的空间。例如，在导入新课环节，教师设计的问题是：“请同学们想一想，上面第一个句子是什么意思？”这样的提问大而笼统，学生难以回答，如果选择更好的提问切入口，如“大海退潮后，珊瑚露出海面，那么退潮之前，珊瑚在哪里呢?”可以更明确地引出话题。

（三）小学高段散文体裁《草原》课堂教学设计（1984年）

试谈《草原》一课的教学①

江苏　朱瑞足　吴宝法

要教好《草原》这篇课文，教师必须顺着作者思路，围绕重点训练项目，把“事物与环境”的关系作为贯穿整个教学过程的线索，这里就如何让学生弄懂事物与环境的变化关系这一重点和难点谈三点意见。

一、结合理脉络，初步让学生感知事物与环境。

为了便于学生理解文章的思想内容，认识事物与环境的变化关系，我们觉得本课可直接按五个自然段进行讲读分析。教师可设计下列问题进行教学：(1) 这篇文章主要写了什么事？这件事发生在什么地方？(2) 作者是按什么顺序写的？每个自然段具体写了什么地点？(3) 每个自然段主要写什么？第一个问题可以使学生初步弄清课文的主要内容，对课文写的什么事有一个总的印象。同时，也可以使学生初步感知参观访问这一事情发生的特定环境——内蒙古草原。第二个问题，不但可以使学生按“访问顺序”的写作思路，分清段落，而且可以使学生弄清每段所写的具体地点，感知每段内容中事物的具体环境。第三个问题，可以使学生初步感知每段所揭示的事物。

二、讲读分析，认识事物与环境的特点。

为了突出本组的训练项目，结合本课的特点，读讲课文时必须有

① 朱瑞足、吴宝法：《试谈〈草原〉一课的教学》，《小学语文教学》1984年第4期，第20页。

机地结合事物与环境展开剖析。

第一段主要写了作者的“见”（景）和作者的感（情）。

教学这一段，我们认为可以分这样几步进行。第一步，启发学生通过读找出课文哪儿是写景，哪儿是写情（弄清层次）。第二步，要求学生理清作者从哪些方面写景的，这些的景有什么特点。第三步，让学生弄清作者在这样的环境中产生怎样的情，这样的情和这样的景有什么关系。

第二段写作者乘汽车去访问陈巴尔虎旗牧业公社途中的所见所闻。这一段着重写了两个不同的环境。一是初入草原的环境，作者通过“听不见一点声音，也看不见什么东西，除了一些忽飞忽落的小鸟”写出了这个环境“静”的特点。二是接近公社的环境，通过“一条河”“牛羊”“马群”“鞭子声”“人群”“欢呼声”，由静到动写了这里的环境之所以不同是由于作者旅程在变化。这两层从思想内容的角度看，重点在第二层。对于这一段，可以设计如下问题进行教学：(1) 根据作者行进的情况，写了几个不同地点？景色有什么不同？(2) 快到公社时，蒙古族人民是怎样欢迎来客的，说明什么？(3) 他们的欢迎方式有什么特点，为什么？

第三段，通过“人多”“车多”“互致问候”的描写表现了蒙汉人民的深情。为了使学生体会这段思想内容，要指导学生想象这段描写的热烈场面。可提问学生：“作者通过哪几个动词描写热情会见的场面？”大家是怎样“握”、怎样“笑”、怎样“说”的？说明了什么？

第四段，先写招待客人的丰盛食品，接着写互相敬酒，最后写唱民歌。这段侧重于“情”的描写，同时也写了由事物构成的景。讲读时，可分这样几步进行：第一步，让学生理清本段层次，弄清每层写什么？（明确从哪几方面开始写盛情款待的）第二步，指导学生弄清蒙古族人民是怎样盛情款待他们的。第三步，哪些地方体现了蒙古族人民招待客人的特点？（通过讨论让学生明确这种风俗习惯就是事物，这种习惯的特点就是事物的特点）与我们这里招待客人的方式有什么不同？（让学生了解他们的风俗特点是由内蒙古那特定的环境决定的）

第五段，写“告别草原”“深情话别”。这段点出了文章的中心“蒙汉深情”。这段教学可这样提问：（1）这段哪些地方体现了蒙古族人民的风俗？（这里的“风俗习惯”是事物，内蒙古草原是特点环境）（2）最后一句是什么意思？表达了蒙汉人民之间怎样的感情？（3）最后，作者寄托在诗句中的“感受”“感叹”是由什么产生的？（让学生知道这里的感受是事物，这是在“深情话别”的环境中产生的）

三、综合归纳，掌握事物与环境的变化关系。

通过逐段分析，让学生比较完整地认识本课事物与环境的变化关系。可分三步进行。第一步，抓住文与题的关系从总体上认识本文的事物与环境（环境—草原，事物—访问活动）。第二步，结合各段内容的归纳及各段相互关系的研究进一步弄清文中的事物与环境的关系。第三步，结合板书复述全文，让学生进一步理解全文的思想内容与结构。

这篇文章对《草原》一课的教学陈述主要是围绕“如何让学生弄懂事物与环境的变化关系”展开的，这也是执教者确定的教学重点和难点。文章围绕这一问题分三部分概述了教学过程。但文中没有陈述教学活动具体的设计，而是用较多的笔墨对《草原》一文的文本进行了解读，并且这种解读主要是为了阐释课文如何体现了“事物与环境的变化关系”这一既定教学内容的。从教学设计的角度分析这一案例，可以发现以下特点：

1. 教学设计意识尚不清晰

如前所述，在这篇谈论教学的文章里，作者着重分析了《草原》一课是如何体现“事物与环境的变化关系”的。作者从特定角度对课文进行了逐段解读，这样的解读属于传统备课中的“备教材”，但在教法过程上着力不多。尽管文章中也有教学过程的简要表述，但这些表述都是粗线条的任务表述，且表达的中心仍倾向于对预期学习效果的解释。如文章对第一段教学的描述为："第一步，启发学生通过读找出课文哪儿是写景，哪儿是写情（弄清层次）。第二步，要求学生理清作者从哪些方面写景的，这些的景有什么特点。第三步，让学生弄清作者在这样的环境中产生怎样的情，这样的情和这样的景有什么关系。"也就是，作者重点准备了"教什么"，较少关注"怎么教"。教学设计的意识尚不清晰。文章中，作者主要说明了"要把学生带到哪里"（教学目标）以及"为什么是带到那里"（教材分析），但在"如何带学生到哪里"（教学过程与方法）以及"如何确定学生是否已经到达那里"（学习评价）方面考虑得不多。

2. 讲读串讲法是主要的教学方式，课堂教学顺序推进，呈线性结构

在这一课的教学过程中，教师主要采用的教学方式是讲读串讲，中间穿插对学生的简单提问或者学习任务的布置。教师认为本课的课堂教学应该顺着作者思路，围绕重点训练项目，把"事物与环境"的关系作为贯穿整个教学过程的线索，因此整个教学结构是顺着课文内容的顺序，从第一段到第五段逐段推进的，既没有变序设计，也不刻意进行前后勾连，课堂教学结构主体为线性。

3. 将课文内容理解作为教学的重点

从文章看，作者将本堂课的教学重难点确定为"让学生弄懂事物与环境的变化关系"，这可以视作是对《草原》一文的辩证唯物主义哲学解读，教师的教学主要是围绕这一中心展开，对这一问题的分析比较细致翔实，展现出作者认真钻研的精神。将"认识事物"作为语文教学的重点，与当时全国整体的语文教研氛围与教研话语有关。但是，《草原》一课，作为一篇写景抒情的优美散文，其文学性应该是教师带领学生品味的重点之一，可惜在本案例中没有涉及。另外，针对文本本身的品词析句的设计也没有明显体现。

二、1978—1988 年小学语文名师与教学设计

改革开放之后，众多优秀教师带着时不我待的紧迫感与对新时期的美

好向往，积极投入小学语文教育教学改革的实践，推动小学语文教学研究进入“黄金时代”。1978—1988年间，新中国成立十七年间涌现出来的小语名师如斯霞、霍懋征、袁瑢等仍是小语界教学改革的旗帜，斯霞老师力倡的“母爱教育”深入人心，其“随文识字”的经验被教学大纲吸纳。霍懋征老师总结了自己“讲读教学法”的经验，并开展了“数量多、速度快、质量高、负担轻”的教改新课题。袁瑢老师“细、实、活、深、严”的教学经验被广泛传播。这代名师中华人民共和国成立前参加工作，成名于20世纪50、60年代，是当代小学语文奠基性的人物。80年代以后，时代呼唤名师，也为名师的成长创造了良好的环境。广东的丁有宽、江苏的李吉林、浙江朱雪丹、河南的张玉洁、山东的曲卫英等一批名师成为这一时代小学语文教学的代表性人物。他们大多是在50年代参加工作，1978年以后评为特级教师的优秀教师，80年代，他们积极开展教学实验，提出自己的教学主张，进入教学思想成熟期。其中以丁有宽的“读写结合五步训练法”、朱雪丹的低段教学、李吉林的“情境教学”影响最大，现简要介绍三位名师的教学主张并结合其在这一时期的经典课例总结其教学设计思想如下：

（一）丁有宽的“读写结合五步训练法”与教学设计

丁有宽（1929—2015），全国著名特级教师，语文教育家。丁有宽生于广东潮州，中华人民共和国成立前参加革命，新中国成立后曾在机关工作。1951年秋，因政治运动影响，丁有宽主动要求转岗到广东潮州市浮洋区六联小学这所农村小学，开始了他60多年的语文教育教学生涯。不幸的是，1957年他被打成“右派”，“文革”期间又遭受政治迫害。在艰苦的环境中，他没有放弃对教育的信念。1951—1963年开展了“文道统一，教书育人”的实验，1963年之后开始进行“以记叙文为主，读写结合，培养读写能力”的实验，皆取得了扎实有效的成果。1979年，平反后的丁有宽被评为“全国劳动模范”，并受到国家领导人接见，被邓小平称为“打不死的小学教师”。至20世纪80年代，丁有宽读写结合思想体系形成并逐步完善。1984年，他撰写的《小学语文读写结合法》出版，在全国小语界引起轰动。

1987年，丁有宽领衔编写了五、六年制两套以读写结合为理论基础的小学语文教材及配套用书，这套教材被国家列为九年制单科教材，向全国推荐使用。由读学写、以写促读、读写一体是丁有宽老师语文教学改革的核心主张，他历经40多年，先后进行了8轮教学实验，终于形成了独具一格的读写结合教学法，成为影响中国当代语文教学进程的重要教学流派。这一实验将阅读教学与写作教学结合了起来，改变了阅读与写作长期的分割局面，把语言训练和记叙文训练紧密结合在一起。丁有宽读写一体化语文课程的基本思路是：读为基础、以读带写、以写促读。除了语文教学改革，丁有宽立足农村，在“教书育人、转化差生”方面做出了突出贡献。1981年之后，他着力培养年轻人，几十年来，全国有三千余名青年教师以各种方式受过他的指导，其中涌现出50多名特级教师。因为教改成绩突出，丁老师曾被评为全国劳动模范、全国五一劳动奖章获得者、国家级有突出贡献奖的专家。他的代表性著作有《我与顽童》《小学生记叙文读写结合学习法》等，代表课例有《十里长街送总理》《草原》等。

丁有宽的语文教学探索始于20世纪50年代，教学思想发展成熟并开始产生巨大影响则是在20世纪80年代。读写结合是丁老师语文教学研究的主要目标，他不认同读写结合的自然性（文章读多了，就自然会写），不主张读写结合的机械性（读什么写什么），也不赞同读写结合的随意性（随意学一点，就结合一点）。他认为读和写是相互联系、相互促进的。读是理解吸收，写是理解表达，有理解性的吸收，才会有理解性的表达。他建构了小学生写作教学的专业知识，并形成序列，对语文教学的科学化、整体化探索做出了巨大贡献。分析丁有宽语文教学设计，可以发现以下特点：

1. 基于课程整体考量进行教学设计

丁有宽开发编写了小学语文教材及配套用书，这套教材渗透了其读写结合五步训练的思想。丁老师研究分析了原小学语文教材中的所有记叙文，从语言结构方法、文章结构方法与思维逻辑方法等方面归纳出记叙文读写的“五十法”和“五十个基本功”，并将这些内容渗透在自己的教材体系中。

因为对课程的整体设计了然于胸，丁有宽的课堂教学设计具有明显的课程意识。这种课程意识使我们在其一篇课文的设计中，能感受到这篇课文的教学内容、教学目标与整个单元、整册书乃至整个课程体系的密切关联。例如《草原》（丁版六年制小学语文第十一册第三单元第二组）一课的设计，丁老师将这一课的总体教学目标清晰地落在“学习文章中如何描写事物与环境的关系”，教学中对文本的解读始终围绕“文章怎么写”以及“为什么这样写”“这样写有什么好处”等线索展开，文本既是阅读理解的内容，又是学生写作的范文。教学的训练点与整套课程第五阶段“从篇着眼综合训练”完全保持一致，这样的设计不是作为单篇课文而进行的独立设计，而是在一定的课程理念指导下的作为整体中的一部分的设计。

2. 向学生明示目标

语文教学的设计通常不会早早将教学目标推向前台，而是带领学生在语言文字之林曲折迂回地观赏、旅行，待水到渠成的时机才呈现目标。目标的亮相通常是在课堂教学的后半程。但在丁有宽的大多数教学设计中，开课之初即向学生明示目标，这些学习目标往往属于策略性知识或者程序性知识。在整个教学过程中，师生一起向着既定的方向前行。例如在《十里长街送总理》一课的设计中，教师在开课之初就让学生参阅本组文的读写例话、基础训练和课后作业，说说根据本组文读写训练要求，应该怎么学习这一课。学生根据提示，交流明确“我们要重点学习写文章要写得真实和具体”这一读写训练重点。明示目标的好处在于教与学的过程更有的放矢，有助于在短时间内提高教学的效率。其弊端在于过早地呈示目标容易使学生失去学习过程中发现的新鲜感、神秘感，另外，可以明示的目标往往属于知识性或技能性的目标，语文教学中还有许多关于情感态度价值观的目标很难用语言准确描述或衡量。

3. 追求教学内容科学化、序列化

传统的语文教学不重语文知识的传授，学生凭借读写实践，逐渐感悟摸索提高读写能力。就是鲁迅所言“一条暗胡同，一任你自己去摸索，走得通与否，大家听天由命”①。而丁有宽的“读写结合五步训练体系”则试图建构一个读写结合的知识内容体系，使读写实践由“暗中摸索”转为“明里探讨”。读写结合五步训练以记叙文为主线，清晰地呈现出语文课程阅读与写作的序列。一年级着眼于句，聚焦于字；二年级着眼于段，聚焦于字词；三年级着眼于篇，聚焦于句段；四年级着眼于篇，聚焦于六个单项；五六年级着眼于篇，综合训练。这是一个横向同步、纵向递进的过程。在此基础上，丁有宽总结出读写结合五十个基本功，并将这些内容分布到每一年段的具体单元、课文中。这是当代语文教学内容科学化的一次重要探索，是学科 PCK 知识的一次建构。

4. 以教促进学，以学为主线

根据教学内容的不同，丁有宽总结出“阅读、观察、思考、表达一体化”“读写同步，读、仿、写三步转换”“单元分组导练教学”等六大教学模式，但这些模式属于整体课程设计而非完全是属于课堂教学模式，观察分析其课堂教学，教学设计基本上分为“全面预习——重点探究——对应练笔”三个阶段，环节简约，属于以学为主的程序化设计。在他的课堂中，学生的学习活动有独立的设计，而教师教的活动基本上是围绕学生的学习活动展开的。例如在《草原》一课的设计中学生“学”的设计有：在预习阶段“让学生自己提出不懂的生字词”，在理清顺序阶段“让学生自己讲学习心得与质疑”，精读第一段时“学生读后讨论”，以及课堂小结时“让学生各自谈看法”。可以说，学生的“学”始终是教学设计者关注的重点内容，它不是对教师教的简单的“配合”与“应答”，而是具有自己独立的地位的。设计者对学的方式、方法以及学的结果都做了充分的考虑。相对而言，这样的设计侧重于程序化而非艺术化。有研究者认为，丁有宽的教学

① 鲁迅：《做古文和做好人的秘诀》，载《鲁迅全集》第 4 卷，花城出版社 2021 年版，第 139 页。

过程设计，基本符合皮连生教授广义知识学与教一般过程模型，如图 3-1 所示①。

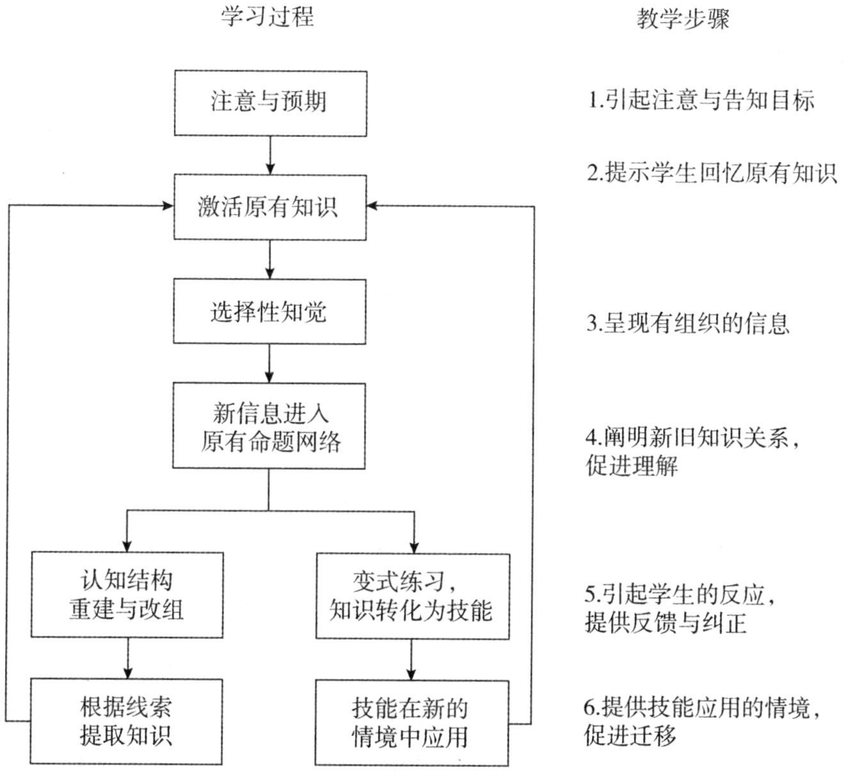

图 3-1 皮连生广义知识学与教一般过程模型

5. 具有一定的开放性

丁有宽的教学设计具有鲜明的科学化追求，但他的教学内容与教学方法并不僵化，其课堂教学具有一定的灵活性、开放性。例如，在其编写的教学指导书中，我们可以看到他设计让学生自己提出不懂的生字词，并建议执教者根据学情灵活处理——“有些词可以学生互学互帮，教师给予适

① 张侠忠：《现代教学论视野下丁有宽“读写结合”教学研究》，安徽师范大学 2016 年硕士论文，第 37 页。

当指点；有些词语留到讲读时解释；有些词语课后个别解决”。在针对单篇课文的分段时，他强调只要在意义上讲得通，“不要给学生下定论”。在教学方法上，设计者在“引读、体会重点句子”等环节，建议教案的使用者“最好用图，以帮助理解”。这些教法有指导性，又留有开放的余地，供使用者参考，并视具体情况灵活补充。

丁有宽读写结合五步训练体系是当代语文科学化追求的重要成果，是语文学科知识的一次建构，对解决语文教育存在的教学内容模糊性问题做出了开创性贡献。其教学设计思想既包含宏观的课程教学设计也包含中观的单元教学设计以及微观的课堂教学设计。这些设计大多简约精练，以“学”为中心，属于程序化设计，其中又不乏生动的实践智慧和丰富的人文关怀，对今天的语文教学仍具有深刻的启迪。

（二）朱雪丹的语文教学与教学设计

朱雪丹（1937—），女，浙江嘉善人。1955 年毕业于浙江省杭州师范学校，历任杭州市安吉路小学语文教师、副校长。1979 年被评为特级教师，1985 年获全国五一劳动奖章。朱老师敢于创新，从 1978 年就大胆跳出孤立识字的框子，把识字教学和学词、学句、说话、写话结合起来，创造了在发展语言中识字，全面培养学生的理解和表达、观察和思维、认识和创造等能力的经验，并在《课程·教材·教法》《教学月刊》等杂志连续发表相关论文，引起小语界重视。20 世纪 80 年代初，全国小语会成立，朱雪丹多次参与小语会组织的研讨活动并执教观摩课，其执教的《蓝树叶》《小壁虎借尾巴》等课例深受到全国小学语文教师的好评，并受到时任小学语文教学委员会理事长袁微子先生提点，成为袁微子的门生。① 朱雪丹主张将学习语文和认识事物结合起来，认为：“从小学语文这门学科本身任务来说，要

---

① 朱雪丹拜袁微子为师，与同为袁微子学生的北京的王秀云并称“南朱北王”。她与袁微子在 1980—1989 年以书信往来的方式交流语文教育研究的心得，在袁微子指导下参与全国小学语文教学改革活动。2013 年，在袁微子 100 周年诞辰纪念时，朱雪丹将袁微子写给她的 103 封信公开出版并将信件原件捐赠杭州小学语文博物馆。

训练两种能力：语言文字的理解能力和表达能力。从语文教学中培养认识事物能力看，最主要的是训练两种能力：观察能力和思维能力。”① 朱雪丹积极参与各种教研活动，曾参加中师小语教材编写、在联合国教科文组织的亚太地区中国小学语文教科书和读物讨论会上交流教改经验，还曾经带班浙江省小学语文骨干教师研修班，培养青年教师。1985 年、1986 年《朱雪丹语文课堂实录评点》《朱雪丹语文教学三十年》相继出版，是当代语文教育较早的名师课堂教学专辑之一。1986 年 6 月，全国小语会会刊《小学语文教学》刊发人物报道《形象的重合——记浙江省特级教师朱雪丹》，其录像课《小壁虎借尾巴》在全国发行。

朱雪丹的课重视引导学生对课文内容的理解，重视思维训练。在教学结构上改变了传统串讲的模式，根据课文内容灵活组织教学，在 80 年代中期就曾尝试“学生自主提问——归纳问题——师生讨论”的教学方式，具有开创性意义。袁微子评价其课“亲切感人，跟学生同呼吸”，认为其提问“富有启发性”，其教学语言“善于调动积极性”，其教学思路“像一篇清丽的散文”。② 分析其教学设计，可以发现以下特点：

1. *以辩证唯物主义认识论为指导设计教学，将语文学习与认识事物相结合*

朱雪丹的教学设计受辩证唯物主义哲学观影响，在课堂教学内容与目标确定上重视通过课文内容的学习帮助学生认识事物、理解事物之间的联系，掌握辩证认识世界的方法。朱雪丹认为：“必须重视从小培养学生辩证唯物主义的无产阶级世界观，并把这个指导思想贯穿于整个小学语文教学之中。要让学生从小学习一点辩证唯物主义，初步学习用辩证唯物主义的立场、观点和方法去认识事物，提高他们的思维能力和思想水平。”“要培

① 吴少山等整理，袁微子等评点：《朱雪丹语文课堂实录评点》，浙江教育出版社 1985 年版，第 256 页。

② 叶松伟、朱雪丹主编：《一代宗师：袁微子先生诞辰百年纪念》，浙江教育出版社 2013 年版，第 68、97 页。

养学生正确的思想方法，能由此及彼，由表及里，从具体到抽象，从现象到本质地认识问题。”① 这一观点的形成与当时社会的思想面貌以及人们对语文教学的任务定位有关。在80年代的教学设计中，除了教学生拼音、识字、朗读等语文知识外，朱雪丹把“认识事物”“认识事物之间的联系”“学习认识事物的方法”等当作自己教学设计的重要内容，并以此为出发点，对学生进行思想教育。例如在《小蝌蚪找妈妈》《太阳》等课例中，朱老师都将理解课文内容，通过学习课文获得相关的科学知识当作重要的教学目标。在《苗山寨》一课中，则将苗山寨的自然环境与人的劳动联系起来，提高学生的认识，引发学生热爱农村、热爱苗山寨、热爱祖国每一寸土地的思想感情。需要说明的是，朱雪丹在教学设计中虽然有一定的辩证唯物主义哲学追求，但是相关的哲学术语从未在她的课堂教学中被“推向前台”，成为偏离课文内容的术语、标签或口号。她的教学设计尊重儿童认知心理，是基于基本功训练要求与课文特点进行的设计。在已有文献中，没有看到朱雪丹对教育哲学、教育教学理论的解读或运用，她的教学主张在一定程度上传递了当时小语会对语文教学的指导要求，除此之外，她的教学设计中闪烁着朴素的基于实践经验与个体生命气质的光芒。

2. 以思维训练为核心设计教学，将教学思路与文章思路相融合

朱雪丹认为：“教师要凭借语文教材，通过语言文字的训练，把学生的思维有目的、有计划地由低级引向高级，由感性上升到理性”②，让学生在学习发展语言的同时发展思维。在教学设计中，她主张教师教的思路要与文章的写作思路以及学生的学习心理相融合。她特别强调教师备课时对作者思维轨迹的分析，把作者的思路融入教学过程。在此基础上，朱雪丹的教学设计中有明显的“段”的训练。1978年大纲提出将段的训练作为从词

---

① 吴少山等整理，袁微子等评点：《朱雪丹语文课堂实录评点》，浙江教育出版社1985年版，第251、254页。

② 吴少山等整理，袁微子等评点：《朱雪丹语文课堂实录评点》，浙江教育出版社1985年版，第257页。

句训练到篇的训练的过渡。朱雪丹的设计体现了大纲的这一要求，她注意引导学生发现段与段之间的联系，以此逐步培养学生分析、综合、抽象、概括等能力。例如，在《沙漠里的船》一课的教学中，教师先通过问答谈话法引导学生明确课文中四小节所讲的内容：第一小节（自然段）讲骆驼的生理特点，第二、三、四小节讲骆驼的特殊本领，然后自然引出："这样看来，课文可以分为几段？为什么呢？"学生在初步了解课文内容的基础上，很容易完成段落划分。段的训练是一种逻辑训练，概括能力、归纳能力的训练，是一种重要的思想方法训练。通常，人们把三年级作为段的训练的重点阶段，但是在朱老师的教学设计中，一二年级也有初步的段的训练。

3. 遵循"整体—部分—整体"的认知规律，设计教学过程

朱雪丹的课堂教学设计灵活多变，她改变当时常见的逐句串讲的教学结构，在教学设计中以一定的学习活动组织教学，她的设计遵循儿童认知规律，有明显的层次性，呈现出从整体感知到局部分析再到整体回顾的过程。以《沙漠里的船》一课为例，朱老师在开课不久就向学生概述了课文内容，并提出问题——"这课书一共有四个小节，从骆驼的生理特点和它在沙漠里活动的特殊本领这两方面来说骆驼为什么可以做沙漠里的交通工具，为什么称它为沙漠里的船。我们请××同学把课文朗读一下，大家边听边看边想，课文中哪几个小节是讲骆驼的生理特点和作用的。"这是一个整体感知的设计，为了缓冲学习的"坡度"，教师概括课文内容，提示段落的大意，学生在教师的引导下朗读课文，对课文小节内容进行筛选判断，在教师提供的支架下，很轻松完成了对课文的整体认识。然后，教师用"想一想，课文是按照怎样的顺序介绍骆驼的生理特点与作用的"这一问题，引领学生进入具体内容分析，最后，课文教学即将结束时，教师要求学生把课文几部分内容连起来从骆驼的生理特点、作用及骆驼的特殊本领说明骆驼为什么被称作"沙漠里的船"，这是又回到整体认识。在朱雪丹的教学案例中，几乎所有的课堂教学结尾都是总结复述性的口语训练结课，通过

这一设计，既训练了学生的口语表达能力，又回顾复习了课文内容，还加深了学生对事物的认识，可谓一举三得。

4. 运用身体认知工具，构建具身化的语言学习环境

朱雪丹的语文教学以低年级为主。低年级儿童知识少，生活面窄，思维发展处于以形象为主的时期，同时，这一时期的儿童好奇心强，活泼好动，对事物敏感。在朱雪丹的设计中，她针对低年级儿童的认知心理，灵活运用身体认知工具，唤醒儿童的感知觉及身体活动经验，采用挂图、音乐、演示、动作表演等方式，让学生在鲜活的语言环境中学习词语，理解词语，使课堂教学呈现出活泼生动的气息。例如在《小蝌蚪找妈妈》一课中，朱老师运用挂图、卡片等直观教具进行教学。在教授“穿”“披”“盖”三个生字时，没有让学生直接解释它们的意思，而是让学生分别演示“穿”“披”“盖”的动作，区分三个词语的意义差别。这样的教学直观生动，后面讲到青蛙露着白色的肚皮时，学生自然讲出“因为衣裳是披着的，那肚皮就露出来了”，可见学生已经在语言环境中理解了词语的意义，达到了理想的教学效果。

朱雪丹是20世纪80年代浙江小学语文教学标志性的人物，她的教学灵动活泼，充满智慧。其教学设计结构清晰，富有层次，问题设计多指向高阶思维，具有启发性。同时，她教态亲切，与儿童交流融洽。她的示范课例丰富多样，以低年级为主，对各年段课文都有涉及，对精读、自读各种课型都有探索。朱雪丹性情淡泊，退休后较少参加语文教研活动，所以现存的研究材料不多，其教学视频也不多见，目前，我们只能在文字实录里感受其充满灵性、情理交融的课堂魅力。这些课例鲜明地反映出课者所属的那个时代的特征，又具有超越时代的价值。

（三）李吉林的“情境教学”与教学设计

李吉林（1938—2019），1978年被评为特级教师，当代教育家。1956年毕业于南通女子师范学校，此后开始在南通师范第二附属小学任教。她热爱儿童，勤奋好学，素质全面，工作后不久就崭露头角。1966年夏，“文

化大革命”将28岁的李吉林带入残酷的政治浩劫，她被打成“修正主义黑苗子”“小学里的反动学术权威”，度过了十年屈辱艰苦的岁月。1978年秋，经历“文革”之后“如释重负”的李吉林带着“教师的自尊”、带着“爱孩子的人格力量”投入到教学改革试验当中。1978—1983年，李吉林在实验班教学1~5年级全过程，开始第一轮“情境教学”的探索研究。她感受到封闭单调的课堂令儿童无精打采，于是带领儿童走向大自然，走向社会生活，为儿童的学习创设或者优选情境；她让艺术走进课堂，以美激情，让情感伴随儿童的认知活动，极大地改变了儿童的学习空间和学习状态。1984年后，在第二轮改革里，李吉林开设“幼小衔接过渡课程”，提出低年级实行“识字、阅读、作文三线同时起步”及高年级实行“四结合大单元主题教学”的主张，通过优化结构，进一步提高语文教育质量。90年代，李吉林在整体改革试验的基础上对自己的经验进行总结，并在对哲学、教育学、心理学、脑科学等专业理论的学习吸纳中，对“情境教学”“情境教育”的理论基础进行了解释。21世纪初，李吉林的教育研究走向课程化，完成了“情境教学”“情境教育”“情境课程”的研究体系建设。

李吉林的教学改革试验始终与学术界保持着密切的关联，一方面，教育理论界的学者如刘佛年、杜殿坤等都曾密切关注过情境教育研究的发展情况，并给予过李吉林适时的指导；另一方面，李吉林对教育理论怀有巨大的热情，她积极向理论学者请教，学习理论，用理论解释实践，反思实践，再将实践上升总结为自己的理论。她的研究始终处于“实践——理论反思——实践——理论总结”的良性进程。李吉林早期借鉴外语教学中的“情景教学”，又将其与中国古代文论中的相关理论比较分析，在广泛学习杜威、卢梭、马克思等哲学家思想的基础上，创立了自成一家的情境教育学理论。她被称为“从小学教师里走出的教育家”，情境教育学派则被誉为“蕴含东方文化智慧的课程范式”，是“回应世界教育改革的中国声音”。李吉林的科研写作起步较早，成果丰硕。她的写作既有实践经验又有理论自觉，话语浅近且富有诗意，受到众多教育研究者称赞。她的多篇论文发表于《教育研究》《课程·教材·教法》《人民教育》等重要刊物，著有《情境教学实验与研究》《情境教育的诗篇》《为儿童的学习——情境课程的诗篇》等6部著作。

李吉林的情境教育学派是中国当代教育史上影响较大的学派，李吉林的“情境教育”理论是产生于中国本土并走向世界的教育理论。李老师的探索从“情境教学”到“情境教育”再到“情境课程”，经历了由语文学科教学走向学校教育再到课程开发的历程，从时间上看，这个过程恰恰以改革开放为起点，至今已经走过了四十余年的历程，是当代语文教育史中富有典型意义、开创意义的教改探索实践。李老师总结的情境教学五要素涉及“培养兴趣”“指导观察”“发展思维”“训练语言”等语文学科教学的基本目标，她注重学生学习的“主动性”“感受性”“创造性”“教育性”“实践性”，课堂教学设计灵活生动，极富创造性与感染力。分析李吉林老师教学设计的特点，可以简要归纳为以下几个方面：

1. 以高度的设计自觉，创造性、艺术化地进行教学设计

无论是与建国初的一代名师还是与同时代的名师相比较，李吉林的教学设计都表现出更高度的自觉性。观摩学习李吉林老师的课例，可以充分感受到她对教学设计的重视，她精心选择教学内容（材料），在课本学习之外，还为学生选编补充教材。在教学内容呈现的方式（或者序列）、教学内容的时间安排上她都有创造性、艺术化的筹划。她精心设计课堂导入语，利用音乐、美术、语言描述等多种手段创设情境使学生进入课文；她有意识地对教学内容进行“变序”处理，大胆取舍，使课堂教学有详有略；她精心设计语言训练，注意知识的先后勾连；她综合运用比较、演示、角色扮演等多种教学方法使课堂教学灵活生动，并将语言训练与课文学习密切相连。她的教学设计是典型的“人为事物”，是对学生语文学习活动有效的干预，正是这种干预，使学生语文学习超越了任意随机的自然状态而进入更高效的“有教的学”的状态。

2. 构建发展性情境，链接语言符号与学生生命经验的关系

创设或者优选“情境”是李吉林教学设计的核心标识。在教学设计实践中，李吉林总结了“生活展示情境”“实物演示情境”“图画再现情境”“音乐渲染情境”“表演体会情境”“语言描绘情境”等多种情境设计的途径。根据课文的需要，这些途径可以单选，也可能是组合呈现。情境的设计为学生的学习建立起符号与经验的联系，唤醒了隐藏在概念背后的情感与体验，可以带给学生愉悦深刻的学习体验。在这一点上，李吉林与杜威相同，他们都在关心一个教学认识论中的永恒话题：如何寻求概念和情境、知识和经验之间的平衡和联系。观摩李吉林的课堂教学，我们会真切地感受到，当学生在“情境”中直观地感受形象、体验情感时，他们理解课文、认识事物的状态完全是主动的、开放的，他们的想象力在这个过程中得以舒展、绽放，教与学的过程充满着变化与惊喜、思考与渴望。例如，在《桂林山水》一课的教学中，她让学生闭上眼睛想象：“李老师带大家先乘车到上海，再坐两小时飞机，我们就到达美丽的桂林了。美丽的桂林山水就在眼前。”此时，教师呈现桂林山水的挂图，利用美术元素让学生直观地看到桂林山水之美，然后，李老师哼唱起《让我们荡起双桨》的旋律，再一次让学生想象“此时，你就乘着小船，荡舟漓江，你看到了什么？感受到了什么？”学生在这样的教学设计中情感被充分激发，无不陶醉其中。在这个过程中，课文语言符号描述的漓江之水的“清”“静”“绿”与学生“舟行碧波上”的生活经验联系了起来，那些词语不再是僵化的符号，而是激活生命体验的惊异入口，学生语言理解与表达的大门都在此时开启。

3. 设计螺旋式训练结构，促进学生语文能力的整体发展

李吉林提出了“识字、阅读、作文”三线同时起步的语文教学结构，这一结构改变了语文学习通常遵循的“汉语拼音——识字——阅读——作文”的直线序列，而改为多向、螺旋式序列。在实验中，李老师发现，在

幼儿阶段提前学习汉语拼音①，初步掌握识字拐棍，上小学之后便可识字。识字、阅读、作文一起三线同时起步，在一年级的教学中，李老师就指导学生在识字的同时进行大量的语言训练，这些训练以词句训练为主，同时开设口头作文，包含简单的字词句篇综合训练。这样的训练结构极大地丰富了启蒙教育阶段儿童的学习生活，激发了儿童强烈的求知欲。这样，无论是在整个课程的内容结构中，还是在一堂课的训练结构中，李老师都充分利用语文教学要素之间的相互作用，形成识字、阅读、作文三要素之间相互促进的良性循环，实现学生语文能力的整体发展。这种结构的改变如图所示：

直线序列的单一教学结构：

汉语拼音 → 识字 → 阅读 → 作文

多向结构的螺旋式序列：

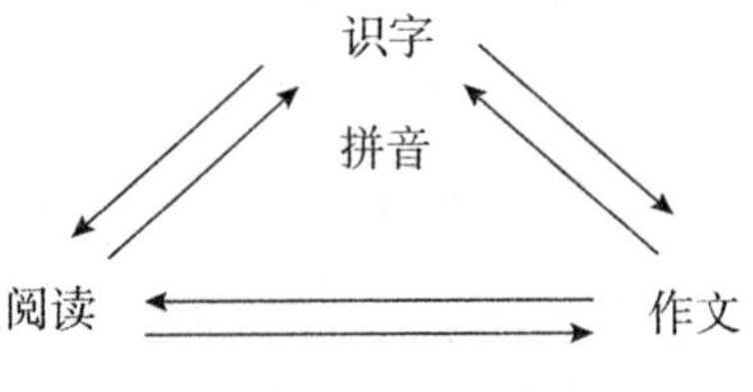

这种螺旋式训练结构理念跟布鲁纳的结构主义教学观相近，它提示我们语文教学未必只能线性地展开的等级分明的知识，从低层次到基础层次再到综合层次。事实上，近几年的理论研究表明，“许多课程内容并不是像这样等级分明的。相反，最好被看成知识网络，既包括事实、概念和生成过程，也包括相关价值观、情感态度、程序知识（操作技能）和条件

① 李吉林在1984年开始二轮教育实验之时，开始实践“幼小衔接课程”，她到幼儿园大班亲自授课，每次30分钟，运用游戏、谈话等方式教授学前儿童认识拼音，但不学习拼音书写。她的教学取得了预期的效果，深受小朋友喜爱。

知识”[1]。李吉林螺旋式训练结构对语文教学的重要意义在于，它让我们认识到学生几乎可以随时随地进入到一个语文知识网络中开始学习，而不是按部就班地由低级到高级来进行学习。

4. 利用角色转换原理设计学习活动，激发学生参与学习的主动力

李吉林在教学设计中善于帮助儿童在活动中学习知识、运用知识，她把社会学中的“角色”概念引进语文教学，以期在情境学习中产生“角色效应”。她希望改变传统教学中学生被动接受的角色，转而通过学习活动的设计让学生担当角色、进入角色。通过转换，学生按照所扮演、所担当的角色思维、体验，进行独白、对话、演示、操作等活动，他们“与角色同一”，全身投入学习活动，深切地体验了角色的心理活动过程，最终实现“角色转换”——由学习的被动角色转换为主动角色。例如，李老师在教学《春晓》一课时，设计了如下的角色体验活动：

教学时，教师让全体学生都把自己当作诗人——“现在你们就是诗人！你们听着老师的讲话自由地做动作”。老师描述：“夜深了，你还在灯下读书。读着读着，你困了——”孩子们很自然地微闭上眼睛，伏在桌上做睡眠状。老师继续描述：“半夜里，外面刮起了风，风声雨声把你惊醒了。”孩子们不约而同地抬起头，表示醒了。“你听着听着，一会你又睡着了。清晨，耳边传来一阵阵鸟鸣的声音，诗人你醒了。”孩子们有的伸伸懒腰，有的站起来。“在这春天的早晨，你被小鸟的鸣叫声吵醒之后，你走到窗边作起诗来，请问诗人，你作了哪两句诗？”此时，孩子们快活地模仿古人吟诗的腔调，争着回答：“春眠不觉晓，处处闻啼鸟。”……在这一片段中，我们看到学生带着角色的意识和体验，不知不觉进入了诗歌描写的情境，角色扮演的热烈情绪带给了学生主动积极的学习体验，达到了良好的学习效果。

---

① ［美］Thomas L. Good、Jere E. Brophy 著，陶志琼译：《透视课堂》，中国轻工业出版社 2009 年版，第 212 页。

5. 营造心理场整合效用，形成促进教学的“正诱发力”

李吉林老师的“情境教育”具有扎实的教育心理学理论基础。李老师总结的情境教育四大原理——情感驱动、暗示导引、角色转换、心理场整合等都运用了心理学理论。其中最能解释李吉林教学设计中情境创设意义或者“情境”发生作用的心理机制是“心理场整合原理”。格式塔场论心理学借用了物理学中“场”的概念来解释心理活动，它把环境或个人看作是一个整体的存在，任何心理与行为都在这个整体的制约下发展、变化。K. 勒温把心理、行为视为一种场的现象，是人与环境的函数。可用公式表示为 B=f(PE)，B 是行为，P 是个人，E 是环境。[①] 苛勒提出了“顿悟说”，认为学习并不是有人所说的那样，是个试误的渐进过程，而是忽然顿悟的结果。这种顿悟不是个别刺激物所产生的反应，而是对整个情境、对象间的整体关系即完型（格式塔）理解的结果。情境教学理念有个发展的过程，在最初的探索中，李老师借鉴于外语中的“情景”教学，在教学设计中利用师生表演展示情景，引导学生进行片段性的语言训练；之后，李老师带领学生走出教室，去瓜田、工厂、图书馆等观察、感受生活中的一个个“场景”，在特定的场景中进行作文训练。后来，受《文心雕龙》“情”“辞”关系的论述以及王国维“意境说”的启示，李吉林形成了“情境教学”的主张。对比“情景”“场景”与“情境”，“情景”与“场景”更强调客观存在的环境，而具有中国古代文论色彩的“情境”则更强调人与环境的互动交融，人在环境中的情绪体验，强调人与宇宙万物“物我交流的回响”。这种“物我交流的回响”正与李吉林教学设计中心理场整合效应的意义相通。李老师将自己的教学称为“有我之境”，她认为“所创设情境本身丰富的美感、鲜明的形象，伴以教师情感的抒发、沉浸，可以激起儿童的情绪，使儿童纯真的情感参与学习活动。以教师的情去拨动儿童的心弦，

---

① 李庆明：《儿童教育诗——李吉林与她的情境教育》，江苏科学技术出版社 2014 年版，第 59 页。

促使他们用‘心眼’去学习。这样，主客观的一致，智力、非智力因素的和谐，使整个情境成为一个多向折射的心理场”①。情境—教师—学生三者之间形成了一种良性推进、多向折射的心理场。李吉林在教学设计中致力于心理场，通过心理场形成“正诱发力”，促进学生顿悟，进而改变学生的认知结构乃至心理结构。

另外，李吉林的教学设计具有鲜明的美学追求。李吉林老师的教学改革实践被称为儿童教育诗，她的课堂教学充满浪漫与诗意，呈现出鲜明的审美追求。分析李老师的其他课例，如《小小的船》《月光曲》《春晓》《卖火柴的小女孩》等，语言描述都是她造境的第一手段，课堂上，李老师都充分运用音乐、美术等各种艺术手法，调动能给学生的感官体验，使课堂具有浓浓的审美气质、诗性气质。

笔者在观摩李吉林80年代的课堂教学视频时，被其亲切投入的教学状态、灵动新奇的教学设计深深地感染了，她的课就是放在今天的评价视域中，也完全可以满足我们对语文教学理想课堂的所有要求与想象。她的教育教学具有前瞻性、开拓性、代表性。在一定意义上，李吉林在20世纪80年代90年代登上小学语文教学研究的舞台时所达到的高度，就代表了当代语文教育的高峰，后面的名师大多难以企及，因此，李吉林被称为“中国教育的奇迹”②。作为一名在“文革”中饱受磨难的女性，她在自传中回忆起那段经历时写道：“我小心翼翼地提防着女性的脆弱与碌碌无为。”她对教育对儿童充满纯粹的热情，对善与美充满执着的追求，她以女性的单纯一直在做教育的事业，而不仅仅是经营课。她的教育教学改革实践是整体的、全面的，涉及语文学科教学的各个内容，也涉及儿童发展的各个方面，为小学语文教学乃至整个教育界留下了宝贵的财富。

---

① 李吉林：《情境教育的诗篇》，高等教育出版社2004年版，第43页。

② 顾明远主编：《李吉林和情境教育学派研究》，教育科学出版社2011年版，第48页。

第三节 1978—1988年小学语文教学设计特征与分析

从教学设计的角度分析1978—1988年的小学语文教学案例，可以鲜明地感受到属于那个时代的语文教学追求与语文教学实践的品质，教学设计如同一面镜子，折射改革开放后的第一个十年人们的语文教育思想观念、语文教育关系结构以及人们日常的语文教育生活方式。总体而言，这一阶段的语文教学秩序得以恢复与重建，人们对语文教研的热情高涨，各项教学改革实验陆续展开，随着社会政治经济、科学技术等的发展，语文教学的面貌发生了很大的变化。就教学设计而言，人们的设计意识逐渐觉醒，设计本体从模糊逐渐走向清晰，尽管“教学设计”一词还未成为教研的关键词，但传统的备课正逐渐发生转变，课前的教学准备从以分析课文内容、准备“教什么”为主转向对教法、学法的有意识设计与关注，即不仅关注“教什么”还考虑“怎么教”。脑科学、认知心理学、目标教学法等理论走进小学语文教学设计的实践，为教学设计的探索提供了教育学、心理学等理论支撑与科学基础。课堂教学结构的研讨日渐繁荣，传统的线性教学模式受到挑战，变序教学法、一点突破法等研讨为课堂教学带来生机与活力。在教学方法上，这一阶段的教学普遍注重板书设计，重视插图的使用，电化教学逐渐兴起，对学生“学”的关注日益增加。在教学内容上，语言文字训练占据主导地位，人们重视语言训练与思维训练的关系，并力图在语文教学中渗透一定的思想教育。另外，优秀的语文教师在教学设计中开始有刻意的美学追求，其教学设计本身呈现一定的美学品格。

一、设计意识觉醒，从分析“所教之物”到设计“所教之事”

“教学设计”的概念是在20世纪80年代传入我国，此前传统的教学准备称为“备课”。从广义而言，备课也是一种对教学的设计，传统的备课往往侧重于教学内容的准备，即教师先行对课文进行一定的分析解读，然后带领学生一起学习课文，“教学内容”往往等同于“教材内容”，“教什么”基本处于混沌状态、自然状态，对“怎么教”的关注不多。教师对教学的设计意识不强，这样的教学准备还处于“准设计”阶段。80年代之后，随着教研的深度展开，小学语文教师的教学设计意识逐渐觉醒，优秀的语文教师开始注重课堂教学艺术，对自己的课堂教学有了精心的设计。这种设计属于“人为事物”，是人为制造的“学习过程”，是有干预的学，是有教的学。其意义在于超越学生自然状态，给学生更高效、更愉悦的学习体验。

从“分析课文内容”到“设计教学事件”，体现了小学语文教学设计的重心由“物”到“事”的逐渐转变——从分析“所教之物”到设计“所教之事”。这种转变受当时理论界信息论、系统论的影响，而教师设计意识的觉醒可以以李吉林“情境教学”的提出为标志。如前所述，李吉林老师的课堂教学设计中已经有明确的“设计问题”，教学内容清晰明确，且与教材内容相区别。她的课堂教学追求一定的教学情境设计，通过语言描述、音乐渲染、美术熏陶等多种手段使学生进入一个特定的学习情境，在学习过程中更主动、更高效、更愉悦。另外，她的设计结构灵活富于变化，具有鲜明的设计感。

二、社会学、教育学、心理学等相关理论对教学设计产生影响

20世纪40年代末，随着科学技术的发展，科学研究领域的分支越来越细化，同时各学科之间相互渗透的现象也越来越显著。在这一背景下，系统论、控制论、信息论这三门边缘学科几乎同时产生。它们的出现对科学技术和思维的发展起到了巨大的推动作用，为多门新学科的出现奠定了坚实的基础。改革开放以后，随着科技的发展，我国社会理论研究的氛围日渐浓厚，系统论、信息论、控制论成为当时社会上热门的科学理论，被称为“三论”（又称“老三论”）。“三论”引进教学，引起了小学语文教育研究者的关注，当时教学设计理论的框架搭建（如周庆元的专著《语文教

学设计论》）基本基于系统论。1986年的《小学语文教学》杂志在“小语教学与三论”专栏中刊发了《试以控制论指导作文教学改革》（作者：任峻）、《如何运用信息传递反馈原理进行课堂提问》（作者：张静勋）、《谈小学阅读教学的课堂调控》（作者：高景山）等系列文章，展示了当时教育改革的最新成果。1986年9月华东师范大学邀请目标教学的创始人——美国芝加哥大学教授、著名教育学家、心理学家布鲁姆（布卢姆）来我国讲学，同年翻译出版了他的《教育目标分类学》，这就为各科制定教学目标提供了理论依据，这本书在美国被称为“乐观的教学理论”“最有意义的教育研究成果之一”。目标教学与训练说、语文教学科学化等问题成为这一时期语文教学研究的热词。1983年，上海师范学院钟为永的《语文教学心理学》正式出版，这是第一部语文教育心理学著作。1984年，浙江杭州大学朱作仁的《语文教学心理学》出版，在全国影响较大。除此之外，脑科学、认知心理学的相关成果也逐渐进入小学语文教育研究者的视野。在这一阶段，部分具有理论意识的小学语文教师开始自觉地学习理论、研究理论、运用理论。理论的自觉是小学语文教学设计科学基础的寻找，反映出当时的小学语文教学设计将逐步超越经验总结层面，开始运用理论进行自我解释，并对比理论进行自觉调适。

三、课堂教学结构改变，从线性串讲到“变序教学法”兴起

我国古代的语文教学以对经典文本的注释解读为主要教学内容，串讲是教学的主要方式。现代语文初期的教学深受传统语文教学影响，侧重对课文内容的解释串讲，课堂教学结构基本上依照课文内容顺序，呈线性结构。50年代风靡一时的“红领巾教学法”、凯洛夫的四段教学法等都是线性的结构。另外，现代语文教育发展之初，课堂教学的设计感弱、整体感弱，教学是围绕课文进行的碎片式的推进。这些特点在80年代的小学语文教学设计实践中仍有体现。如前文所析发表于1984年4期《试谈〈草原〉一课的教学》一文中，讲读串讲法是教师教学的主要方式，教学结构是顺着课

文内容的顺序，从第一段到第五段逐段推进的，既没有变序设计，也不刻意进行前后勾连，课堂教学结构主体为线性。

80 年代开始，人们逐渐意识到线性串讲结构的单调，改革课堂教学结构的呼声越来越高。笔者统计了 1982—1988 年《小学语文教学》杂志中发表的所有文章，其中关于教学结构研究的多达 52 篇，占所有文章的 7.8%。在 1984 年 6 期，“中心讲读法”首次出现，这种打破课文顺序的设计立即引起人们的巨大兴趣。变序意味着创新与改变，也意味着设计本身将带来更大的教育张力。传统的串讲方式受到挑战甚至批评，“一点突破法”、变序教学法等方兴未艾。例如前文所析湖北省江全佐老师设计于 1986 年的《海底世界》一课，就运用了“中心突破法”，在分段教学中，教师没有按照传统的依照课文顺序进行分析教学的方法，而是抓住中心与难点，先进行中间段落的分段训练，再通观全篇，由此带给学生一种陌生化学习体验。

四、教学内容与目标围绕语言训练与思维训练展开

改革开放之初的语文教育重视思想教育，在谈论教学目标时往往强调“共产主义理想”“培养一代新人”等。语文的科学化倾向不明显，各方面呈现百废待兴的局面。1983 年，吕叔湘发表谈话，强调实用的语文，语文学科教学的“工具性”“基础性”再一次得到重视。事实上，1978 年中小学大纲继承 1963 年大纲的主要精神，凸显语文教育的“工具性”，语文课程的功能偏向学生语言文字或语言文章的学习与训练。随后的 1980 年中小学大纲继续强调“语文是学习和工作的基础工具”，希望通过语文学习培养学生理解与运用祖国语言文字的能力，以此为社会生活服务。1985 年欣之在《小学语文教学》3 期卷首语提出了“把语文课上成训练课”（上成思维和语言的训练课）的主张，从此“训练”成为当代语文教育研究的重要词汇，深刻影响了语文教育发展的历史。考察这一阶段的教学设计，无论是一线普通教师还是丁有宽、朱雪丹、李吉林等名师，都将训练当作教学的重点内容。

这一阶段的训练包含语言训练和思维训练两个层面。这两个层面相辅

相成，统一于教学设计的过程中。语言训练主要指“听说读写”的训练，如关联词的使用、各种句式的用法比较、文章写法的研究等。思维训练广泛渗透在课文结构分析、课文内容提问等各个部分，值得关注的是这一时期的教学特别重视“段”的训练，分段、概括段意、拟小标题等是语文教学最常见的方法与手段。在写作教学中，三年级“怎样学写段落”是教学研究的重点。

五、板书、插图是主要教学辅助手段，电化教学兴起

在相当长的一段时间内，板书是语文教学最重要的设计内容之一。好的板书设计，能够起到展示教学重点、帮助学生理解课文思路等多重作用。新中国成立初期的特级教师如袁瑢、霍懋征等就特别重视板书设计，改革开放之后，人们对板书的研究越来越多，日渐成熟。教学杂志几乎每期都会刊登板书设计的案例，分析优秀的板书设计，常常可以基本掌握执教者的教学思路。板书的类型从各个层面得到总结，甚至出版了教材板书设计类的研究书籍与教学工具书。

在教学资源相对匮乏的80年代，课文的插图被设计者普遍重视，成为课堂教学有效的辅助手段。例如前文所析《小小的船》一课的教学中，几位老师都利用了课文的插图，让学生观察图画，理解“弯弯的月儿小小的船”等诗歌内容。

20世纪70年代末80年代初，随着电的普遍使用，电化教育出现。电视、录音机、投影等电化手段为语文教学设计带来丰富多样的教学资源，也激发了教师巨大的创造热情。声、光、电等手段刺激着学习者的感官，增加了小学生语文学习的生动性、趣味性。80年代中期，电化教学的研究性论文出现在人们的视野之中，一方面，人们对电化教育为语文教学方式方法带来的改变报以热切的期待；另一方面，人们也对电化教育可能出现的弊端始终保持一定的警惕。

六、教学设计的审美追求一直存在，但未成为自觉的表达

改革开放以来的语文教育中对“美”的认识与追求并不是逐渐发展起来的，而是人们对语文教育之美始终保持足够的热情，在语文教育中寻美、求美始终是语文教育研究的热点。在1981—1988年的《小学语文教学》中，关于语文教育与美育的研究性文章多达61篇，占文章总数的8%。考察这些文章的观点与内容，人们主要是从语文教学的内容（文质兼美的文学作品类课文）出发，强调带领学生感受文章中的自然美、人情美，课堂教学本身的风格之美以及教学设计的美学品格没有被明确揭示。但这绝不意味着这一阶段的教学设计完全处于美的混沌状态，恰恰相反，在这一时期的不少课例中，审美的意识在流淌，审美的情境在创造。在前文分析的1986年《海底世界》的课例中，就能感受到执教者教学设计中存在的审美追求。特别值得注意的仍是李吉林的“情境教学”，李老师的教学设计是在美的规律下对教学的统筹计划与安排，这种设计不仅体现在音乐、美术等艺术手段的运用，还体现在她对学生认知心理场营造的理论自觉上，更体现在她的教学设计本身的变化与张力上。可以说，随着小学语文教师设计意识的觉醒，小学语文教学设计的美学品格已经达到了较高的水准，只不过这种品格在彼时尚未被完全认识与表达出来。

第四章
共性与规律的寻求

——1989—1999 年的小学语文教学设计

从百年语文现代化的历史进程看，1989—1999 年是小学语文教学现代化进程的重要阶段，语文教育的现代性主要体现在语文教学科学化的追求和学生主体的发现两个层面。一方面，语文教学试图改变学科知识模糊的状态，建立起清晰的知识体系，并不断寻求语文学科方法、规律的确定性；另一方面，开始重视学生的主体性。在这一阶段，语文教研的经验成果得以总结与推广，人们的教学设计意识日益增强，对语文课堂教学的研讨走向深入。

第一节　科学化的追求与世纪末的尴尬

1989 年是当代小学语文教学史中重要的一年。在国家层面上，九年义务教育课程体系在这一年开始启动。1989 年 7 月，国家教育委员会发出《关于九年制义务教育课程、教材试验工作的通知》，经过两年多的试验之后，1992 年 8 月正式公布了《九年义务教育全日制小学、初级中学课程方案（试行）》，包括《课程计划》和学科教学大纲，自 1993 年 9 月起，在全国试行。至此，义务教育阶段课程计划、教学大纲、教材的完整体系建立。小学语文教学同其他学科一样开始了深化教育教学改革，由应试教育向素质教育转轨。90年代，随着素质教育的思想得到人们的普遍认同，语文教育由注重学生“基础知识”和“基本能力”的培养，开始转向注重学生智力以及非智力因素的培养，致力于提高学生的综合素质，尽管这种转向在复杂的语文教育生态中必然充满曲折与反复、矛盾与斗争。在学科层面上，全国小学语文教学研究会于1989年11月在成都市举办了全国首届小学语文青年教师阅读教学观摩大赛，来自全国28个省市自治区的32名青年教师参加比赛，这是改革开放以后首次由小语会组织的教学研讨观摩活动，时任国家教委副主任的柳斌亲自发来贺词。此活动可视为改革开放十年小学语文课堂教学改革成果的检验与总结，大赛涌现出孙双金、张伟、滕春友等优秀语文教师，随后，《小学语文教学》刊发了全部获奖教师的教学设计，在全国引起热烈反响。同样是在这次大会上，支玉恒老师应邀执教观摩课《第一场雪》，这一课“以读代讲”的理念迅速为人们所称道，从此全国很多地方兴起了支式品读法。此后，小语会每隔两年举办一次阅读教学观摩大赛，成为小语界最具影响力的赛事，窦桂梅、贺诚、蒋军晶等众多名师都是在大赛中脱颖而出，逐渐走向小学语文教学研究的大舞台的。

20世纪80年代末至90年代初，小学语文教学的各种实验如火如荼地开展，实验成果开始向全国推广。如“注音识字、提前读写”实验，“集中识字、大量阅读、分步习作”实验，“小学语文目标教学实验”等。与此同时，教学程序、教学方法的改革如雨后春笋，热热闹闹地出现在人们的视野中。1992年出版的《语文教学研究改革概观》① 中列举的阅读教学法多达41种，包括“圈点批注法”“纲要信号法”“倒置法”“问卷法”等。作文教学设计程序多达14种，包括“三段十六项”程序、“三步分段训练程序”等。

从百年语文现代化的历史进程看，这十年是小学语文教学现代化进程的

---

① 周一贯编著：《语文教学研究改革概观》，杭州大学出版社1992年版。

重要阶段，语文教育的现代性主要体现在语文教学科学化的追求和学生主体的发现两个层面。一方面，语文教学试图改变学科知识模糊的状态，建立起清晰的知识体系，并不断寻求语文学科方法、规律的确定性。另一方面，学生的主体性受到重视，钱梦龙的“三主四式”教学法、魏书生的六步教学法等都有着“教”“学”结合的意识，且在方式方法上重视学生的“学”。1992 年义务教育大纲则进一步提出，让学生“自己动脑、动口、动手，在学习语文的实践中，自觉地获取知识，形成能力，发展智力”以及“培养学生自学能力、养成自学习惯”。① 在此背景下，指导学生“自学”成为小学语文教学研究的热点。

1988 年大纲、1992 年大纲中对语文性质的表述为“语文不仅具有工具性，而且有很强的思想性”，期待通过语文教育加强对学生的思想政治教育。但是，在现实中，工具性成为语文教育界的强势话语，人们对语文教学的综合性、实践性等特征都围绕工具性展开，这种过度阐释导致语文训练愈演愈烈，双基被过度强调，语文教学成为抽离语境的“语文知识学习”，90 年代，语文教学日益彰显的科学化追求逐渐消解了语文教育的思想性，使之逐步陷入技术主义路线。1997 年《北京文学》第 11 期以“忧思语文教育”为题，同时刊登邹静之《女儿的作业》、王丽《中学语文教学手记》、薛毅《文学教育的悲哀——一次演讲》三篇文章，对语文教育展开批评，引起了 20 世纪末语文教育的大讨论。人们对语文教育忽视文学教育以及过于机械的语言文字训练与考查命题方式进行了批评。随后引起的“语文教育大讨论”是中国当代语文教育的重大转折。人们对工具理性至上的教学价值进行反思，又开始从语文学科的本体问题思考语文到底是一门什么样的学科。语文教育遭受了口诛笔伐的责难，科学化追求带来的工具理性的弊端是其四面受敌的主要原因。这场讨论像一股飓风，带来了语文教育思想的剧烈震荡，开启了当代语文教育新的篇章。随后引起的关于语文

① 课程教材研究所编：《20 世纪中国中小学课程标准·教学大纲汇编：语文卷》，人民教育出版社 2001 年版，第 209 页。

课程性质“工具与人文之争”的讨论历时之长、参与专家学者之多、影响之广都是当代语文教育史罕见的现象。因为这场讨论不是从语文内部发起，而是起源于外界社会对语文教学的不满，所以这场讨论从一开始就是社会性的，参与讨论的不仅是语文教育界的教师、专家、学者，更有作家、文艺评论家等社会各界人士。其时，正值20世纪末，世界范围的人文主义思潮兴起，一批海归学者与本土文学研究者共同带来了“人文精神的呼唤”。客观地讲，本次讨论充斥着文学研究者理想主义的色彩，并没有生成新的语文教学理论或观念，其中也不乏言辞过激的情绪宣泄，但它仍可视为百年语文现代性建构的整体检视与反省，是人文主义对科学主义长期占据中心地位带来的工具理性至上、人文价值缺失的不满与纠偏。可以说语文教育是带着挥之不去的尴尬与遗憾进入了21世纪，开始了新课程改革的探索。

第二节　1989—1999年的小学语文教学设计实践

在本节中，我们将从三篇典型课文教学设计案例与三位典型人物教学设计思想两个角度管窥1989—1999年之间的小学语文教学设计实践的面貌，通过分析这些具体生动的案例，我们将走进当时的语文教学，总结归纳属于这一时期教学设计的特点。

一、1989—1999年小学语文经典篇目的设计例举

（一）小学低段诗歌体裁课文《小小的船》课堂教学设计（1993年）

《小小的船》教学设计①

黑龙江　李达吉

新编九年义务教育小学语文教材，总结了历史经验，吸收了当前

① 李达吉：《〈小小的船〉教学设计》，《小学语文教学》1993年第4期，第23页。

教改中的积极成果。依据九年义务教育小学语文大纲的精神，新编小学语文第一册教材中的看图学词学句，从发展语言入手，从内容入手。教材编排是先出现短文，从短文的句子中提出词，从词中提出字。学生可以通过看图并借助拼音初步进行阅读以后，再学词学句。这样可以更好地理解词句，巩固拼音，巩固字形字义。反过来说，学词识字以后，可以加深理解词句，起着互相促进的作用。教学时要正确理解教材的编排意图，使用好新教材。

下面以《小小的船》为例谈谈教学设想。《小小的船》是一首借景抒情的儿歌，作者运用丰富的想象和生动的比喻，描绘了一幅美丽动人的月空景色。课文的这一鲜明特点，为进行识字教学，学词学句，朗读能力的训练和发展学生想象力，提供了良好的条件。教学可分为以下几步：

一、细致观察图画，学词学句理解课文内容

首先观察画面上的月牙儿，让学生看它是什么形状，再想想船是什么形状。指导学生读课文的第一句，然后提问：这句话是把什么比做什么？（把月亮比作小船）为什么把月亮比作小船呢？（小船和月牙儿的形状很相似）学习句子同时理解词语“弯弯的”“小小的”。

指名读第二句，然后提问：这句话说的是月牙儿还是小船？（文字上写小船，而实际上指的是月牙儿）为什么把月牙儿比作小小的船？（引导学生回忆，在晴朗的夜晚，蓝蓝的天空中，你会觉得月牙儿像只小小的船）学习句子同时理解词语“两头”。

其次观察图中的孩子在哪里坐，再细看天空的景色，齐读第三句，然后提问：图中的孩子在哪里坐着？（在月牙上）然后引导学生明确，孩子是不可能坐在月牙上的，这是作者的想象，学习句子同时学习词语：“里、坐。”

接着让学生按照课文回答孩子在天空看到了什么？理解句子意思，

明白孩子坐在月牙儿上，只能看到闪闪的星星和蓝蓝的天，同时学习词语："看见、星星、闪闪的、蓝蓝的。"

再次观察整幅图画，轻声读课文，进一步理解课文内容，最后齐读全文。

二、根据图文内容，展开想象

教师按顺序指导学生观察图画，以课文中四个重叠词"弯弯的、小小的、闪闪的、蓝蓝的"为依据，让学生深入理解这一幅美丽的幻想图画，向学生提出：图上的孩子在欣赏美丽的夜空景色时，一定很高兴，会有很多话要讲。你们也一定会有许多美好的想法要告诉大家，激发学生海阔天空的大胆想、大胆讲。

三、指导背诵和朗读

这是一首富有幻想的儿歌，指导学生要区别轻重音，把课文读准确，注意停顿，读时要有感染力，要有亲切的感情，通过多种形式读课文，使学生能正确、流利地朗读课文，在此基础上，教师根据三句话的顺序进行引读，通过看图试背、轻声试背、互相背诵、集体背诵，使学生能很好地按教师要求背诵全文。

李达吉老师《小小的船》一课的教学设计发表于1993年，设计体现了作者对义务教育新教材以及教学大纲的理解，整体设计风格朴素扎实，我们可以从以下几个方面对这一案例进行分析。

1. 依据大纲与教材教学要求进行教学设计

作者在文章开头首先描述了自己对九年义务教育小学语文大纲及教材精神的理解，对一年级教材的看图学词学句做了分析，表明了自己设计教学的依据，以及设计教学的基本理念。1993年，正是九年义务教育课程计划、教学大纲颁布的第一年，也是在全国范围内使用新教材的第一年，作者教学设计的起点正是正确理解教材的编排意图，使用好新教材。同时，不难看出，在本文中提到的教材"吸收了当前教改中的积极成果”，就是指斯霞老师倡导的随文识字理念：在理解课文内容中学词识字，在学词学字中加强对内容的理解。

2. 以教学内容而非教学程序为线索设计教学

本设计分为三部分，分别是“细致观察图画，学词学句理解课文内容”“根据图文内容，展开想象”“指导背诵和朗读”，这些都是教师引导学生学习的内容，而区别于概括性的固定教学程序，如“复习导入”“学习新课”“布置作业”等。这使得教学设计的结构具有一定的板块感，而非直线型。

3. 图文结合法是主要教学方法

在本课的教学设计中，图文结合是贯穿始终的教学方法，教师利用图画帮助学生理解课文内容，利用图画引导学生观察想象、进行说话练习，最后利用图画进行背诵。

4. “读”“背”方式多样

在简短的教学设计中，可以发现教师非常重视学生的“读”和“背”，并且运用多种方式带领孩子们朗读课文、背诵课文。其中“读”的要求有“要区别轻重音，把课文读准确，注意停顿，读时要有感染力，要有亲切的感情”，“通过多种形式读课文，使学生能正确、流利地朗读课文”。背诵时，作者一口气列举的“看图试背、轻声试背、互相背诵、集体背诵”四个背诵步骤，也是背诵形式。

5. 阅读教学中有说话练习，鼓励学生大胆发言

在本课的教学设计中出现了口语表达的训练，教师引导学生：“图上的孩子在欣赏美丽的夜空景色时，一定很高兴，会有很多话要讲。你们也一定会有许多美好的想法要告诉大家”，并且特别强调要海阔天空地大胆想、大胆讲。这一设计体现了语文教学的综合性与实践性。

（二）小学中段说明体裁课文《海底世界》课堂教学设计（1991 年）

《海底世界》教学建议①

福建 连雪红

《海底世界》这篇课文生动形象地为孩子们揭开了海底世界之谜，是一篇激发学生热爱自然，去探索自然奥秘的典型教材。根据课文特点，本课的教学建议如下：

（一）出示挂图，激趣探奇。

1. 教师出示海底图，谈话导入新课。

2. 听录音朗读、思考：波涛澎湃的大海深处是怎样的呢？

3. 课文哪段概括地回答了上述问题？找出来读一读：说说作者着重介绍了海底哪些特点。

（说明：这一环节，教师首先要充分利用挂图，用生动的语言描述海底美丽、奇异的景色和物产，制造氛围，激起学生读文探奇的浓厚兴趣）

（二）粗读课文，抓住特点。

1. 默读课文。根据“景色奇异、物产丰富”这两个重点词语，从文中找出相应的自然段。

2. 自由朗读课文，填写下列句子。

（1）海面上____的时候，海底很____。但不是没有一点声音。海底动物窃窃私语的声音有____。

（2）五百米以下的海底是____。黑暗的深海里有许多光点像____。

（3）海底的物产很____。课文着重讲的海底动物有____。海底植物有____。海底的矿藏有____。

---

① 本课例节选自《小学语文教学》1991 年第 3 期《奇中寓富 富中寓奇——〈海底世界〉教材分析与教学建议》一文，题目为笔者所加，文中括号内容为原作者所注。

(4) 海底真是____的世界。

(说明：这一环节的教学意在充分发挥学生的主动性，让他们自己认真阅读。先理清文路，再细读重点段落，抓住海底景色奇异、物产丰富的特点)

(三) 精读课文、联系理解。

精读课文的二、三自然段，理解海底景色奇异。

1. 海底的景色有什么特点？"奇异"是什么意思？

2. 想一想，说说文中哪些词句最能体现海底景色奇异？"许多光点""各种声音"说明了什么？

3. 读了这些词语，你觉得海底的景色如何？

(说明：以上三个问题意在有层次地引导学生抓住重点词句，联系上下文理解课文内容。教师要帮助学生将点滴体会进行梳理、概括，总结出海底景色"静中有声、暗中有光"的特点，并抓住"许多""各种"等词语理解"奇异"与"丰富"之间的联系)

精读课文如五、六自然段，理解海底物产丰富。

1. 海底有哪几类物产？文中哪些词句直接体现了"丰富"一词？

2. 课文着重描写了哪几种海底的动物、植物，它们各有什么特点？想想为什么只写这几种？

(说明：第一个问题目的是引导学生在理解词句的基础上了解海底物产十分丰富。第二个问题意在引导学生赏词析句，体会作者如何抓住动物、植物最突出的特点来说明丰富的物产中包含着"奇异"，理清"丰富"与"奇异"之间的联系)

(四) 观看录像，再激情趣。

1. 观看录像。注意观察海底动物、植物是什么样儿的，它们又是怎样活动的。

2. 想象发言。根据课文内容和录像中观察到的情景用自己的话说说海底世界是怎样的？想象一下假如你来到海底，你想做什么？

（说明：这一环节，是对课文内容理解的深化和发展。目的在于满足孩子的好奇心，陶冶他们热爱自然的情操，激发他们去探索大自然的奥秘）

分析这则教学设计，发现它具有以下几个明显的特点：

1. 教学之初有“整体感知”环节

这一教学设计在激趣导入后就进入了一个粗读课文填写句子的环节。这一环节的设计实质上是让学生以练习填空的形式完成了对课文内容的整体感知，它帮助学生理清课文写作思路，并大致了解了课文的主要内容，在教学之初给学生认知上的“整体感”。这种整体感知的设计与学生阅读心理相契合——学生阅读一篇文章，视觉信息检测到的是一个从大范围的整体到局部的过程，学生的学习存在着整体优先性。从阅读要求看，粗读课文整体感知课文大意之后，再转入细读重点段落，进行细节分析，呈现由浅入深、由粗到细的学习梯度。

2. 教学设计的框架结构呈“板块式”

本案例的教学过程作者将其概括为“出示挂图，激趣探奇”“粗读课文，抓住特点”“精读课文，联系理解”“观看录像，再激情趣”四个部分，四部分都使用了“行为+目标”的描述方式，简要概括了师生的教学行为以及行为背后的阶段目标。这种设计框架不同于依照课文顺序的“线性串讲”，而是以教学活动及教学内容为单位的设计，框架结构呈“板块式”。

3. 电化手段在教学中受到重视

设计者在教学中设计使用了多种教学辅助手段以激发学生的学习兴趣。在第一板块中，教师用教学挂图、录音等手段，辅助语言描述，将学生带入海底世界的情境，启发他们学习的兴趣。在最后一个板块，教师利用电视录像，播放海底动植物的视频让学生观看，利用课文中学过的内容说话，并引导学生想象未来海底的样子以及自己探索海底世界的打算。电化手段的使用不仅拓展了孩子们的情思，还与课文理解、口语表达等密切联系在一起，设计呈现一定的密度，不单一。

4. “理解事物之间的联系”是学习的目标之一

这一课的教学目标主要指向内容理解，教师在引导学生理清文章思路之后，在细读部分注意让学生抓住重点词句，联系上下文理解课文。在细读赏析的环节明确提出希望学生“理清‘丰富’与‘奇异’之间的联系”“学习认识事物”“认识事物之间的联系”，这种将辩证唯物主义哲学作为语文教育教学目标之一的现象，可视为80年代语文教研话语的延续。

（三）小学高段散文体裁课文《草原》课堂教学设计（1994年）

引导学生在比较、联系、点拨中学习①

——《草原》重点段教学谈

江苏 洪榴

《草原》第一段记述了作者初入草原见到的美丽的自然景色和自己的感受，是课文的重点之一。作者遣词造句准确传神，描写的草原景色色彩鲜明，表达感受的方法有曲有直，是进行语言训练的好材料。我采用了以下教学方法：

一、引导学生在比较中学习

1. 在比较中理解草原景色的鲜明特点。

句1：“那里的天比别处的天更可爱，空气是那么清鲜，天空是那么明朗……”

（1）出示部分原句“空气是那么清鲜，天空是那么明朗”和比较句“空气是那么新鲜，天空是那么晴朗”，同时，出示课文挂图。

（2）这两句都讲草原的空气和天空，它们有什么不同之处？

（3）“鲜”是什么意思？“清”是什么意思？这里不用“新鲜”而

① 洪榴：《引导学生在比较、联系、点拨中学——〈草原〉重点段教学谈》，《小学语文教学》1994年第10期，第36~37页。

用“清鲜”，表明草原上的空气怎么样？

(4)“朗”是什么意思？“明”是什么意思，这里不用“晴朗”而用“明朗”，表明草原上的天空怎么样？

(5)小结：因为草原上的空气比别处的更纯净、更新鲜，草原上的天空比别处的天更蓝、更亮，所以作者觉得草原的天比别处的天更可爱。

句2：“那些小丘的线条是那么柔美，就像只用绿色渲染，不用墨线勾勒的中国画那样……”

(1)“柔美”是什么意思？作者是怎样描写小丘的线条的？

(2)“渲染”和“勾勒”是中国画中的两种技法，有两位同学分别用这两种技法画了草原的景色，请他们分别介绍这两种技法的特点，比较一下，用哪种技画作的画更准确地反映了大草原的特点，反映了什么特点？

2. 在比较中体会作者的思想感情。

句1：“这次，我看到了草原。”

(1) 出示原句和比较句“我这次看到了草原”。

(2) 这两句话在句式上有什么不同？

(3) 朗读，体会“这次”放在句首和放在句中，在表达的意思上有什么不同？

(4) 作者为什么要强调这次？

(5) 谁能把作者盼望已久的，初次看到草原后的喜悦心情读出来？

句2：“……空气是那么清鲜，天空是那么明朗，使我总想高歌一曲，表示我的愉快。”

(1) 出示原句和比较句“空气清鲜，天空明朗”。

(2) 这两句话在句式上有什么不同？

(3) 读这两句话，体会用和不用“那么……那么……”句子意思有什么不同？

（4）除了表示清鲜、明朗的程度外，还表达了作者怎样的感情？

（5）所以，作者在这样美的景色中，呼吸着如此令人心醉的空气，产生了这样的感受——（引读）。

二、引导学生在联系中学习

句1：“这种境界，既使人惊叹，又叫人舒服；既想久立四望，又想坐下低吟一首奇丽的小诗。”

（1）“境界”是什么意思？“这种境界”是指怎样的境界？

（2）“惊叹”是什么意思？作者为什么感到惊叹？

（3）哪些地方使作者感到舒服？

（4）作者为什么愿久立四望？

（5）作者低吟的奇丽小诗将会写什么内容？表达他怎样的感情？

三、引导学生在点拨中学习

句1：“在天底下，一碧千里而并不茫茫。”

（1）“碧”是什么意思？“千里”表示什么？“从一碧千里”这个词中，你能概括出草原的哪两个特点？

（2）“茫茫”是什么意思？

（3）我们在平原的原野上看远处的景物会有什么感觉？为什么作者在这么辽阔的大草原上向远处看，视线一点也不模糊？

（4）“一碧千里，而并不茫茫”一句除了反映草原的绿和广的特点外，还写出了草原天空的什么特点？

句2：“……到处翠色欲滴，轻轻流入云际。”

（1）“欲”是什么意思？“翠色欲流”是什么意思？说明草原的绿有什么特点？

（2）“际”是什么意思？“流入云际”是什么意思？

（3）“翠色欲流”是将流而没流，“流入天际”是正在流动，作者对同一景物为什么会产生两种不同的感觉？

（4）小结：这是因为草原的特点是一碧千里，而且绿得那么浓，那么润，加上作者视线的移动，这融汇一起的将要流动的绿色使人感到正轻轻流入云际。

研读这篇文章，首先会发现题目以及主体框架中存在的逻辑问题。作者以“引导学生在比较、联系、点拨中学习”为标题并组织文章结构，这里的“比较”“联系”是指学生学习的方法，而“点拨”则属于教师教学的方式，将它们并列显然不合适。透过作者的文字，我们既能看到作者优秀的文学感知为设计带来的闪光之处，也可分析其囿于时代的部分局限。

1. 充分利用比较还原法赏析课文词句

案例显示出教学设计者较好的文学敏感力，她利用词句替换比较，让学生充分感受作者遣词造句之妙，并帮助学生透过词句充分体会作者写作时的感受。如“清鲜”与“新鲜”之比较，“清鲜”更能准确写出草原空气的纯净、新鲜；“这次，我看到了草原”与“我这次看到了草原”之比较，“这次”前置，更能表现作者看到草原的惊喜。

2. 教学中注意对学生的引导和启发

作者在文章的第三部分集中写了针对重点段设计的教学引导、“点拨”过程，试图摒弃传统的“串讲”，希望通过引导与启发的方式促进学生主动发现、探索未知。在整堂课的设计中，教师很少直接分析讲授对课文的理解，而是通过一系列的问题，与学生交流对话，让他们在思考、比较中理解课文内容，感受作者表达之妙。

3. 设计了读写结合的训练

作者抓住原文“这种境界，既使人惊叹，又叫人舒服；既想久立四望，又想坐下低吟一首奇丽的小诗”设计了一个读写结合的练习：“作者低吟的奇丽小诗将会写什么内容？表达他怎样的感情？”这样的问题既能帮助学生深入地理解课文，又通过调动学生的想象力、创造力进行了写作的练习，实现了阅读与写作的巧妙结合。

4. 在教学中运用了引读法

引读法是指阅读教学中，教师在指导学生朗读前通过一定的语言描述与渲染，创设一定的情境或铺垫，让学生对所朗读句子的发生环境有充分的感知后再进行朗读的教学方法。本案例中，教师在教学第一段时，运用了因果式的引读“作者在这样美的景色中，呼吸着如此令人心醉的空气，产生了这样的感受——”。学生朗读：“空气是那么清鲜，天空是那么明朗，使我总想高歌一曲，表示我的愉快。”这样的朗读训练是在情境中完成，并且是师生合作完成的，更容易将学生代入角色，进入课文描写的意境。

从这一教学设计案例中不难看出作者在改变教学方式、启发引导学生思考方面做的努力。但教师设计的问题大都非常细小，且提问方式基本上停留在“××是什么意思”的层面，而缺乏统领性的教学问题，使得课堂教学有碎片化之感。

二、1989—1999 年小学语文名师与教学设计

在 1989—1999 年间，一批 20 世纪 50 年代末 60 年代初入职工作的名师逐渐展露出夺目的光彩。他们大多在 80 年代已经有令人瞩目的成绩，90 年代之后教学思想走向成熟，引领了当时教研的风向。这其中，以江苏的于永正、上海的贾志敏、河北的支玉恒、天津的靳家彦最为知名，被当时的小语界称为“四大天王”，囿于篇幅，本论文选取于永正、贾志敏、支玉恒三位名师，对其教学主张与教学设计思想做简要分析。

（一）于永正的“五重教学”与教学设计

于永正（1941—2017），1962 年从徐州师范学校毕业后，一直从事小学语文教育教学工作，曾任徐州市鼓楼区教育局教研室主任。于永正的语文教学探索在 20 世纪 80 年代中后期已经引起语文界关注，1985 年，他被评为江苏省特级教师，同年被徐州市人民政府授予劳动模范称号。至 90 年代，他的教学思想日益成熟，代表性成果“五重教学法”与“言语交际表达训练”在全国范围内推广，产生巨大影响。1985 年秋，在中央科教所潘自由

和徐州市教育局教研室张庆的指导下，于永正开展了“言语交际表达训练”的作文实验，引起了广泛的影响。1991 年，《人民教育》发表了报告文学《徐州有个于永正》，而后《江苏教育》《小学语文教学》等刊物也陆续报道了于永正的教改事迹。1995 年，于永正被评为国家有突出贡献的专家，享受国务院颁发的政府特殊津贴。1985 年到 1996 年于永正的“言语交际表达训练”作文实验引起了语文教育界的广泛关注。《全日制义务教育语文课程标准（实验稿）》在借鉴“言语交际表达训练”成果经验的基础上，对语文教学增加了“口语交际”的训练要求。1999 年，教育部人事司实施面向 21 世纪教育振兴计划，启动“跨世纪园丁工程”，于永正成了教育部“跨世纪名师工程”推出的第一位名师。为此，教育部在南京召开了“于永正语文教学研讨会”，推广于永正的教育成果。有 25 个省、自治区、直辖市的 59 位中青年骨干教师参加会议并学习讨论了于永正的教学方法——“五重教学法”。新世纪课程改革之后，于永正讲学的足迹踏遍大江南北，成为当代小学语文教学名师中标志性的人物。他 2001 年被评为江苏省劳动模范，2002 年获全国五一劳动奖章，著有《教海漫记》《于永正与五重教学》《于永正教育文集》等。2017 年 12 月 8 日，于永正因病去世。晚年他赞成将自己的语文教学观总结为“儿童的语文”。

于永正是当代小学语文教学史上影响最大的特级教师之一。他的教学探索在 20 世纪 80 年代中期已经开始产生影响，主要教学思想在 90 年代成熟，他的教学观继承了叶圣陶、斯霞等人的现代语文教育思想，又与传统的语文学习方法相通，重视感悟，重视积累，重视表达，其言语交际训练的研究成果直接影响了新世纪课程改革。客观地看，于永正语文教学理论并没有实现系统化、逻辑化的建构，也不像李吉林那样拥有扎实的教育心理学基础，但于老师其课中正平和、简约素朴，其人热情纯粹、心如赤子，这都使他深受广大小学语文教师推崇、热爱。历史地看，他承上启下，在小学语文教学发展的黄金时代登上教研的舞台，又被新世纪轰轰烈烈的课改浪潮所簇拥，在评为特级教师之后长达四十多年的时间里，他广收弟子，四处讲学，深刻地影响了当代小学语文教学的发展与变革。

分析于永正的经典课例，可以发现其教学设计在教学内容上重视阅读、写作与“言语交际训练”的结合；在美学风格上追求简约素朴；在教学过程中，他综合运用“幽默”“身姿”“绘画”等多种认知工具使其课堂充满情趣；在设计思想上，他重视“儿童性”，属于尊重儿童、引领儿童的设计，其课其人都是自然纯粹，一派天真。

1. 利用任务驱动设计情境，进行言语交际表达训练

在阅读与写作教学中自觉地渗透言语交际训练是于永正小学语文教学设计的显著特点。与第一代名师朱雪丹相比，他的言语交际训练是在教师设计的生活情境中，利用任务驱动完成的。朱雪丹也在阅读教学设计中进行口语表达训练，她通常在课文讲解完成后，设计一个问题，让学生对课文的主要内容进行口头复述。这样即可复习课文内容，又可进行言语表达训练。于永正的设计比朱雪丹更进一步的是，他将言语交际训练设计为生活中的任务情境，既唤起学生表达的兴趣，又为学生真实的日常交际需要做了指导。1985 至 1996 年期间，于永正在班级开设“说写课”，进行了长达 11 年的“言语交际表达训练实验”，在语文教学中设计相关的言语交际实践活动，对学生进行综合的说写训练。于老师口语交际训练选取的话题基本都是学生现实生活中进行言语交际的实际需要，例如，送、还东西，问路、指路，打电话等，他总是在阅读与写作教学中活用教材资源，巧妙设计，相机对学生进行言语交际训练。这种训练设计遵循任务驱动、情境创设的原则，致力于学生听说读写综合能力的提高，并直接为学生的现实生活服务。例如在上课前设计一位女老师来找于老师通知他去教育局开会，让学生学习转述通知；请餐厅的师傅进课堂，让学生为其介绍面条机的使用方法等。再如在《翠鸟》一课的教学中，让学生扮演翠鸟，接受“世界绿色和平组织”成员的采访；在《草》一课中，让学生在课堂上表演回家后将诗歌背给家人听的情形，等等。于永正的言语交际表达训练实验获得成功，他的学生不仅语文成绩进步显著，而且在生活中表现出优秀的言语

交际能力。据于老师回忆，他的学生去看病都会立即被医生认出，因为他们能把自己的病情叙述清楚，不但口齿伶俐，而且很有礼貌。2000 年，第八次课程改革启动，义务教育课程标准实验稿就吸取了于永正这一实验的成果，将“口语交际”作为学生语文学习的重要组成部分，写入课程标准。2014 年“言语交际视野下的小学语文教学”实验成果获国家教学成果一等奖。

2. 利用“情感”“幽默”“游戏”“闲话”“表演”等认知工具，设计“有意思”的课堂教学

最初，学界归纳的于永正语文教育理念只有“三重”，即重感悟、重积累、重迁移。而后来，于老师自己加上了“重情趣”，且将其置于“五重教学”的首要位置，可见他对教学中的情感与趣味的重视。在教学设计中，“情感”“幽默”“游戏”“表演”“闲话”等是其常常使用的促进学生认知的工具。依据基兰·伊根的认知工具理论，“情感”“幽默”“游戏”“闲话”等都是属于身体认知或神话认知阶段的认知工具，这两种认知工具正是 6~12 岁儿童重要的认知方式。

作为教学设计认知工具的“情感”主要是指教师通过身姿、表情语言等让学生感受到教师对他的关心与喜爱，从而产生积极的情感反应及愉悦的学习心理。在接受笔者访谈时，于老师曾说道：“教师的体态语言具有神奇的魔力。一个温柔的微笑、一个鼓励的眼神、一个欣赏的手势，都能促进师生思想和心灵的交流，也让教育变得更加人性化。掌握了体态语言背后的引申之义，师生之间会更加心有灵犀。”① 于老师对学生充满宽容、理解与慈爱，他饱满的教学情感使学生愿意亲近他，跟随他走上学习之途。

于永正认为儿童的语文课堂应该是好玩的、有趣的。因此，他的课堂上充满“幽默”与“游戏”。例如在《望月》一课中，在师生接力对诗的

① 2017 年 8 月，笔者到徐州医科大学附属医院看望于永正老师，并对他进行了访谈。于老师当天精神状态很好，畅聊近两小时。同年 12 月，于老师因病离世。特此作注，谨致诚挚的敬意与永远的缅怀。

环节，教师故意引用“歪诗”制造课堂中的幽默。①

生：秦时明月汉时关，万里长征人未还。

师：月儿弯弯照楼台，楼高又怕摔下来。

（生大笑，说不是古诗，是老师胡编的！）

师：是古诗！这是京剧《望江亭》中的杨衙内作的诗！后面两句是：“今夜遇见张二嫂，给我送条大鱼来。”杨衙内也是古人嘛！

（生笑声不止）

于永正认为游戏是儿童的生活方式，如果语文学习的方式与儿童生活的方式相似，必定会取得良好的效果。因此，在他的课堂上常常有游戏化的教学设计。例如在《那片绿绿的爬山虎》一课中，他在口袋里写好小纸条，随着教学的深入，不断让学生“猜猜我想说什么”，学生边读边想，边猜边写，每当写出与老师纸条上相同的句子时便兴奋不已，整堂课兴趣盎然，学得生动而有趣。另外，“闲话”“表演”等也是于老师常用的教学方式，使得课堂不仅“有意义”，而且“有意思”。

3. 将示范教学法作为朗读与写字教学的首要方法

于永正的语文教学重视朗读指导和书写指导，他的课将“把课文读熟”当作基本的目标，所谓“读不熟不开讲”。于老师认为：“抓住了一个‘读’字，什么语文能力、思想教育、情操的陶冶等，便都在其中。”他重视写字教学，要求学生把字写好，因为“字是人的第二张脸”。在朗读与书写指导中，于老师重视教师的示范作用，凡教学，必“手把手”“实打实”。② 在教学设计中，教师范读、教师范写都是必不可少的内容。

即使多媒体教学日益普及，朗读与书写都可以通过多媒体展示，他仍

① 于永正：《我的教育故事》，上海教育出版社2018年版，第110页。

② 根据对于永正老师的访谈录音整理。

然坚持教师的亲身示范。他认为多媒体可以播放别人的朗读，可以出示作家的美文片段，可以演示每个字的笔顺，电脑里的楷书肯定比教师书写的还要规矩，但他们不属于执教者。电脑里的字是死的，冷冰冰的，朗读没有表情，而教师的朗读、书写是活的，是有感情的，给学生的感受真切，印象深刻，让学生亲其师，信其道。

4. 将板画作为重要的教学辅助手段

画板画是于永正老师常用的教学手段，他执教《草》《翠鸟》《壁虎》《松鼠》《燕子》《惊弓之鸟》时都用过。于老师意识到板画的使用可以化抽象的文字为形象的图画，有助于儿童理解课文，提高儿童上语文课的兴趣，还可以赢得学生的钦佩，树立自己的威信。在教学设计中，板画的使用形式多样：或学生自画，或教师画，或师生共画，以画导读。如在《壁虎》一课中，他要学生仔细朗读课文，给老师当“参谋”，找出壁虎脚、头、嘴、眼等外貌特点，一起把壁虎的形象画在黑板上；在《燕子》的教学中，师生边读边画，画后再对照课文复述图意。在执教《翠鸟》一课时，为了解决“作者是按照什么顺序写翠鸟的外形的”这一问题，于老师利用图画的板示，形象直观地帮助学生理清了顺序。他先在黑板上画出了翠鸟的爪子，接着画了羽毛、眼睛、嘴，学生一边说老师一边画，让学生逐步利用图画既弄清楚翠鸟各部分的外形特点，又理清了作者的写作顺序。在《草》一课中，他利用板画帮助学生理解“离离”，又利用板画形象地展示出草“一岁一枯荣”的特点。

图 4-1　于永正《草》一课中“草原图”板画

图 4-2　于永正《草》一课中“一岁一枯荣”的板画

5. 秉持素朴的语文教学设计哲学

面对课程改革之后语文教学流派纷呈、花样迭出的现象，于永正提出“简简单单教语文”的口号。这里的简单，主要是指遵循传统的、常识性的语文教学理念。在语文教学中，于老师声称自己遵循的就是“读读写写背背”的六字经，他从 80 代的教研话语里继承并养成一种基于经验的判断式的语文教学观，这是他在实践中行之有效的观念，他并不关心更复杂的学理。另外，他的课堂教学结构往往比较简洁，追求朴实扎实的风格。

（二）贾志敏的语文教学与教学设计

贾志敏（1939—2019），上海市人，自 1958 年起开始担任小学语文教师，从事语文教学工作六十多年。并非师范院校毕业的他积极探索教育教学改革之路，取得了非凡的成就。他的语文教学思想继承了叶圣陶、夏丏尊等现代语文教育家的思想，并受李伯棠、吴立岗等当代教育理论家的指导与启发。在阅读教学中，他注重激发学生兴趣，重视学生的语感培养，注重朗读与训练；在作文教学中，他将传统作文教学过程中的“导—作—评—改”分环节推进的结构进行了改造，在指导时将“作、评、改”融入其中，实现了“导、作、评、改”合一。他还借用美术素描法，把生活搬进课堂，让学生一边观察，一边写作，取得了实验的成功。1992 年，《贾志敏教作文》系列教学片在中央及各地方媒体播出后，引起了海内外学者专家的广泛关注，并在学生家长和学生圈中产生了深远影响。1994 年贾志敏被评为“上海市特级教师”，1999 年获浦东开发建设特殊贡献奖，2000 年被授予“浦东名师”的称号。他的主要著作有《贾老师教语文》《贾老师教作文》《贾老师对你说》《一个校长的演讲》等。代表课例有《两个名字》

《惊弓之鸟》《卖鱼的人》《谁动了松鼠的奶酪》等。

贾老师居上海，上海的语文教育有自己鲜明的特色。一方面，上海曾经是半殖民地，人们接触西方文明的时间较早，包括早期教会学校众多，为上海教育打下了一定的烙印。新中国成立后，上海经济政治地位独特，其教育改革始终保持一定的独立特色，很长一段时间，上海有自己的语文教材与教学大纲。另一方面，上海人品性精致，追求巧干与实用，这些性格特点在海派教师的课堂中也有明显的体现。新中国成立初期，被誉为中国小学语文教学三面旗帜之一的上海特级教师袁瑢，其课堂教学风格就以精细、严谨、开放著称。贾志敏工作后以袁瑢老师为师，深受袁瑢教学影响。其教学设计的美学风格也呈现细密、紧凑的特点。综合分析贾老师的课堂教学实录，其教学设计有鲜明的生活化、实用化倾向，重视训练活动设计，教学内容细密，教学节奏紧凑，教学中把语文教学与思维、逻辑训练密切结合了起来。

1. 教学设计具有生活化、实用化倾向

贾志敏老师的小学语文教学设计具有明显的生活化、实用化倾向。这与新中国成立初叶圣陶强调的学好语文“是生活的需要，工作的需要，也是参加祖国四个现代化建设的需要”一脉相承，也与八九十年代日新月异的社会政治经济生活对人民语文能力的要求相吻合。贾老师生活化、实用化的教学设计表现在两个方面：一方面，他常常将社会生活中的事件引入课堂教学，使语文课堂教学与现实社会相对接，增加了语文学习的生动性、丰富性；另一方面，他的语文教学关注学生在社会生活中所需要的语文能力、语文素养的培养，是指向学生社会人生的语文教学。在教学中，贾老师也会渗透相应的思想、道德、审美等教育，通过语文课，为学生参与社会生活、成为合格的社会建设者奠定基础。在阅读教学中，贾老师常常借助教材资源，联系学生生活设计说话训练。报纸上的新闻、证件中的错字甚至骗子发来的电报都可以成为贾老师教学生学语文的素材。在作文教学中，他常常创设一个情境，将社会生活中的事件引入课堂，让学生进行素描式的观察与写作。他还通过“无声默写”——教师或学生无声表演一个生活中的场景——的方式，让学生在课堂中观察、体验、思考。在《谁动了松鼠的奶酪》一课中，他则将“北京景山公园里小松鼠过冬的核桃被游客偷走了”这一新闻事件引入课堂，巧妙地将社会生活事件与童话写作结合起来，并在写作过程中引导学生保护自然环境，爱护小动物，懂得人与动物和谐相处的道理。

2. 善于设计单项训练活动，引导学生进行语言文字训练

贾志敏老师坚持“教师须精讲，学生得多练”的主张，在他的教学中总是巧妙设计练习，组织学生进行语言训练，属于以“训练为主”的语文教学设计。无论在阅读教学还是写作教学中，他的课都具有鲜明的语言实践性，他善于设计专门的单项训练活动，引导学生进行语言文字训练。例如在《惊弓之鸟》结尾处，贾老师发现课文写到更羸向魏王讲述“大雁掉下来”的原因之后，没有再写魏王的话。为此，他在这里设计了一个拓展性训练，让学生写几句魏王赞美更羸的话。教《母亲的鼓励》一课，则设计说话写话训练，给文章“补白”：“母亲给予儿子的鼓励是哪三次？分别是怎样鼓励的？”“假设在高三年级的家长会上，老师会说些什么，母亲又会怎样鼓励儿子？”《镇定的女主人》一课则通过几次巧妙的句式练习，让学生理解了课文内容，锻炼了语言能力。除了专门设计的单项训练活动，他还常常根据学生学习的现状，抓住学生有所感兴的片刻，临时设计插入默写、听写、补写、续写、改写、缩写等训练形式，使学生的语言技能训练实现了综合化。正如贾老师自己所言：“我总要花时间对学生进行单项读写训练。或默写词语，或听写句子，或给文章添小尾巴（续写）或给文章起个名字（拟题），或让作文和自己一起长大（扩写），或让胖作文瘦身（缩写）……每天练习，每天批改，每天讲评，每天订正。”①

① 贾志敏口述，朱煜整理：《积攒生命的光——贾志敏教育口述史》，华东师范大学出版社2018年版，第36页。

3. 教学内容设计“细密”“有梯度”，教学过程节奏“紧凑”

如前所述，贾志敏老师的课具有细密精致的特点。这种“细”主要表现在教学内容（或训练内容）的细密上。袁瑢老师在《颗粒归公》一课中曾利用一个对比填空的练习同时渗透了“学习代词用法”“认识过渡句”“理解按顺序表达”等6个语文学习点。贾老师深受袁瑢老师影响，常常利用一个字词或简单的一个句段生发出多个训练内容，这些内容排列细密，且常常呈现由易到难的梯度性，加之教师教学用语干净准确，使得课堂教学的节奏紧凑，逻辑感强。例如贾老师在执教《惊弓之鸟》一课时，他先在黑板上写了个“成”字，又在“成”字前面画了一条横线，让学生组词。学生组了“赞成、完成、坐享其成”等词。接着，贾老师把线画到“成”之后，再让学生组词，学生又说出“成功、成绩、成果、成语”等。教师由“成语”引出“成语故事”，让学生说说自己知道的成语故事，再据此引出《惊弓之鸟》。短短几分钟，学生组词，说成语，读课题，几乎所有学生都得到发言机会。短时间内，内容密集高效，训练由易到难，逐渐接近教学目标。

再如《两个名字》一课，贾老师迁移课文中“我有……我也有……哈哈，我们都有……”这一表达形式，设计了口语交际训练。教师先说：“你好，我有一支铅笔。”此时，贾老师主动和小朋友握手后，并举起一支铅笔。“你好，我也有一支铅笔。”小朋友高兴地站起来，也举起自己的铅笔。接着，贾老师亲切地示意这位小朋友和自己一起说：“哈哈，我们都有一支铅笔！”“你好，我有一副眼镜。”贾老师又走到一位戴眼镜的小朋友跟前，并取下自己的眼镜，高高举起。显然，这个招呼令小朋友有些意外，但这位小朋友迅速做出反应，认真地取下自己的眼镜，学着贾老师的样子：“您好，我也有一副眼镜。”“哈哈，我们都有一副眼镜！”轻松愉快的对话，引起了孩子们的兴趣，大家纷纷争着和贾老师对话。这时，贾老师却让小朋友先说，自己后答，不知不觉使对话增加了难度。当一学生说出：“您好！我有一条裤子”时，贾老师故意摇摇头：“我不和你玩了，一条裤子有什么可说的？”学生迅速领悟：“我有一条漂亮的裤子。”贾老师高兴地说：“我也有一条漂亮的裤子。”“哈哈，我们都有一条漂亮的裤子！”……待全班三十几个孩子差不多人人都说了一次时，贾老师又问：“你们能不能说说看不见、摸不着的东西？”把学生的语言与思维训练又引向新的高度。

教学内容细密、有梯度，使得教学设计呈现缜密细致的美学风格，就教学效果而言，短时间内学生得到的训练多，扎实高效。这一教学设计特点在第三代上海名师卢雷、朱煜等的语文课上仍有明显的体现。

4. 采用各种不同形式，设计“朗读”的指导与训练

贾志敏老师对传统语文学习方法“诵读、感悟、涵泳、体味、积累”比较重视，尤其重视“朗读”的指导与训练。他多次引用李伯棠评课的话“还是读得太少”来告诫青年教师，阅读课上要少一点“繁琐分析”和“无效提问”，需要的是“书声琅琅”，并认为“讲肿了的课文”比比皆是。贾老师强调的“多读”不是简单地重复读，他注意采用各种不同形式读，在读中注意激发调动学生读的兴趣，培养学生良好的阅读习惯。有研究者做了如下统计：在《普罗米修斯》教学实录中“一起读”出现了五次、“自由朗读”出现了一次、“听我读”出现了两次，短短十几分钟内，贾老师使用了齐读、带读、自由读、示范读等四种方法；在《母亲的鼓励》教学实录中，“跟着老师读”“先跟着老师读，再一起读”“请同学们分别朗读”“请一位同学朗读文章”等语句出现了多次，这堂课中贾老师使用了范读、齐读、分别读、自由读、带读、指名读等六种方法。此外，贾老师还比较重视朗读技巧的指导。在贾老师的课堂上，关于朗读技巧的语句出现过很多，如，“要大声读”“读得太轻了”“读的时候要注意停顿”“不要拖长声，不要拿腔拖调”“要按正常人说话那样读”等。贾老师对朗读课文的要求（标准）是：“读正确、读流利、读出感情。不添字、不漏字、不读错字、不拖腔拖调、不一字一顿、不装腔作势。”① 朱煜将贾老师的阅读教学特色归纳

① 2017年5月，贾志敏老师到山东济南讲学，课后接受了笔者访谈。引文据访谈录音整理。

为：以读代讲、以读引说、以读促思。可见，朗读不仅是贾老师语文教学的目标，也是贾老师进行语文综合训练的路径与手段。

（三）支玉恒的“支氏品读法”与教学设计

支玉恒（1939—2023），1939 年生于河北省张家口市。1959 年河北体育学校毕业后到小学教体育。1977 年，近 40 岁时改教语文。改教语文之后，他积极补习语文知识，练习朗读与书法，学习教育学、心理学理论，刻苦钻研教材、教法、学法，以追求卓越的精神及超凡的创造力成就了自己独具特色的语文课堂教学，成为享誉全国的名师。他的经典课例《第一场雪》《太阳》等是当代小学语文教学史上具有开拓意义和里程碑式的课例，他开创了“以读代讲”之风，创立了“自主发展—点拨启导”式教学方式。他的朗读指导、提问点拨等教学方式深刻影响了当代小学语文教学的实践。施茂枝教授将他称作语文教学变革的领航者，认为他的课新、实、活、深、巧，活实相济、智趣并存、庄谐统一……“在小学语文逐步走向自我觉醒的道路上，堪称一座里程碑”①。

支玉恒被称作小学语文教学的“奇才”“怪才”，“他让人觉得普普通通，而又确实与众不同：待人接物都在情理之中，而又往往出乎意料；没读过几年书，却又学识丰富，见多识广；没有某种专修的技能，却又能把许多事做得有模有样，有的甚至达到炉火纯青的程度。”② 半路出家的支玉恒凭着过人的学识积累、出众的表达能力、超群的敏捷才思在语文教育史上留下了浓墨重彩的一笔，他的语文教学探索在理念与方法上都具有开拓性意义，其独具创造性的课堂蕴含着语文学习规律与课堂教学艺术的和谐统一，因设计精巧，训练方式多样，教学语言风趣、诙谐，课堂极富冲击力与感染力，被称为没有被破译的“黑箱”。笔者在学习与分析其典型课例在教学设计上的特点时，也被其巨大的创造力、影响力所震惊，仅从以下

---

① 施茂枝：《支玉恒语文教学艺术研究》，福建教育出版社 2016 年版，第 15 页。

② 于永正：《坎坎坷坷　潇潇洒洒——“怪才”支玉恒的大半生》，《小学语文教学》2009 年第 4 期，第 10 页。

几个方面简述之。

1. “从整体入手”，设计整体感知的教学样式

1986年的《小学语文大纲》对讲读课文的教学提出建议，认为讲读课文“一般地说可以按照由整体到部分再到整体的顺序进行教学”，因为“整体—部分—整体”的顺序符合人们认识事物的规律。这不仅是思想方法问题，也是一个具体的教学程序问题。当时人们对这一问题流行的认识是阅读教学“要从整体着眼，从部分入手”。而支玉恒老师1990年3月在《小学语文教学》发表《阅读教学从“整体入手”的方法举隅》一文，提出了阅读教学“从整体入手”的主张，并结合自己的教学案例，举出了从整体入手的方法。这篇文章引起了当时小语界热烈的讨论，争鸣历时两年多，讨论文章达数十篇。讨论的结果是大家逐渐认同了支老师的观点：在阅读教学之初，要通过有效的设计引导学生对课文的整体有所认识，然后再进入细节的品读。

在阅读教学“从整体入手”这一问题上，支老师用自己的课堂教学实践探索出了多种方法。其中，通过精心设计的词语学习、将词语学习与课文整体感知巧妙融为一体的设计样式堪称经典。以《第一场雪》一课为例。教师通过多种形式的听写让学生在黑板上形成板书如下：

骤然变冷　寒风凛冽　阴云密布

雪花飘落　万籁俱寂　山村夜晚

万里江山　粉妆玉砌　积雪飞扬

预兆丰年　及时瑞雪　科学根据

教师引导学生发现，这4行板书，4组词语，恰好对应课文描写顺序与主要结构“雪前”—“雪中”—“雪后”—“感想”，这就通过词语学习，完成了对课文的整体感知，可谓一举两得。这种通过词语学习完成整体感知的教学样式，后来被小语界众多教师模仿，王崧舟老师的《二泉映月》、

薛法根老师的《我和祖父的院子》等课例就是运用的这一样式。

2. “以读代讲”，设计形式多样的朗读代替内容讲解

1989 年 11 月，全国小语会在成都召开了新中国成立以来第一次带有竞赛性质的教学观摩会，在这次会议上，支玉恒老师应邀做示范课。据说他本来打算执教《草原》，因参赛选手中有同一课题的，临时决定上《第一场雪》。没想到，这一临时替换的课，在小语界产生了轰动的效应，被称作“这场雪下遍了大江南北”，课中“以读代讲”的理念迅速为人们所称道，从此全国很多地方兴起了支式品读法。支老师回忆此课时写道：“我暗下决心，在这次大会上讲课一定要少讲，少问，多读，让学生在读中理解，在读中感悟，在读中体会感情，在读中受到思想的熏陶。”于是，在教学中，这一课的重点段（二、三两段），他基本上没“讲”什么，所有的问题（如对词语的理解、对句子的剖析、对结构的认识、对情感的体会、对内蕴的领悟、对表达方法的学习等）都是通过读来感受和把握的，一、四两段更是用读来解决的。杨再隋教授评论：支玉恒老师把读的功能发挥得如此淋漓尽致，让汉语教学的魅力展现得如此多姿多彩，实在难能可贵。对当时从“一讲到底”到“一问到底”的语文课堂教学，送来了一股清凉的风。可以说，支玉恒老师的《第一场雪》在当代语文教育史上具有里程碑式的意义。他一改当时满堂灌、满堂问的风气，整堂课以读为主，让学生在读中感悟，使传统语文教育中的“读”以一种全新的面貌在当代语文教学中复活。

支玉恒认为：朗读特别重要，尤其在小学阶段。朗读连着识字、识词、识句，并涉及写作、交际，是语文实现诸多目标的中间环节，对全面提高一个人的素质很重要。支玉恒大胆提出“读好了，就什么都有了”这一阅读教学主张，“不懂吗？不明白吗？体会不到吗？再读一读，读可以解决问题，读也是重要的语言实践。”① 在朗读指导中，他还创造性地设计了多种

① 支玉恒：《谈朗读》，《福建论坛（社科教育版）》2008 年第 11 期，第 6 页。

教学样式，如用手势指挥朗读、回环复沓朗读等，使朗读成为学生进入课文、理解课文的手段，成为训练听说读写等语文素养的把手，也使朗读成为营造课堂情境的重要手段。

3. 设计隐喻指令，引导学生以理解促进朗读

以《第一场雪》为代表的“支式品读法”中，最具典型性的朗读指导语是：“你能把雪读得更大一些吗？”这一指令无疑是隐喻式的，它要求学生结合对课文的理解以及自己的生活体验领会句子内容，并通过自己朗读语气的轻重、缓急、虚实等表现出来，体现了执教者朗读指导与内容理解融为一体的教学理念，是引导学生用声音表现理解，因声求气，以气带声。这种隐喻式的指令，富有情趣，学生马上能心领神会。同样在这堂课的教学中，支老师用富有激励性的口气说：“雪景这么美，谁能美美儿地读一读？用你的朗读把大家带到广阔的雪野中去游览一番！”一个学生读得尚好，支老师颇为风趣地说：“读得不错，但她刚刚把大家带到雪野的边儿上，谁能再把大家往里边带一带呢？”

以隐喻性指令进行教学并不是支玉恒的创造，在80年代早期，朱雪丹在《小蝌蚪找妈妈》中已经使用“跳得再有力些”指导学生的齐读，但是运用得不多。将这一方法运用得如此密集且效果显著，引起小语界竞相效仿的，则是非支玉恒莫属了。从教学设计的作用看，这不仅仅是语言的幽默艺术，更是对朗读的具体指导与要求。

4. 设计回环朗读教学样式，以读造境

在支式品读法中，还有一创新性的设计样式影响深远，这就是“回环复沓”式的引读法。这是《再见了，亲人》中的教学实录：

师：咱们一起来把课题读一下，我听一听你们的感情怎么样？

生：（读）“再见了，亲人。”

师：以后再也见不到了，要有这种感情。

生：“再见了，亲人。”

师：现在亲人就在眼前，手握着手，体会一下，读——

生：“再见了，亲人。”

师：现在亲人已经上车了，站在车窗里面往外看，朝鲜人民站在站台上，望着车上的战士，怎么读？

生：“再见了，亲人。”

师：列车已经走远了，朝鲜人民望着远去的列车，最后一次深情地呼唤——

生：“再见了，亲人。”

这一朗读指导法不仅仅可以引导学生在朗读中逐步走进课文的情感世界，其回环复沓式的艺术效果也成为课堂情境渲染的有效手段。这一方法被小语界的教师纷纷模仿运用，窦桂梅的《再见了，亲人》就化用了这一设计，且艺术效果更强。王崧舟老师在《威尼斯的小艇》《长相思》等名课中也发展使用了这一教学设计样式。

5. 设计丰富多彩的学习活动，让学生主动参与其中

支玉恒成名的时代，语文教育界对学生在学习过程中主动性的关注日益增强。课改前后，支玉恒始终在用自己的课堂实践学生主体的理念。他常常精心设计丰富多彩的学生学习活动，让学生参与其中，如：让学生质疑、与学生合作完成板书、让学生猜问题等。支老师认为：“好的课堂，应能反映出学生由不懂到懂、由不会到会、由不熟练到熟练、由不喜欢到喜欢的发展过程。另外，学生的发展又应该是语文素养的全面提高。因此，以科学而又艺术化的方法过程，实现知识与能力、情感态度价值观全面发展的课堂，才是好课。”① 1997 年，支老师在济南执教的《太阳》一课，被认为是语文教育中边界意识自我觉醒的一课，其实也是学生主体地位被充

① 支玉恒：《什么是好课——直观的感性评价》，《语文教学通讯》2004 年第 10 期，第 15 页。

分认识与发现的一课。根据于永正老师的描述，在支玉恒《太阳》一课中，学生读书、发言、板书演示、质疑、辩论等个人活动达上百次，学生单独活动面接近100%。2000年实验稿的课程标准颁布之后，支老师根据课标所提倡的“自主合作探究”的学习方式，又设计了《难忘的启蒙》《宇宙生命之谜》等课例，积极尝试小组合作等教学方式。

笔者从以上几个方面简要陈述了支玉恒老师在小学语文教学设计中的特点与贡献。事实上，支老师在教学设计中总是创意迭出，其创造性的设计样式远不止这些，他充满艺术性、创造性的课堂深刻影响了当代小学语文教学的面貌。

第三节 1989—1999年小学语文教学设计的基本特征

1989—1999年的小学语文教学设计平稳发展，在这一阶段，语文教研的经验成果得以总结与推广，人们的教学设计意识日益增强，对语文课堂教学的研讨走向深入。1989年起，小语会每两年组织一届的阅读教学大赛推动了全国课堂教学研究的热潮。1991年小语会建会10周年和1995年小语会成立15周年分别在青岛和辽宁举行教学大赛，每次都有来自全国29个省自治区直辖市的三十多位青年教师上课，两千多人观摩。历代大赛涌现出的优秀教师的优秀课例被广为传播（如前文所述支玉恒的《第一场雪》等），成为课堂教学变革的风向标。80年代末，杂志上开始出现同篇课文不同教法的分析与讨论。1992年的《小学语文教学》中，“教学设计”这一名词正式出现，取代之前多用的“教学建议”与“教学设想”等词汇，单元教学设计、同质课文的比较设计逐渐成为教研的热点。这一时段的教学设计学生主体地位得到认识，学生的学习活动成为设计者关注的重要内容之一。教学设计呈现明显的生活化倾向，人们重视学生生活中所需的语文能力的培养，口语交际教学得到重视。此外，这一阶段的课堂教学结构设计呈现模式化倾向，×步×段式教学纷纷兴起。延续80年代的教学内容，语言训练与思维训练仍是这一时段的教学目标。电化教学飞速发展，关于电化教学的研究逐渐冲淡了板书研究的地位。尽管在这一时代的名师教学艺术中教学设计的样式日渐丰富，教学的艺术化得以较大发展，但简单素朴是这一时段主流的教学设计美学追求。

一、学生的主体地位得到重视，关于学生学习活动的设计逐渐增多

新中国成立后的语文教育主要受苏联教育理论影响，较少提及学生主体性。改革开放之后，弘扬人的主体性成为现代社会发展的主题，在哲学界、历史界、文学界等对主体性问题形成研究热点的同时，我国教育理论界对主体性问题进行了积极探索。20世纪80年代，顾明远、裴娣娜、涂艳国等学者对相关问题陆续做出阐发，倡导主体教育。主体教育对学生主体性的尊重有利于促进学生发展的自主性、主动性和创造性，使素质教育有了高目标定位。90年代，学生主体的学生观逐渐走进语文教育实践，开始改变着教师单向传递为主的教学模式。1992年义务教育大纲提出，让学生“自己动脑、动口、动手，在学习语文的实践中，自觉地提高认识，获取知识，增强能力，发展智力”以及“培养学生自学能力、养成自学习惯”①。在此背景下，指导学生“自学”成为小学语文教学研究的热点。在这一阶段的教学设计中，学生的学习活动设计明显增多，教师在教学中非常注意对学生的引导、启发与点拨。如前所述，支玉恒在《太阳》（1997）一课中设计了丰富的学生学习活动，让学生充分参与到教学当中；洪榴《草原》（1994）一课的教学设计中也集中写了针对重点段设计的教学引导、“点拨”过程。

---

① 顾黄初主编：《中国现代语文教育百年事典》，上海教育出版社2001年版，第940页。

二、教学内容与教学目标追求生活化

20世纪80年代以来，“语文学习的外延与生活的外延相等同”的观念日益被语文教师认可。1990年，刘国正根据语文教学改革的现状提出语文教改“要使语文学习同生活紧密联系起来，把教学搞得生动活泼”① 的主张。语文教学的生活化追求是指教师在语文教学的过程中有意识地引入生活的内容，使学生在学习语文的过程中观察生活，思考社会人生。生活化理念为当时科学主义主宰下的语文教育带来了生机与活力，社会新闻、生活故事等纷纷成为语文教学设计的素材，并且教师在教学中注意对学生生活中所需要的语文能力的培养。

三、口语交际成为重要的教学内容，训练成为教学设计的重点

基于实用主义哲学思潮的影响，加之素质教育的要求，致力于培养学生听说能力，以便更好地适应社会生活的口语交际教学在语文教学中得到重视。1992年义务教育大纲提出培养学生基本的听、说、读、写能力的要求，还提出“要养成学习语文的良好习惯”以及“发展学生智力”“激发感情，培养情趣”等要求②，语文学科的综合性在教学设计实践中得到体现。前文已述，在潘自由等一批学者的倡导下，于永正等教师进行了口语交际教学的实验，打电话、转述通知、演讲等实用的口语交际成为语文课的教学内容，并与传统的阅读与写作教学融合，这一阶段实验的成果被2001版课程标准吸纳。

1992年义务教育大纲则将语文基础知识作为一个独立板块呈现。与对语文知识的重视一致，“训练”这一概念仍然是当时语文教育领域的核心概

① 顾黄初：《贴近生活：语文教学改革的一种趋势》，《中学语文教学参考》1994年第10期，第3页。

② 顾黄初主编：《中国现代语文教育百年事典》，上海教育出版社2001年版，第940页。

念，“句”“段”“篇”的训练是教学设计中主要的设计内容，分段、概括段意、拟小标题等是常见的方法与手段。1996 年 5 期的《小学语文教学》中甚至开设“语言文字训练专栏”。在这一时期，也有人提出质疑，认为“把语文课上成语言文字训练课”是个令人忧虑的口号，但这种声音很快就被强化训练的声音淹没了。这在一段时间内对强化语言的基础工具性发生过积极作用，但是随着时间的推移，这种强化训练和应试教育一拍即合，使训练变成了枯燥机械的纯技能训练。

四、课堂教学结构变革与教学模式的兴起

受系统论影响，20 世纪 80 年代末小学语文教学开始了整体性教学改革讨论，人们开始注意语文学科教学内部各子系统之间的关系，力图从整体着眼，改善语文教学的面貌。在课堂教学结构上，整体设计的教学结构改变了以往“线性”的模式，出现了“板块式”的教学设计。关于课堂教学的开端，80 年代普遍的认识是“整体着眼，部分入手”。1991 年，支玉恒老师提出“阅读教学应从整体入手”的观点，引起历时两年多的激烈讨论。讨论之后，阅读教学设计遵循“整体—部分—整体”的原则被大多数人认可。如前文举例中，据 1991 年《〈海底世界〉教材分析与教学建议》一文，作者在激趣导入后就进入了一个粗读课文填写句子的环节。这一环节的设计实质上是让学生以练习填空的形式完成了对课文内容的整体感知，它帮助学生理清课文写作思路，并大致了解了课文的主要内容。

90 年代前后，串讲的方式受到摒弃，各种模式的教学探索盛行，人们纷纷总结提炼自己的教学结构，并以“×段×式教学法”等命名。例如钱梦龙的“三主四式”教学法、魏书生的六步教学法等，在 1992 年出版的《语文教学研究改革概观》① 一书中作文教学设计程序多达 14 种，包括“三段十六项”程序、“三步分段训练程序”等。教学模式的兴起昭示着人们对课

---

① 周一贯编著:《语文教学研究改革概观》，杭州大学出版社 1992 年版。

堂教学规律性、确定性的寻求，人们在寻找某种确切的程式，相信程式的功能，甚至对程式有一定的迷信，认为只要按照既定的程式操作，就可以带来有效的教学。事实上，一些基于实践经验的教学模式确实具有一定的迁移性、可操作性，可以为新手教师在教学设计上提供一定的支架，但教学是因人因地因时因事而变化的活动，不存在放之四海而皆准的模式，过度迷信模式一定会带来教学设计的固化与僵化，给原本应该生机勃勃的教学带来桎梏与枷锁。

五、传统朗读教学法回归，电化教学持续升温

在这一阶段，串讲课文的教学方式逐渐被人们摒弃，师生问答式的教学又走入问题过于琐碎、提问质量不高的误区。在教学中，部分优秀的语文教师意识到朗读的重要性，开始尝试各种方式的朗读指导。1989 年，支玉恒《第一场雪》一课开“以读代讲”先河，于永正、贾志敏等名师也十分重视教学设计中的朗读指导，“回环引读”“隐喻移就”等朗读指导的设计纷纷出现，传统的朗读法在当代语文教育环境中以全新的面貌复活。

板书（板画）与课文插图（挂图）仍是这一时期重要的教学辅助手段，它是呈现思路、辅助理解的最主要形式。但关于板书研究的论文明显减少，取而代之的是发挥电教优势类的文章。这一时期，电化教学得以迅速发展，录音、视频等以更直观丰富的感染力在激发学生兴趣、创设课堂情境、拓展教学资源等方面具有更明显的优势。如前文所举的《海底世界》一课，设计者在教学中设计使用了多种教学辅助手段以激发学生的学习兴趣。在第一板块中，教师用教学挂图、录音等手段，辅助语言描述，将学生带入海底世界的情境，启发他们学习的兴趣。在最后一个板块，教师利用电视录像，播放海底动物植物的视频，让学生观看视频，利用课文中学过的内容说话，并引导学生想象未来海底的样子以及自己探索海底世界的打算。电化手段的使用不仅拓展了孩子们的情思，还与课文理解、口语表达等密切联系在一起。

六、追求简朴与实效的设计美学品格

观摩研究 1989—1999 这一时段的小学语文教学，可以发现教师的教学设计意识明显增强，各种教学方法在课堂中得以灵活运用，幽默、游戏、闲话等认知工具在教学设计中出现，课堂教学科学化与艺术化的和谐统一成为优秀小学语文教师的普遍追求。从这一时期开始，全国性的教学研讨活动日益增多，名师登台授课，一些优秀的教学设计经验得以传播。尽管如此，这一时段的教学设计哲学仍是实用的，教学设计者大多追求简朴高效的设计价值，即便在优秀的课例中能感受到一定的情境美，但这并不是教学设计者的自觉追求。这一代的名师身上，教学的个性化特质开始彰显，但对语文教育普遍性规律的寻求仍是主流。

第五章

个性风格的追求

——2000—2010年的小学语文教学设计

新世纪课程改革似惊涛拍岸，引发了教育理念与教育实践的巨大变化。众多小学语文教师以创新的勇气积极探索课堂教学变革之路，小学语文教学设计呈现出崭新的面貌。这一时期，人文主义在语文教育中得到张扬，语文教育中的文学因素得到加强，教学设计者普遍将促进学生生命发展作为基础的教育关怀，学生学习的体验被尊重与重视，在自主合作探究理念下，小组合作等学习方式受到追捧。此外，课程改革对教师参与课程开发与建设提出了要求，也为教师参与课程开发与建设提供了自由的空间。教师的个性风格特征在这一时段得到伸张，众多一线名师纷纷著书立说，提出自己的语文教育主张，也形成了各具特色的教学设计思想。

第一节　新世纪课程改革的热情、勇气与反思

在世纪之交，国际教育变革风起云涌，许多国家都积极推进教育改革。我国在2001年启动了第八次课程改革，这次改革不是渐进性而是跳跃性的，

是新中国成立以来最富挑战性、影响最大的一次课程改革，它既吸收了西方教育的理念与方法，也对我国百年的现代教育进行了检视与反思。就语文教育而言，世纪末关于语文教育的大讨论直接促成了新课改中的主要观念的变革。2000 年版教学大纲中基本完成了观念的转变，2001 年《全日制义务教育语文课程标准（实验稿）》颁布，则标志着语文教育进入新的时期。因为世纪末的语文教育大讨论对科学主义、工具主义进行了深刻的检讨与反思，语文教育中蕴含的人文精神得到高扬，它提醒人们注重语文教学的体验与感悟，强调语文教育中富含的情感、审美、文化等价值对学生发展的意义。作为论争的结果，课程标准将语文学科的性质描述为“工具性与人文性的统一”。语文教育进入人文精神重建的时期，人们对语文课程的许多基本概念及问题重新进行反思，在这一版的课程标准当中，原来人们熟知的“训练”“语法”“文体知识”等没有成为核心概念，而“整体推进”“诵读”“积累”“个性化情感体验”等则在文字中多次出现。在培养目标上，本次课改明确提出了“语文素养”这一概念。在学生观及师生关系问题的认识上，学生在学习中的主体地位进一步得到强调，对话的理念引进语文教育，师生关系在哲学层面上重新被认识为“特殊的对话者”，阅读教学被理解为“教师、学生、文本之间的对话”，教师被称作“平等中的首席”。在学习方式上，本次课程改革积极倡导自主、合作、探究的学习方式，同时语文的综合性学习受到重视。

小学语文界积极学习新课程的基本理念，完成了教育理念上的重要启蒙。教师们以创新的勇气积极探索小学语文课堂教学变革之路，小学语文教学整体呈现出崭新的面貌。2005 年前后，课改进入调适期，人们对课改中出现的冲动与冒进进行检省，对人文性在语文学科中的地位开始重新认识，对语文素养、语文与生活的关系、学生主体等问题开始进行冷静反思。在小学语文界，由于课改后过度强调“人文性”，强调学科“综合性”以及对培养学生“情感态度价值观”的偏重，课堂教学中出现了“泛语文”病疾，语文教学因忽视语言文字训练，被称为“种了别人的地，荒了自己的田”。2008 年前后，关于“语文意识”的反思兴起，对语文学科边界的讨论再次引起大家的重视。在课程标准征求意见准备修订时，一线教师普遍要求对语文课程的基本内涵做出更清晰明确的规定，以便在风雨飘摇的语文教育生态中，建立起确定的价值秩序。

第二节　2000—2010 年小学语文教学设计实践

在本节中，我们将从三篇典型课文教学设计案例与三位典型人物教学设计思想两个角度走进 2000—2010 年间的小学语文教学实践，通过典型教学设计案例与名师教学设计思想的分析，感受新课程改革带来的教学设计上的变化。

一、2000—2010 年小学语文经典篇目的设计例举

（一）小学低段诗歌体裁课文《小小的船》课堂教学设计（2003 年）

“月亮船”的启示

——听李吉林老师教《小小的船》后①

周益民

弯弯的月儿小小的船。

小小的船儿两头尖。

……

弯月、星光、碧空辉映，歌声、乐语、童声交织。和着李老师与孩子们“月亮船”的神奇之旅，我们怀揣着收获一路走来。

一、教师——也是课程的建构者

① 周益民：《“月亮船”的启示——听李吉林老师教〈小小的船〉后》，《小学语文教学》2003 年第 4 期，第 35~36 页。

在过去相当漫长的时间里，我们都将课程视作一种静态的文本，将教科书视作固定的、不容变更规定的唯一课程资源。教学成了一种“按图索骥”的过程，即教师只不过是教材的“代言人”。在这种复现式教学中，教师是不必参与课程的开发与建构的。新课程的重要变革，就是课程的建构不再由专家、教材“独裁”，强调教师必须积极参与课程的开发，对教材进行合理的二度加工。那么，就大量的学科课堂教学，教师应该如何把握操作呢？李吉林老师的教学实践无疑会给我们有益的启迪。

首先，对教材的二度加工要切合学生的身心发展规律。这一课，李老师根据小学生心理易受暗示、想象力丰富的特点，运用图画、音乐与语言描述相结合，把孩子们带入了一连串丰富生动的情境之中——

情境1：出示蓝天、星空、新月，教师语言描述，创设“我”在院子里观看月亮的情境。

情境2：随着课文的学习，“我”在院子里看着月亮，看着看着，想飞上蓝天，到月亮上去的想象情境。

情境3：随着音乐和教师的语言描述，进入“我”已坐上月亮的想象情境。

情境4：出示“我”坐上月亮的剪贴，再通过音乐的强化，进入“我”在月亮上放眼望去的情境，于是看到“闪闪的星星”“蓝蓝的天”……

这组连贯的情境完全吻合学生的心理特征，学生们的心和着情境跳动着，学习活动变得轻松而愉悦。

其次，对教材的二度加工要切合文本的整体内涵。《小小的船》文字优美，意象丰富，空间宽广，李老师创设的情境完全和谐于文本内隐的意象，并且丰满了课文传递的信息。

再次，对教材的二度加工还要合乎教者的个性特征。有专家指出，未来的课堂上，知识将由三方面组成：教材文本提供的知识、教师个人的知识、师生在课堂情境中互动产生的新知识。可见，教师个人的知识将在新课堂中得到激活，这就要求教师实施教学活动时必须选准属于“我”的方法、策略。正是基于自身能歌善画、形象深沉的个人风格，李老师在课堂上通过图画、音乐、语言等创设了鲜明可感的情境，建立了一个接纳的、支持性的、宽容的课堂气氛，让孩子们喜不自禁。

二、情感——得以凸显的价值取向

“文章不是无情物”，“儿童是情感的王子”。这一课自始至终弥漫着美好的情感气息。课始调动学生已有的生活经验引入课题，激起学生主动探究的欲望；随即创设情境，从“月亮像小船”促发学生欲飞上月亮船的美好心愿；继而顺着学生的情感之脉，引领他们进入“乘上月亮船”的美好情境之中。

我们不妨重温其中一个片段：

师：(描述) 如果现在是夜晚，你坐在院子里抬头看天空，天空上有星星又有月亮 (指图)。你看着这弯弯的月儿，它多像一只小船啊！你们听着琴声，身体也可以随着音乐轻轻地摇摆，慢慢地可以眯上眼，这么看着、想着，你是不是也好像飞上天空，坐到月儿上了？(“小小的船”乐曲在教室回响，孩子们眯着眼，美滋滋的)

生：我飞上去了。

生：我好像身子变轻了。

生：我好像坐在弯弯的月亮上了。

师：(把一个小朋友的剪影放在月亮上) 现在，你们已经飞上蓝天，坐在小船里了。(孩子们都美美地笑了) 你们睁大眼睛看看，在月亮上看到些什么？让我们轻轻唱起来。

三、体验——值得倡导的学习策略

“阅读教学是学生、教师、文本之间对话的过程。”“阅读是学生个性化的行为。”课程的特质决定了阅读教学必须注重学生的感悟体验，让学生受到情感熏陶，获得思想启迪，享受审美乐趣。在李老师“以情感为纽带”的教学中，又是如何引导学生主动体验的呢？

首先，李老师营造了一个有利于学生积极体验的平台，那就是“让艺术走近语文教学”，在学科渗透中获取语文营养。体验离不开具体的形象，课文的字里行间蕴涵着极其丰富的美的形象，教师要努力帮助学生将抽象的语言符号加以还原，这样，学生的体验活动才有可能展开。在课堂上，李老师以图画再现情境——黑板上的那轮明月似乎正悬挂在自家院落的上空，亲切又美好；以音乐渲染情境——富于幻想色彩的音乐让孩子们飘飘欲飞，乘上了“月亮船”；以表演体会情境——坐在“月亮船”上，置身于群星之中，和白兔、嫦娥对话，课文描述的不就是“我”的亲身经历吗？可以看到，在这种艺术化了的教学情境中，学生的整个身心都投入进了学习活动，真正成了学习的主人。由此可见，体验不仅指向文本的感受，其中更蕴含着促进人格建构的因素。

其次，李老师还十分注重引导学生体验课文语言的神韵，提升学生的语感。汉语重意合，汉语文化是意合性文化，其特点就在于重视心灵的体验。叠词的运用是诗歌《小小的船》的特色，李老师的高明之处在于，着力引导学生体会叠词传递的形象，从而获得语感。譬如初读课文时，李老师是这样教学“弯弯的”：①你们看月儿怎么样可爱？②这儿用了两个“弯”字，“弯弯的月儿”，你们觉得这月儿怎么样，“弯的月儿”“弯弯的月儿”比比看③“弯弯的”表示很弯，弯得很可爱，谁能举个例子？④这“弯弯的月儿”像什么呢？随后李老师指导学生通过朗读表现月儿的可爱。这样，进入学生“词海”的语言就是包含着形象与情感的了。全课教学接近尾声时，李老师又通过“删改”引导学生比较体会全诗的语言：“弯的月儿小的船。小的船儿两头尖。我在小的船儿坐，只看见闪的星蓝的天。”就这样，学生在比较中深刻体验到了课文语言的音乐美与韵律感。

（作者单位：江苏海门市实验小学）

这是江苏省特级教师周益民2003年发表于《小学语文教学》的一篇文章。文章记述了他观摩学习李吉林《小小的船》一课后的体会与思考。尽管这不是一篇一般意义上的研究教学设计的文章，李吉林老师的《小小的船》也不是这个时段的课例，但通过这篇文章，我们能够看出作者在新世纪课程改革之初对语文教学的理解与认识。在一定意义上，这篇文章是“我注六经”，更是“六经注我”。我们可以从这篇课堂教学观后感中辨认出作者彼时自己的课程观、教学观与教学设计观。显而易见，作者此时深受新世纪课程改革理念的影响，意识到教师在课程建设中的作用，把学生情感态度价值观的培养作为语文教育重要的课程目标，并且重视学生的学习体验。

1. 认识到教师参与课程建设的意义

课程改革呼吁教师由被动的课程实施者转为主动的课程建构者。作者在文章中强调教师必须积极参与课程开发，对教材进行合理的二度加工，并结合李吉林《小小的船》一课提出了对教材二度加工时应注意的事项。作者认为，教材开发要切合学生的身心发展规律，要切合文本的整体内涵，要合乎教者的个性特征。文中的教材二度开发，涉及教学设计中教学资源的拓展运用、教学过程中情境的创设方法以及教师个性风格在教学设计中的意义等问题。作者将其粗线条地归结为参与课程建设问题，在一定意义上是对教师参与课程资源建设做了窄化的理解，但并不妨碍其中在遵循学生认识心理、发挥教师教学个性等方面流露出的真知灼见。在课改初期，教师从课程改革的理念出发，解释课堂，理解课堂，表达自己对课堂、课程的理解与认识。

2. 把学生情感态度价值观的培养作为语文教育的重要课程目标

新世纪课程改革打破了课程目标表述上沿袭多年的“双基”二维格局，从“情感与态度”“过程与方法”“知识与技能”三个维度出发表述课程的目标与内容。其中，“情感态度价值观”这一维度受到当时语文教育者的充分重视。这种重视当然与世纪末语文教育大讨论对工具主义、科学主义的批判以及人文精神的强势回归有关。在本文中，作者将情感作为课程应该凸显的价值追求，结合课例表达了自己对理想语文课程的追求——课堂应该“自始至终弥漫着美好的情感气息”。这种情感源自作者对语文学科独有的文学特征的认识，也包含着作者对语文教学审美化的诗性追求。

3. 重视学生在学习中的体验

在2001年课程标准中，“体验”一词出现了39次，是当时语文教育研究的热词。本文中，作者倡导将“体验”作为学习策略，寻找与总结唤醒学生美好学习体验的方法。作者从课标要求出发，认为阅读教学必须注重学生的感悟体验，让学生受到情感熏陶，获得思想启迪，享受审美乐趣。结合课例，他认为李老师的课“以情感为纽带”，引导学生主动体验。值得注意的是，作者既分析了李吉林老师在课堂教学中创设情境对学生积极体验的引导作用，还结合汉语特点，解读出了李老师注重引导学生体验课文语言的神韵，提升学生的语感。作者用“体验”这一热词为视角，切入李吉林老师课堂的细节，表达出他对学生学习心理的重视，以及对语文教学过程与目标的理解。文章流露出作者重视情感教学、重视审美熏陶、重视语感培养等语文观。

（二）小学中段说明体裁课文《海底世界》课堂教学设计（2000年）

《海底世界》教材分析与教学建议①

湖南长沙市八一路小学　莫永辉

《海底世界》是人教社新编九年义务教育教材第六册第三单元的一篇讲读课文。教学的重点是了解海底景色奇异、物产丰富的特点，理解句与句之间的联系。教学这篇课文时，要以学生为主体，在了解课文内容的同时，切实把段的训练落到实处。

一、初读课文，整体感知

① 莫永辉：《〈海底世界〉教材分析与教学建议》，《小学语文教学》2000年第2期，第54页。

首先激发学生兴趣，揭示教学目标。齐读课题后问：海底到底是个怎样的世界呢？从哪儿可以看出海底景色奇异、物产丰富的？接着让学生自由轻声地朗读课文，想想课文哪几个自然段侧重写海底物产丰富？板书：景色奇异、物产丰富。这样，学生对课文内容和结构就有了初步的了解，为深入理解课文内容和加强段的训练打下基础。

二、细读课文，深入理解

本单元的训练重点是理解句与句之间的联系，可按下列步骤，重点指导学生在了解海底景色奇异特点的同时，理解句与句的联系。

1. 学习第二自然段。①指名读，想一想这段写了海底哪几个特点？从哪儿知道的？板书：宁静、黑暗。②“依然”是什么意思？还可以换成什么词？③为什么海面上波涛澎湃而海底却依然宁静呢？用“之所以……是因为……”的句式回答，告诉学生这两句是因果关系。④海底为什么是黑暗的？在这黑暗的深海里有什么？板书：光点闪烁⑤指导朗读。

2. 重点指导学习第三自然段。①自由轻声读课文，想想这段共有几句话？每句说的是什么？②指名答。a. 教师相机提问“是否”可以换个什么词？b. 请同学们模仿海洋工作者，带上听音器（模仿戴耳机），教师模拟深水动物发出响声：嗡嗡、啾啾、汪汪、呼噜。然后问老师为什么不大一点声？从而理解“窃窃私语”c. 指导朗读第三句。d. 你还会想其他动物会发出什么声音？③互相讨论，这一段话句与句之间是怎么连起来的？用“先讲……再讲……然后讲……最后讲……”的句式说。④在理解句与句联系的基础上有感情朗读，并试背这段课文。

三、自读课文，迁移运用

教师重点教了“景色奇异”这一部分内容，学生既了解了景色奇异的特点，又加强了段的训练。之后，让学生运用第三自然段的方法分组自学第四、五、六自然段，想想哪些地方说明物产丰富。1. 小结学法。①读课文，想想每句话说了什么。②小组讨论，说说句与句之间是怎样连起来的。③感情朗读课文。2. 分组自学。3. 检查自学情况，教师相机板书：动物种类繁多，活动各异；植物色彩多样，形态不一，矿产丰富。4. 小结：这三个自然段从不同侧面介绍了海底丰富的物产。那么，现在你知道大海深处是怎样的吗？

四、总结课文，激励拓展

1. 指名对照板书说说课文哪些地方说明了海底物产丰富。2. 说说作者为什么写得好。告诉学生要注意观察，一段话要写通顺、连贯。3. 激励学生：海底还有更多的奇异景色等待你去发现，还有更多的宝藏等待你去开发，你们想去吗？现在学好本领，将来一定会实现自己的心愿的。

通过这篇文章可以明显感受到世纪之交语文教学思想的变革。尽管文章依据的是 1992 年义务教育教材大纲，大纲要求的教学目标在案例中有所体现，但彼时经过语文教育大讨论的语文教学思想已经发生变革，新的观念与方法正初露端倪。分析这一案例，可以看到这一时段承上启下的语文教学设计观。

1. 设计具有整体性

本课的过程结构是：初读课文，整体感知——细读课文，深入理解——自读课文，迁移运用——总结课文，激励拓展。设计遵循由整体到部分再到整体的原则，教学内容由浅入深、由粗到细、由课内知识到课外拓展迁移，学习要求由感知到赏析、由易到难等，是一篇具有整体设计思想的优秀案例。在教学过程中，教师设计了精讲第三自然段，然后由学生根据第三自然段的学习方法分组自学四、五、六自然段，这一设计既体现了学生的主体性，又体现了教师有扶有放、有详有略的设计观，同时使得教学过程富有变化，可以带给学生更积极的学习体验。

2. 段的训练扎实有效

课例集中体现出 90 年代末小学语文设计的主要追求。作者在文章开头明确指出本篇课文“教学的重点是了解海底景色奇异、物产丰富的特点，理解句与句之间的联系。教学这篇课文时，要以学生为主体，在了解课文内容的同时，切实把段的训练落到实处。”具体的教学过程设计中，执教者以“自学”“小组合作”等学习方式体现其学生为主体的观念，在教学第三自然段时，教师运用创设情境、归谬反问（“老师为什么不大一点声”）等方式帮助学生理解段落内容，发现句子与句子之间的联系，运用指定句式进行说话，段的训练扎实有效。

3. 运用了自学法、小组合作法

课例展现出新世纪学习方式的变革已在酝酿。在这一课中，教师注重引导学生自主学习，在教学第三自然段之后要求学生分组自学第四、五、六自然段，在这一过程中教师注意小结学法、组织小组讨论，再通过朗读指导等让学生掌握学习要求，发现段落中句子的联系，掌握课文内容。整个过程设计合理，指导细致。这一学习活动的设计体现了叶圣陶“教是为了用不着教”的思想，又与21世纪课程改革倡导的“自主、合作、探究”的学习方式完全吻合。

4. 教学设计富有情趣

在讲读第三自然段时，教师请同学们模仿海洋工作者，带上听音器(模仿戴耳机)，教师自己则模拟深水动物发出响声：嗡嗡、啾啾、汪汪、呼噜等声音，然后趁机归谬反问“老师为什么不大一点声”？让学生理解“窃窃私语”一词的意思。这一设计生动有趣，通过想象与模拟动作把学生带入课文内容之中，在情境中理解词语，可以收到良好的教学效果。

（三）小学高段散文体裁课文《草原》课堂教学设计（2000年）

《草原》第一课时说课设计①

福建安溪县城关逸夫小学　谢文斌

一、说教材

① 谢文斌：《〈草原〉第一课时说课设计》，《小学语文教学》2000年第11期，第53页。

《草原》一课是第九册第五单元的一篇讲读课文，老舍先生用他的亲身经历，向我们介绍了辽阔美丽的草原美景和热情好客的草原人民。文章笔意舒畅，韵律感强烈，作者采用动静结合的手法，将所见、所闻、所感表现得淋漓尽致，使景物的美、人物的美和语言文字的美有机融为一体，让读者充分领略了草原的美和蒙汉人民的深厚情谊。

本文是这一单元的第三篇讲读课文，针对文章特点、单元训练重点和课文在单元中的安排，第一课时的教学目标是：感受草原的美景并背诵第一自然段，深入学习对事物的描写，并在学文的同时受到审美教育。而如何让学生在充分感受美的基础上学习通过语言文字表现美是本课的教学难点。

二、说教法

为完成本课时教学目标，突破难点，宜将情景教学法贯穿教学始终，并辅以重点词语突破、图文结合、反复诵读等教学方法完成本课时教学。

三、说学法

通过本单元的教学，学生已具备了一定的学习能力，所以本课时可引导学生应用“读→思→议→读”及“初步了解→深入体味→评议提高→诵读升华”这一学习方法，学习本课时内容。

四、说程序

（一）创设情境感受美

地处南方的学生对北方草原的辽阔美丽无法切身体验。因此授课伊始可用1. 语言描述激发学习兴趣；2. 听录音初步了解课文内容；3. 看录像领略草原美景等三个步骤，逐步引入本课时教学。

（二）凭借情境鉴赏美

在学生进入情景后，可引导学生从两方面去鉴赏美。

1. 图文结合，理解词句

教师把录像定格，让学生说出草原景物特点，再用贴画逐项贴景，并抓住关键词句学文。①抓住词语深浅度体会。如“一碧千里”与“翠色欲滴”，“墨线勾勒”与“绿色渲染”。②抓住词句的形象点想象。如“白色的大花”“中国画”等形象比喻。③抓住词语间的照应理解。如抓住“不茫茫”与“清鲜”“明朗”的内在联系理解、评议，从而感受景物的美和语言文字的美。

2. 对比想象，体会理解

①把自己所见美景与草原美景对比，讨论体会。②把“如果我处在这种美景中的感受”与作者“处在这种美景里的感受”对比讨论，体会作者的“惊叹”“低吟”，“骏马和大牛”的“回味”。

(三) 体会情境表现美

学生经过前面两步学习后，对所学内容已经有了一定的理解，在此基础上，可继续从以下三方面提高，升华。

1. 紧扣语感训练读

本文语言优美，教师可用多媒体打出词句，对学生进行语感训练。①抓住语句的韵律感读。如“这种境界，既使人惊叹，又叫人舒服……”等要读出节奏感。②抓住语句的情意感读。如表现新奇、惊喜的“这次，我看到了草原”。表现愉快、激动的“使我总想高歌一曲，表示我满心的愉快”等语句。③抓住语句的层次感读。如表现景物层次变化的语句：从上到下“那里的天……在天底下……”由近到远“四面都有小丘，……轻轻流入云际。”表现情感层次变化的语句，从“愉快”到“惊叹、舒服”进而“回味”等。

2. 紧扣景物特点画

让学生根据自己的联想，用蜡笔、水彩笔或国画颜料画一幅自己想象中的草原美景。

3. 紧扣写作方法写

①回顾《鸟的天堂》一文的描写方法，讨论本节课所学第一自然段的描写方法。

②观察周围的景物，运用所学写作方法，抓住特点写一段话。如“美丽的校园”“河边的柳树林”“雄伟壮丽的凤城索桥”等。

五、板书设计

草原
- 景美
  - 天、可爱
  - 地、一碧千里
- 人美——→热情好客

蒙汉情深

这篇说课稿发表于《小学语文教学》2000 年 11 期，分析文稿可以发现作者在教学设计上具有如下特点：

1. 重视美育且将其与语言文字品位相结合

设计者紧扣《草原》作为一篇写景抒情散文的文学审美性，重视引导学生体会文中的人物美、景物美。在教学目标设定中，设计者希望学生通过本课的学习“感受草原的美景并背诵第一自然段，深入学习对事物的描写，并在学文的同时受到审美教育”。在教学过程中，设计者通过创设情境让学生感受美、鉴赏美、表现美。值得赞赏的是，设计者的审美教育不是与课文抽离的空洞的教育，相反，他始终将审美与课文的语言文字品位联系在一起，作者将“如何让学生在充分感受美的基础上学习通过语言文字表现美”作为本课的教学难点。教学设计在“言语形式—言语内容—言语形式”之间走了一个来回。

2. 电化手段的使用合理、适度

在本案例中，教学设计者使用了录音、录像等多媒体电化教学手段。录音与录像都是运用在教学的起始阶段，设计者考虑到“地处南方的学生对北方草原的辽阔美丽无法切身体验”，声音与影像的使用可以帮助学生形成感性认知，于是教师引导学生通过听录音初步了解课文内容，通过看录像初步领略草原美景。难得的是设计者对电化手段的使用没有止步于创设情境，而是始终与学文品词联系在一起。例如：教师把录像定格，让学生说出草原景物的特点，再用贴画逐项贴景，并抓住关键词句学文、抓住词语深浅度体会，等等。这就使电化手段的利用更合理、高效，且没有冲淡语文学科本身的特点。

3. 刻意进行了语感训练

在本案例教学程序的第三步当中，出现了“紧扣语感训练朗读”的教学设计。这是在本研究分析的教学案例中第一次出现“语感”一词。设计者没有在文章中阐述其对语感的具体理解，但从本环节教学内容看，设计者选取了本文语言优美的句段，通过各种形式的朗读引导学生感受语言的节奏感、层次感，并体会其在表情达意方面的作用。这种在朗读中感悟、积累的方式是符合语感培养规律的。

4. 内容设计综合性强。案例体现出作者综合性、开放性的课程观。在教学过程中，设计者使用了多种教学方法与手段，注重学生综合素养的提升。其中在第三环节的教学中有根据课文内容作画的“读画结合”的设计——让学生根据自己的联想，用蜡笔、水彩笔或国画颜料画一幅想象中的草原美景；还有运用所学描写方法写作的“读写结合”的设计——让学生观察周围的景物，运用所学写作方法，抓住特点写一段话。这些都体现出作者综合的语文观以及跨学科整合的课程意识。

二、2000—2010 年小学语文名师与教学设计

轰轰烈烈的新世纪课程改革启动之后，传统的教育教学理念受到冲击。在 2000—2010 年间，于永正等第二代名师仍然活跃在教研现场，持续影响着小学语文教学的实践，但他们对新课程改革的理念并不抱完全接纳的态度，在改革中仍有保守与坚持。同时，一批出生于 20 世纪 60 年代、入职于 80 年代的中青年名师伴随着新课改的推进迅速成长起来，他们积极投入语文课程改革，纷纷著书立说，提出自己个性化的教学主张。这期间比较著名的有北京窦桂梅的“主题教学”、浙江王崧舟的“诗意语文”、江苏薛法根的“板块教学”、江苏孙双金的“情智语文”，这四位老师也被当时小学语文界称为新的“四大名师”，此外，山东的闫学、浙江的盛新凤、江苏的

周益民、福建的林莘等特级教师也有较大影响。囿于篇幅，本文选取窦桂梅、王崧舟、薛法根作为研究对象，对其教学主张做简要介绍，对其教学设计思想作简要总结分析。

（一）窦桂梅的“主题教学”与教学设计

窦桂梅，1967 年 4 月生。全国著名特级教师，正高级教师，教育学博士。窦老师 1985 年于吉林师范学校毕业后，进入吉林市第一实验小学任教。2002 年调入清华大学附属小学工作，现任清华大学附属小学党委书记、校长。

1993 年，窦桂梅代表吉林省参加小语会主办的全国青年教师阅读教学大赛，凭借《初冬》一课得到与会专家赞赏，获大赛一等奖。1994—2000 年窦桂梅带班从一年级至六年级进行“语文教育要关注人的发展”的教改实验，她从“沉淀”“感悟”“创造”三方面促进学生全面发展，她带领学生广泛阅读，唤醒学生生命体验，引领学生生命成长。在此过程中，窦桂梅逐渐形成自己“尊重教材，超越教材；立足课堂，超越课堂；尊重教师，超越教师”的教改思想。“超越教材”一方面有“在教好教材的基础上用教材教”的意味，即灵活运用教材，培养学生的语文能力；另一方面是将语文教学的内容拓展到更广泛的阅读，将大量课本之外的优秀文学作品引入语文教学中来。这是对传统的赫尔巴特“以教材为中心、以课堂为中心、以教师为中心”的超越。“超越课堂”是将语文学习的视野从课堂引向更广阔的社会人生，是强调语文教学与生活的密切关联；“超越教师”则是鼓励学生大胆质疑，同时呼吁教师在课堂教学中与学生共同成长。2000 年吉林教育厅召开“窦桂梅语文教改成果展示会”。2001 年作为教育部更新教育观念的主讲人之一，窦桂梅在人民大会堂宣讲“为生命奠基：语文教改的三个超越”主题报告，《人民教育》全文刊发。2003 年，窦桂梅在“三个超越”基础上聚焦课堂教学，提出了“主题教学”的语文教学探索。“三个超越”反映的仅仅是理念意识层面的觉醒，“主题教学”则是充满创造力的实践行动，是“三个超越”在语文学科教学上的具象。它打破传统的单篇教学的模式，教师以一定的“主题”组织一组文本，在课堂中带领学生集中学习。经过几年实践探索，窦桂梅推出《再见了，亲人》《秋天的怀念》等观摩课，均取得良好反响。担任校长之后，随着角色变动，她带领清华附小教师团队以“主题”为核心，串联起与之相关的甚至是跨学科的零散知识信息与技能，立体、系统、全面地培养孩子的综合素养，开始了“1+X 课程”的构建与实施。2014 年 9 月，她带领语文团队获得首届基础教育国家级教学成果一等奖。窦桂梅笔耕不辍，代表性论著有：《为生命奠基》《窦桂梅阅读教学精品录》《小学语文主题教学研究》等。曾荣获“全国模范教师”“全国师德先进个人”“全国十杰中小学中青年教师提名奖”等荣誉称号。

窦桂梅在轰轰烈烈的新世纪改革背景下登上语文教育的舞台，以她革新的勇气、激情与不服输的闯劲喊出了那个时代的强音。她所提出的“语文教育要关注人的发展”“语文教育为生命发展奠基”与当时世界范围的人本主义教育思潮相一致，她以昂扬的改革者的姿态提出“三个超越”，反驳传统的“教师中心、教材中心、课堂中心”观。“三个超越”试图确立更开阔的课程观、确立新型的师生观与教学观，但这种“超越”最终止步于“破”除了旧的观念，她用实践挑战旧的思想，却没能在理论上形成新的观念，这当然与她教育实践者的身份与角色有关，也并不妨碍“超越”与“破”本身就具有的意义。可以说，窦桂梅反对赫尔巴特，但并没有完全走向杜威（“学生中心、活动中心、经验中心”）。她没有在理念上继续建立什么，而是转身走向学科内部，开始了“主题教学”的探索。如果说“为生命奠基”“三个超越”都还属于教育教学宏观层面的理念认识，那么，至“主题教学”思想的提出以及一系列代表课例的开发，窦桂梅的语文教学改革已真正切入学科教学的内部领地。“主题教学”的提出意味着窦桂梅的语文教学思想逐步走向成熟。朱小蔓认为，当代语文教育者呈现出明显的三代谱系：“最老的一辈，斯霞老师的童心母爱，这是从教育的高度展开的高山；再有 20 世纪代表人物李吉林，情境教学，形成了理论，这是从教育教学的高度体现对语文学习的思考；而21世纪的中生代的教师，以窦桂梅为代表，语文教师越来越以专业化队伍的面貌出现，而不再仅仅是教育的从属。”① 这一评价主要是指“主题教学”的贡献。分析窦桂梅老师的典型课例，既可以看到她浓烈的个人风格，也能触摸到她所代表甚至引领的那个时代的风尚。现仅以教学设计为切入口，对窦老师的教育教学理念与实践略做分析。

1. 将课文放在组群中，通过作品互证凸显主题

窦桂梅倡导的主题教学在语文教学设计中的贡献与意义首先在于教学内容上从一篇到多篇，它打破了传统的单篇教学的模式，教师以一定的“主题”组织一组文本，在课堂中带领学生集中学习。多篇，意味着更开放、更丰富的课程视野，一组文章，无疑带给学生更多信息、更多学习素材，同时这些文章在内容与主题上具有一定的链接性，可以互为参照，对比学习。

围绕课文进行拓展阅读，甚至用于课堂上的比较教学绝非窦桂梅的首创，在窦桂梅之前有许多教师做过类似的尝试。例如，20世纪80年代，李吉林在教学《海底世界》时就曾经组织了课文之外的两篇关于海底知识的文章与课文互为参照，引导学生对比阅读。主题教学的贡献在于，这种互文阅读基于某一集中的主题，并在教学中指向这一主题。与普通的拓展阅读相比，它不是基于语文训练的组合，也不是文本内容的简单相关，它更聚焦，教师希望落实的主题往往简单明快，教学在最终集中发力，教学落点强劲、有力量。例如《再见了，亲人》一课的两篇文章落脚点在于对亲人的理解，《游园不值》的组文落脚点在于生命中的遇见等。特级教师周益民在评价主题教学的课程意义时写道：“不敢说‘主题教学’（注意，不是‘主题单元’）始于窦老师，但是如此用心又卓有成效地站在‘课程’的高

① 窦桂梅：《窦桂梅的阅读课堂》，广西师范大学出版社2015年版，第4页。

度，自觉地践行、建构‘主题’的，则非窦氏莫属了。”①

主题教学的难度在于组文由执教者自己选择，这体现了新世纪课程改革对教师参与课程建设的要求，也反映了教师在课程建设中的主动性与自觉性，但是无疑，这对语文教师本身的素养提出了很高的要求，只有具有开阔阅读视野、较高文学文化修养且有一定思想深度的教师才有可能游刃有余地驾驭主题教学。另外，主题教学的教学设计内部可视为一种松散的多文本链接，主题不过是阐释文本（从而教育学生）的一个角度，那么，哪些主题是儿童生命发展历程中所不能缺席需要教师进行引领的？这样的主题如何与语文学习的基本要求、与儿童当下的生活经验相对接？主题的确定如何在保证文本阐释相对准确度的基础上与儿童的年龄心智特点相适应，把握好教学深度的尺度？这些都是主题教学必然面临，如果深入研究必须予以解决的问题。无论如何，窦桂梅在新世纪之初的主题教学探索为2010年之后群文阅读的兴起奠定了基础。

2. 把知识置入强烈的情感联系，为生命成长奠基

窦桂梅的典型课例都充满浓浓的感情色彩，教学设计中的情感嵌入将知识置入强烈的情感联系与生动的情境之中，为激发学生的求知欲和好奇心，创造良好的心理氛围和持续的驱动力。从“三个超越”到“主题教学”到“1+X课程”的学校课程建设，窦桂梅的语文教学思想无疑经过了一个发展的过程，但在这过程中一以贯之的是“为生命奠基”的语文课程价值定位。窦老师常常说，“我是教语文的，我是教人学语文的，我是用语文教人的”。对人的关注、对儿童生命发展的关注一直是窦桂梅语文教学设计的落脚点。窦桂梅的语文教改实验在人本主义思潮回归、人文精神高扬的背景下展开，是她的个人秉性在其语文教育实践中的投射，也是教育实践与教育理论之间的耦合。窦桂梅“为生命奠基”的教学设计在实践中体现在两个方面，一是致力于培养学生“一手好汉字、一副好口才、一篇好文章”

① 窦桂梅：《窦桂梅与主题教学》，北京师范大学出版社2006年版，第170页。

的实用性语文能力与素养，一是在教学中通过对文章主题的分析，引导学生思考社会人生，对学生进行情感态度价值观的塑造与引领。如在《晏子使楚》一课渗透的对“尊严”的理解，在《圆明园的毁灭》中对历史文化的思考，在《我爸爸》《我的爸爸是焦尼》中对亲情婚姻伦理的思考。当然这两方面不是截然分开的，窦老师主张“在学习语言文字的过程中学会思想、在学会思想的过程中学会运用语言”。张康桥认为，窦桂梅的实践可理解为语文素养发展的“多思说”，其基本假设：发展是语言—思想—语言的螺旋上升……这样一个假设似乎脱胎于海德格尔由思抵达诗意栖居的哲学思考。①

3. 将课外儿童文学作品引入教学，拓展语文课程的文学视域

在窦桂梅的语文教学设计中，语文教育的文学性被唤醒与擦亮。尽管在语文教材中向来不乏文质兼美的文学作品，但在新世纪课改之前的教学实践中，语文教育以“训练”为主要手段，以实用为主要价值，这与文学作品无功利的审美特征相悖，语文教育的文学因素被忽视，这也是20世纪末语文教育大讨论中语文教育受到批评的重要原因之一。基于文学对人生命成长的意义以及语文教育与文学密切关联的认知，窦桂梅在语文教学中加强了文学教育的力度。一方面，她运用文本细读、原型批评、叙事学理论、文学史传统、创作心理分析、作者作品互证、文本结构和要素分析等多种文学鉴赏与批评的方法解读教材中的文学性作品，从文学鉴赏与批评的角度对课文进行分析而不是仅仅将课文当作语言文字运用的例子。另一方面，她将大量优秀的民间文学、儿童文学引入语文教学的视野，极大地丰富了语文课程的文学视域。例如安徒生的《丑小鸭》、安东尼·布朗的《我爸爸》以及《大脚丫跳芭蕾》《我的爸爸叫焦尼》等优秀的绘本都曾经成为窦老师阅读教学的内容，许多语文教师正是因为窦老师的课了解了这些作品，并将它们推荐给自己的学生。21世纪以来，尤其是2003年以来，

① 张康桥：《上好小学语文课》，漓江出版社2007年版，第196页。

因为梅子涵、阿甲、亲近母语课题组、彭懿等一批儿童阅读推广人的努力，儿童阅读在校园、家庭、社区得到越来越多的重视。2006 年吉姆·崔利斯《朗读手册》的出版和热销，昭示着儿童阅读推广时代的到来。窦桂梅积极参与了儿童阅读推广的运动，不仅讲授儿童文学作品的示范课，还在清华附小组织国际性的儿童阅读观摩交流活动，为儿童阅读的推广做出了重要贡献。

4. 经营网状结构，实现关键词引领下的自由对话

窦桂梅希望摒弃传统的线性教学结构，而试图建立网状的课堂教学结构。观察分析她的典型课例，早期的课例基本是比较粗的板块结构，如《再见了，亲人》一课的设计中分了四个板块：讲“亲人”，理解其意——诵“亲人”，感受其情——别“亲人”，体会其味——议“亲人”，回味其理。中后期课例，基本属于粗板块下的网状结构。课里常常有一个笼统的模型，比如《大脚丫跳芭蕾》一课的基础框架是“我发现……——我还发现……——我还要发现……”分别对应初读—再读—统整思考三个阅读过程。《魅力》一课的大框架是预学—共学—延学，分别对应课前预习检查、新课教授、课后拓展；当然这样两头小中间大的圆肚式结构，只是对教学程序的笼统划分，对教学推进的实际意义不大，其中“共学”里的小结构才是组织教学的关键。这个小结构，窦老师将其称为网状结构。这其中往往没有固定的程序与秩序，教师将其设计为一定关键词（如情节、人物、主题等）引领下的自由对话，教师根据学生在课堂中的发言情况灵活牵引，围绕一定的关键词或者话题适时总结。这样的结构属于有一定开放性、灵活性、随机性的结构，但如果教师没有明确的二级结构提纲（或提纲仍比较粗放）课堂实施中就容易有拖沓、不紧凑的感觉。

5. 倡导聊谈式教学，营造轻松亲密的教学心理关系

在窦桂梅早期的课堂里，我们可以发现比较细的教学样式的设计。比如《再见了，亲人》一课中承自支玉恒的回环朗读课题，《秋天的怀念》一课中的关键词分析法、比较替换法，《游园不值》一课中擦板书的行为艺术

以及首尾呼应等。在中后期的课例中，这种细致的教学设计明显减少，一方面窦老师将创作的激情主要放在对文本主题内涵的挖掘上，教学设计趋于疏阔，不再在小处经营；另一方面，受“课堂生成”追求的影响，她有意识地放松了对课堂教学确定性的掌控。在课堂交流方式上，她逐渐放弃（或比较少）运用精心设计的教学语言，而是倡导师生之间、生生之间聊谈式的交流。这种聊谈式教学始自《牛郎织女》一课，且以这一课为代表，后面的课例中都有相近的课堂交流引导。课堂中，窦老师常常跟学生说：“很好，就这么聊”“来，聊聊吧”“只要是你知道的哪怕不全面，尽管说出来，就这样聊。”这种“聊谈”替换掉的是“问答”或者“串讲”，执教者试图通过这样的方式，营造更轻松、更开放、更亲密的教学关系。在这样的课堂设计中，学生“聊”的话题往往比较宽泛，例如“阅读这个故事，你发现了什么？”等，“聊”比“回答问题”意味着更大的自由度、自主性，事实上也对学生提出了更高的要求——“聊”，必定要求用自己的话表达，必定是在文本理解基础上的话语运用。这种“聊谈”式的教学，有一定的闲谈的意味，不妨看作窦桂梅东北人“唠嗑”式杰出的口语交际交流能力在语文教学中的运用。窦桂梅认为：“‘聊故事’应该是语文课堂的风景之一。当然，聊不是随心所欲，而是看似轻松，实则不轻松的‘举重若轻’，那些语文知识、语文能力、语文素养，应当在师生不着痕迹的尽情对话中得以落实。可以说，‘聊’是一种高超的艺术，愿我们能借此与学生的心灵实现对接。”①

从理论上看，这种方式受哲学中对话理论、交往理论的影响，教师力图建构与学生更平等的对话关系。另外“儿童中心说”也是影响这一教学方式的原因之一，教师试图让学生以“聊”的方式更多地展示自己的发现，而不是教师“教”的成果。但这种慢慢品慢慢聊的课堂交流方式运用的难度在于，它对学生学习的基础要求很高，如果学生课前没有做好充分的预

---

① 窦桂梅：《窦桂梅的阅读课堂》，广西师范大学出版社 2015 年版，第 91 页。

习准备，或者学生之前并未具备较高的口语表达能力，设想中的“畅聊”便很难实现。

（二）王崧舟的“诗意语文”与教学设计

王崧舟，1966年10月生，教授，博士生导师，特级教师。曾任杭州市拱宸桥小学校长，现任职于杭州师范大学。系全国劳动模范、全国“五一劳动奖章”获得者、浙江省十大育人先锋、“国家基础教育资源库开发基地”电视教学片主编、“中西部农村义务教育国家级远程培训”小学语文主讲教师、“浙江教育资源网”特级教师工作室首批专家。1984年参加教育工作以来，王崧舟一直醉心于小学语文教育改革实践。他积极倡导“诗意语文”的理想和信念，主张以发展学生的言语生命为核心深化语文教育改革，促进学生语言和精神的协同发展。1998年评上特级教师以来，他先后应邀赴全国29个省份200多个城市开设观摩课1100多节次、讲座650多场次，他的语文课先后在中央电视台《实话实说》、中国教育电视台《名师讲坛》《东方名家》等栏目播出。

王崧舟一直潜心于小学语文教育科学的研究，先后出版《小学作文教学改革与流派》《王崧舟教学思想与经典课堂》《诗意语文——王崧舟语文教育七讲》《王崧舟讲语文》《听王崧舟老师评课》《诗意语文课谱——王崧舟十年经典课堂实录与品悟》《语文的文化品格》等多部教育教学论著，发表论文230余篇。2004年9月18日，为庆祝《小学语文教师》创刊200期，王崧舟在上海浦东尚德实验学校执教《一夜的工作》。该课在现场引起了强烈震撼和反响，课后，王老师将自己的语文课命名为“诗意的语文”。此后，他成为“诗意语文”的倡导者与实践者，创作了《长相思》《枫桥夜泊》《去年的树》等一系列代表性课例，并成立王崧舟工作室，培养、指导、影响了大批青年教师。诗意语文以其鲜明的审美特征、情感特征、艺术特征成为小语界特色鲜明的教学流派。但王崧舟并没有将“诗意语文”概念化、固定化，没有围绕“诗意语文”构建自己的语文王国，而是对语文教育的发展保持时时的关注，对语文界前沿的问题进行着积极的思考，不断修正、完善着自己的语文教育思考，拓展着自己的语文教育研究视域，在文本细读、语文意识、语用等语文教育关键问题上都有积极的探索，在课堂教学观察与评论上，也有开创性的建树。2019 年 7 月 26 日，由王崧舟主讲的《百家讲坛·爱上语文》在中央电视台科教频道正式开播，这是一个在语文教育史上和央视传播史上都具有开创性意义的事件，是语文教育从学校小课堂走向社会大课堂的一次重要探索。

王崧舟的课堂教学是基于人的灵魂的教育，他认为语文的要义不在于教给学生某种语文知识和技能，而应该指向人的生命本体，指向学生的言语表现、言语创造，并由此发展、成就学生的言语人生、诗意人生。他的课“止于至善”“向美而生”，在教学设计的哲学、美学等方面具有鲜明的特色，在语文教学设计中的内容确定、教学样式、教学理解等方面做出了开创性的贡献。

1. “把自己全然地交给语文”——基于存在论的教学设计哲学

任何精心设计的课例都是执教者生命哲学的呈现，无论设计者是否意识到，课堂都是执教者生命的倒影。与大多数教师对课堂生命存在模糊或无意识的状态不同，王崧舟早早地将课堂教学作为生命安顿的场域，这使他的教学设计具有存在论的哲学气息。他在《课的境界》中提出了课的三种境界：“在的境界”“如的境界”“即的境界”，分别对应“人在课中”“人如其课”“人即是课”，追寻课堂教学中教师的存在论意义。在设计之中，除了呈现彼时对语文教育的思考，王崧舟将自己全然地交给语文，不仅将自己生命的体验、感受、情怀投入到课例的教学中，甚至他会为了安放某种情绪或意义专门设计一节课。比如，2006 年的《二泉映月》，是他在父亲去世 20 周年之际为缅怀父亲、祖父而创作的课例。王崧舟祖籍浙江上虞，系王羲之五十三代孙。其祖父自幼因天花致盲，以算命为生，善拉二胡。父亲则多才多艺，吹拉弹唱样样在行，幼时的王崧舟曾听父亲拉过《二泉映月》，2006 年，他在无锡执教《二泉映月》，并特意去惠山看了二泉。他说：“我有一种冲动，我想坐在阿炳墓旁，一如坐在爷爷的墓旁、父亲的墓旁。”① 2016年，父亲去世30周年之际，他又创作设计《爸爸的花儿落了》一课，同样是祭奠父亲的一炷心香，他在课文中严厉的父亲身上，寻找着自己父亲的影子。这不是常态的课堂教学，不是有一篇课文在等着你去教授，而是有种情感在心里，希望通过一节课来安放，来寄托。这样的教学设计是生命情绪的一种消解与救赎。课成为生命存在、确证甚至救赎的方式。

2. “向美而生”——追求艺术与审美的教学设计理念

王崧舟倡导诗意语文，他的教学设计具有鲜明的审美化、艺术化追求。他认为“课”是教师最具职业特征、最可宝贵的劳动成果，这一劳动是创造性的，有着高度的个人风格和人格特质，因此“课”不应该是标准化的产品，而是性格鲜明的“艺术作品”，在这个意义上，他将精心设计的课例称为“课品”。他深受中国传统哲学、美学影响，在教学设计上提出了一系列具有中国美学意味的概念，如课像、课境、课感等，并在自己的课堂教学实践中不断阐释着这些概念：

> 课像是什么？我觉得课像就是教学具象和教学抽象的统一体，是教学经验和教学思想的统一体，是教学细节和教学范式的统一体。②
>
> 课象（像）是现实的、现世的，而课的境界则是对这种现实、现世的超越，是想象的、彼岸的。“时有落花至，远随流水香”。只有在境界的“水”中游弋，方有语文的澄明与洒脱。③
>
> 什么是课感呢？就是你对教学现场的一种直觉，一种当下的把握，一种敏锐而别出心裁的驾驭……这就是课感，课的协调感。课感还有很多，比如课的节奏感、课的情味感、课的层次感、课的风趣感、课

---

① 王崧舟：《唯知音者倾听》，《小学语文教师》2008年增刊，第42页。

② 王崧舟：《诗意语文——王崧舟语文教育七讲》，华东师范大学出版社2008年版，第37页。

③ 王崧舟：《王崧舟讲语文》，语文出版社2008年版，第168页。

的风格感。①

王崧舟课堂教学设计的“美”不是简单的美的事物的呈现，比如精湛的书法、精美的多媒体课件、摄人心魄的音乐、教师极富感染力的教学语言等（当然，王崧舟深厚的艺术修养，使他的课堂上确实存在这些美的事物），而是由教学设计形成的符合美的规律的节奏与情境。他深受中国传统设计美学影响，教学设计精致巧妙，讲究整体布局，讲究开篇，讲究推进，讲究渲染与造境，讲究前后的照应。从美学风格看，恰若江南园林，一步一景，雕梁画栋。可以说王崧舟教学设计的尺度是诗性的，教学目标的达成必是“网状”的，他将语文教学的知识、技能、习惯、思想、情感、态度等目标编入一张有机的、整体的网，实现过程则尽可能地是诗意的、愉悦的。这种“网状目标”，其实质是将多个目标整合设计在同一个环节中，形成网状的目标群。王崧舟的语文课堂教学艺术还鲜明地体现在节奏的建构上。他讲究起和伏的错落，讲究动与静的相生，讲究疏与密的结合。于是，他的课呈现出诗歌一般的韵致、音乐一样的旋律。其中他执教的《圆明园的毁灭》一课，被认为是课堂节奏建构的范式。

3. 从“文本细读”到“文本秘妙”——由文本出发确定教学内容

2006年，受兰瑟姆《新批评》的启发，王崧舟在小语界首倡文本细读。倡导文本细读的原因是彼时语文课程改革出现了重学习方式而轻学习内容的倾向，一方面小组合作、自主学习等在课堂上遍地开花，另一方面教师脱离文本、误读文本的现象日益严重。“文本细读”的研讨在这样的背景下引入语文课程，是将研讨的中心再次回到教学内容本身。王老师从“文本细读”的姿态、指向、结论及经验共享等层面对它做了语境语义转换。在文学批评语境下，文本细读作为一种作品研究的方法，其目的和旨归被牢

---

① 王崧舟：《诗意语文——王崧舟语文教育七讲》，华东师范大学出版社2008年版，第38页。

牢地锁定在文学批评上，是为文学批评服务的。而语文课程教学语境下，文本细读的服务对象转移到阅读教学身上。这时的文本细读，从阅读教学出发，为了阅读教学。同样是教学设计前研读文本，文本细读超越了传统的备课中的钻研教材，具有更丰富、更开阔、更个性的意蕴与内涵。

2007年前后，针对“泛语文”现象，王崧舟研究“语文意识”。并在此基础上，对如何开掘“文本秘妙”做了系统的思考。语文意识一词源于王尚文，是区别语文学科不同于其他学科教学的意识，是重视“言语形式”发现“言语形式”的意识。延续其文本细读的思想，王老师将文艺理论中的“文本秘妙”引入课程视野。倡导语文教师从表达的角度去发现那个“人人心中有，个个笔下无”的文本特征是文本与众不同的特色与个性，是文本的这一个，而不是这一类。“文本秘妙”指向的是教学设计中的教学内容的确定。

4. “经营课堂文章”——修辞化的教学结构设计

修辞化的教学结构是王崧舟教学设计的重要特点，也是王崧舟教学设计思想的标志性贡献。所谓修辞化的教学结构是指在构思设计教学过程时，将文章构思、文学创作时经常运用诸如呼应、并列、反复、层递、突降、留白等修辞手法转化运用至教学结构中，通过教学段落间的巧妙联系，使课堂教学呈现强烈的艺术效果，带给学生具有高度审美化的学习体验。特别需要区分的是，这种修辞手法的转用不是在教学语言上的，而是在课堂教学结构上的。王老师曾言“我确实是将自己的每一节课都当作一个艺术品来经营”①，这种追求使他的课就像一篇大文章。例如，在《枫桥夜泊》一课的设计中，他的开课与结课使用了同样的诗句，使课堂结构中出现了“呼应”的手法。开课之时，王老师带领学生朗读品味当代的陈小奇、清代的王士禛、明代的高启、宋代的陆游等诗人描写“钟声”诗，诗人诗句出

① 2019年10月，笔者前往杭州拜访王崧舟老师，并对其进行了访谈。该引文据访谈录音整理。

现的顺序由近及远，循着诗歌中的“钟声”一直追寻到唐代张继的《枫桥夜泊》。而结课之时，王老师又带领学生追溯“钟声”的影响，再次诵读入课时的诗句，但这些诗人诗句出现的顺序变为由远及近，从宋代的陆游到明代的高启到清代的王士禛到当代的陈小奇，教学结构首尾闭合，似一个大大的圆。再如，在《两小儿辩日》一课的教学中，他在结尾处引发学生争论，却不给出固定答案，而以一句“王老师不能决也!”结束全课，制造出一种“留白”的艺术效果，留给了学生巨大的想象空间。

5. “致力于形成一种场”——深度沉浸式的课堂情境创设

2004年执教《一夜的工作》后，王崧舟写下教学反思《致力于形成一种场》，认为自己倡导的诗意语文在教学设计上存在着“某种本质的同构”即“致力于形成一种场”，“一种交织和融合了师生的思想、情感、智慧、精神、心灵的场”。王崧舟认为：“课堂气场是一种无形的存在，但却无处不在、无时不在。有气场的课，有教学魅力，有精神吸引力，有浓浓的氛围和情调，它是一堂课的精神风貌和气质的集中诠释和高度表达，它对学生语文素养的影响是一种‘随风潜入夜、润物细无声’般的濡染。不知不觉地投入，悄无声息地习得，自然而然地感染，深入骨髓地浸润，这一切，正是课堂气场对学生生命气场的诗意教化。”①

王老师在教学设计中所追求的这种“场”，可以用场论心理学阐释。场论心理学借用了物理学中“场”的概念来解释心理活动，它把环境或个人看作是一个整体的存在，任何心理与行为都在这个整体的制约下发展、变化。苛勒在场论基础上提出了“顿悟说”，认为，学习是忽然顿悟的结果，这种顿悟不是个别刺激物所产生的反应，而是对整个情境理解的结果。“心理场”的形成是王崧舟教学设计中致力形成的目标。他的教学心理场的形成主要表征为一种沉浸式的课堂情境创设。他常常通过课堂叙事，辅助音

① 王崧舟、林志芳：《诗意语文课谱：王崧舟十年经典课堂实录与品悟》，华东师范大学出版社2011年版，第89页。

乐、美术以及教学修辞等手段，营造出一个浓浓的审美场域，感性直观的“象”的叠加成为“境”，以境驭课，课在境中，从而建构一个“心理场”。在这样的课上，学生会以全身心投入的方式被卷入到认知与体验之中，这是单纯地通过符号解码进行的理解学习所不可比拟的。此时，课文不是外在于师生的学习对象，而是师生共同经历的一段精神之旅。这个过程当然有认知发生，但它更是艺术的、审美的。

6.“在由言及意的过程中看到象”——心理成像式的教学样式设计

阅读教学需要引导学生通过语言文字理解作者想要表达的意义，有一个由“言”到“意”的过程。王崧舟认为，在引导学生由“言”到“意”的过程中，“象”是重要的中间环节。“象”是中国传统文论中的一个概念，是指文学作品中具体可感的形象、物象、意象。艺术创作之逻辑起点在于“观物取象”、艺术创作心理机制在于“立象见意”，而艺术审美鉴赏的妙处在于“象外之象”等。王崧舟将这一概念引用到语文教学设计中来，“象”是学生经过语言文字到达意义理解的中介，教师通过问题设计或情境创设引导学生想象，由语言符号唤醒符号背后的画面，使之与学生原有的生活体验相连接，在心理上呈现图像。

“闭目成象”是王崧舟常用的教学设计样式。它是教师通过语言、音乐等创设情境之后，让学生“闭上眼睛看”，然后交流“你看到了什么”。例如，在《长相思》一课中，王老师让学生想象写作纳兰性德“故园”的情景，也是将文字变成了“象”。“举象”也是王崧舟基础的教学设计样式，教学设计中的“举象”就是在词语学习中，不直接解释词语，而是让学生举出语词与相关的生活中的形象。例如在《慈母情深》一课中，“龟裂”一词的教学设计，教师没有对其进行字典式的词语注释，而是提问：“有谁见过龟裂的手，说说看，那是怎样的手。”学生所列举的就是“龟裂”一词的无数个画面，无数个“象”，通过这样的方式完成对词语意义的理解，并将词语放置于运用中。

研究学习王崧舟的课堂教学艺术，深感其教学设计蕴含着丰富的实践智慧，又具有高度的理论价值。囿于篇幅，只能择要列举如上。历史地看，在新课程改革的背景下，王崧舟以其深厚的文化底蕴、独特的教学风格成为时代的领军人物，其教学设计的审美追求与第一代名师中的李吉林相近，但比李吉林更自觉，也更具有中国特色。当然，事物皆一体两面，王老师课堂教学设计细致精巧，也同时意味着学生学习腾挪的空间不大。尽管王老师真正地尊重每一个孩子，希望给他们足够的自由，也会照顾孩子们游戏的精神，但他强大的造境能力以及心理场的存在，使孩子们置身其中，深深沉浸，其思考的触角难免受到一定的束缚。

（三）薛法根的组块教学与教学设计

薛法根，江苏吴江人。1988 年自师范大专班毕业，参加工作，从事小学语文教学的实践与研究。现任江苏省苏州市教育科学研究院副院长、江苏省苏州市盛泽实验小学校长。20 世纪 90 年代，他在视听训练、素描作文等领域有一定的探索。1999 年起开始“小学语文组块教学”研究。“组块教学基于组块原理，将零散的教学内容整合、设计成有序的实践板块，引导儿童通过选择性学习和自主性建构，获得言语智能的充分发展和语文素养的整体提升，并建构具有组块特色的语文课程，实现语文教学的科学化。”① 组块教学以整合性、关联性的思维方式，为小学语文教学的内容、小学语文课堂教学的结构设计带来了新的思路与视角，在全国影响较大。薛法根的课堂教学秉承了苏派语文“尚简”的特点，教学风格清简、平和又不失生动幽默，代表课例有《螳螂捕蝉》《卧薪尝胆》《爱如茉莉》等，出版著作有《薛法根教学思想与经典课堂》《为言语智能而教——薛法根与语文组块教学》《做一个大写的教师》《现在开始上语文课——薛法根课堂教学实录》等，因杰出的教学贡献，薛老师曾获江苏省名教师、全国模范教师、江苏最美教师、第五届“全国十杰中小学中青年教师”提名奖、中国十大

① 薛法根：《为言语智能而教——薛法根与语文组块教学》，教育科学出版社 2016 年版，第 11 页。

小语年度人物等荣誉。

薛法根自1988年参加工作开始，始终没有离开小学语文教学的课堂，在三十多年的语文教学实践中，他思考与研究过许多语文教学专题，如早期作为课题探索的“视听训练”，跟随吴立岗教授、贾志敏老师学习实验的“课堂素描作文，课外循环日记”，还尝试建构作文教学的训练序列等。新世纪课程改革前后，他在《螳螂捕蝉》《卧薪尝胆》等课例中邂逅教学内容、目标整合式的课堂教学结构，进而提出“组块教学”的教学理念，经过二十年的持续探索、发展，组块教学的研究与实践者越来越多，形成了小学语文界重要的教研共同体。“组块教学”的产生源自对传统课堂线性教学结构的颠覆，与余映潮“板块教学”有异曲同工之处，但有鲜明的薛氏特质。围绕组块教学，薛老师逐步建立起自己的语文教育思想系统，包括教学理念、教学目标、教学策略、基本模式等，可看作是用组块教学之名统摄的对语文教学基本问题的理解与阐释。在这样的建构里语文教学的个性与共性逐步混合在一起。薛老师为人清淡平和、朴实真诚又带有大男孩式的顽皮幽默。即使成名已久，他在精神气质上仍是那个清晨辄起、在晨雾里跟着母亲背着竹篓蹲在桑树地里割草的农村孩子，他从没有脱离乡镇小学的小学语文教学实际工作，他的课与他的人一样，朴实平和又蕴含着实践的智慧，深受小学语文教师、小学语文教育研究者喜爱。

1. 基于实践经验的教学设计

薛法根在阐述自己教学思想时提到了自己关注的多种教育学和心理学理论，例如巴西教育家保罗·弗莱雷的智慧解放教育、多元智能理论、皮特·科特的言语交际功能理论、大脑功能科学、关联理论等，这些理论庞杂多样，涉及各个不同领域，薛老师用这些理论解释自己对语文教育实践的理解。例如，用“智慧解放教育”阐释其对教育目的的理解，然后以此统摄，用多元智能理论建构自己的儿童发展观，用言语交际功能理论建构自己的语文课程观，用脑科学理论建构自己的教学观，用关联理论解释自己的教学设计观等，这些理论与他的实践都有一定的关联，都可以从一定层面上解释他的教育思想。但显然，这些理论并没有成为他教学设计智慧的来源，而主要承担着理解与解释其教学思想的参照或者工具的作用，在一定程度上它们与薛老师的实践智慧仍有隔膜。薛法根的教育思想与教学设计智慧更多地来源于实践，指向实践。研读薛法根对自己教学思想阐述性的文献，会发现其中蕴含的是强烈的实践逻辑而非学理逻辑。但是，从这些教育理论中，我们仍可以窥见薛老师重视智力发展、重视语文的运用作用和交际作用等基本教育观，同时约略可感受到其语文教育科学化的追求。

2. “为发展学生的言语智能而教”的教学设计目标

薛法根将自己语文教学的目标定位于发展学生的言语智能。按照多元智能理论的观点，人类具有 8 种智能：言语智能、逻辑数学智能、空间智能、身体运动智能、音乐智能、人际关系智能、自我认识智能和自然观察智能。薛老师将发展儿童的言语智能当作语文学科的独当之任。① 他希望通过改善学生大脑中“组块”的容量与数量，提升其智力活动的质量，“促进生命智慧潜能的生长”。在他看来，发展儿童的智慧潜能是“智慧解放教育”的价值追求。在这样的论述中，可以发现薛老师是没有严格区分智慧潜能与言语智能这两个不同的概念的，事实上他希望通过一定的言语交际训练，发展学生智力，生成生命智慧。尽管没有详尽的阐释，却不难看出，“智慧”才是薛法根钟爱的一个词，无论是教师的教，还是最终期待学生达到的目标，薛老师都希望是“智慧”的。就课程自觉而言，他将语文教学的目标落在“言语交际上”，言语与语言相区别，指向的不是静态的语言文字体系，而是动态的语言文字运用。简单解释薛老师的语文教学目标，大概可以理解为通过适当的言语交际训练发展学生智力，孕育生命智慧。

3. 块状重组、整合求巧的课堂教学结构

薛法根倡导并实践的组块教学注重教学内容的整合，力图将零散的语

---

① 薛法根：《为言语智能而教——薛法根与语文组块教学》，教育科学出版社 2016 年版，第 15 页。

文知识点整合成以不同内容为核心的教学板块，在相对清晰的教学目标指导下，教师通过词语、短语、句子、篇章的组块引导学生由浅入深、由易到难、由学到用进行语言文字学习。“组块教学”实验的突出表征为课堂教学结构的改革。与传统的线性课堂教学结构相比较，“块”状的教学结构在教学内容与训练方式上更加集中、优化，打破了传统教学按照课文内容逐段学习的定式，有利于改善教学步骤过于细碎、教学环节没有梯度以及教学环节之间缺乏一定逻辑关联等问题。当然，板块式教学设计并非薛老师独创，它在薛法根提出“组块教学”的概念之前就已经出现，薛老师的组块教学在教学设计上的贡献不在于“块”，而是更集中表现为“组”和“巧”两方面。

“组”即“重组”“组合”“整合”之意。薛老师在教学设计中善于将碎片化的语言材料进行梳理归类，将它们分散到各个教学板块中，每个板块都有特定的言语训练目标，围绕目标，展开的常常是听说读写综合性的学习活动。可以说，组块教学之“组”是教学内容、教学目标以及教学训练方式的重整组合。例如《九色鹿》一课中，薛老师设计了“说一说两个人物”“读一读一个重点段”“写一写人物心理”三个板块，将听说读写的训练综合其中。另外，薛老师非常注意将教材与学生的日常生活实际相结合，寻找其相关联的共同点，主张走向生活、走向运用的语文教学。

“巧”则是指教学设计中教学材料或教学环节呈现一种“以一当多”之“巧妙”。薛法根的教学设计中，最有特色的是词串教学。薛老师常常在教学的第一板块设计词语学习，也有研究者将其视为字词学习导入，并做过统计研究，如图 6-1 所示。①

---

① 黄晓清：《薛法根语文教学风格简析》，上海师范大学 2018 年硕士论文，第 47 页。

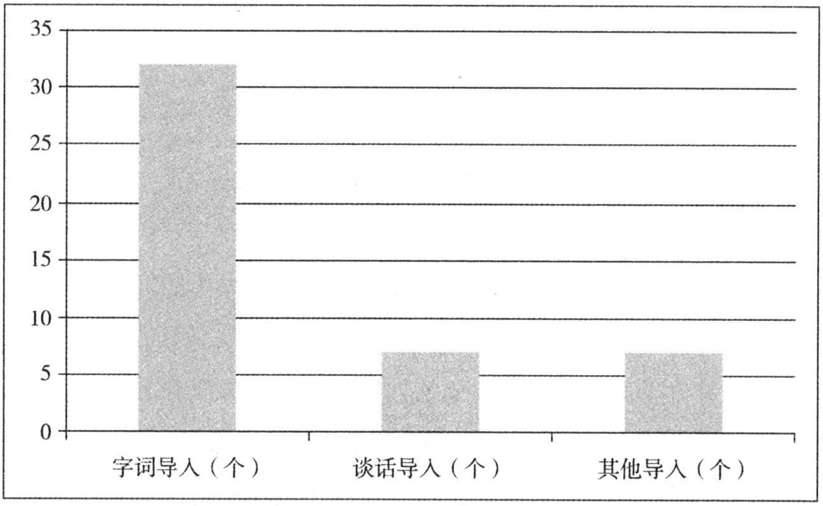

图 6-1　薛法根导入手法统计表

在词语学习的过程中，薛老师常围绕某个“线索”将课文中的字词或短语归类听写，组合的线索有“描述的对象、语境的功能、词语的结构、表达的语义”等。这些归类后的字词或短语就形成了词串，薛老师在带领学生对这些词串进行音、形、义的基础学习和整体识记后，还总会利用这些词串作为理解课文内容的入口，并成为复述课文、掌握课文大意的主要支架。在这样的设计中，词语教学既是内容，也是手段；既是目的，也是方法。以《螳螂捕蝉》为例，教师首先听写四组词（如图 6-2 所示），这些词语竖向看，分别对应了故事中的主人公、状态、动作；横向看，恰好是故事情节的主要信息。接下来，教师讲故事，学生练习复述故事，刚刚学习的词串就成了复述课文的重要信息提示，成为练习的把手、支架。这种设计之妙类似于建筑设计或家居设计中的组合设计，一个设计元素可以发挥多个功能，呈现出中国传统设计哲学中的“工巧”的特点，起到以简驭繁、以一当多的设计效果。

蝉	悠闲	自由自在
螳螂	拱着身子	举起前爪
黄雀	伸长脖子	要啄食
侍奉吴王的少年	拿着弹弓	瞄准

图 6-2　薛法根《螳螂捕蝉》板书设计

4. 使用幽默认知工具，营造宽松而富有情趣的教学氛围

学生总是喜欢具有幽默感的教师。教学中的幽默不仅有调节气氛、缓解紧张情绪的功能，也是一种重要的认知工具。在教学设计中刻意设计的幽默效果，可以启迪学生思考，帮助学生更好地理解教学内容。

薛法根的课具有幽默的特点，这与他追求的宽松而富有情趣的语文课堂理想有关，也是其自身未泯的男孩式顽皮性情的投射。他一方面在随机的课堂教学情形中，常常以机智幽默的语言应对学生的突发状况，达成一种好笑有趣又意味深长的效果。例如执教《我和祖父的园子》中，学生在评价“我和祖父”的感情时，只会用“好”字来表达，而没有其他更多词汇。这时，薛法根老师故意把几个“好”字连在一起造句：“这个词比刚才那个词好多了。今后我们用词不要总是用‘好’，好不好？现在不只用‘好’了，那就好了。”学生会意大笑，收到了很好的教学效果。另一方面，在课前的教学设计中，薛老师会设置一些“包袱”，形成课堂中的幽默效果。仍以《我和祖父的园子》为例，薛老师将“祖父做什么，我就做什么”设计成一组富有趣味的师生对话。

师：祖父戴一顶大草帽

生（接话）：我就戴一顶大草帽

师：祖父栽花

生（接话）：我就栽花

师：祖父下种

生（接话）：我就下种

师：祖父浇菜

生（接话）：我就浇菜

师：祖父坐下来休息一会

生（接话）：我也坐下来休息一会

师（语速加快）：祖父喝口水

生（迅速接话）：我也喝口水

师（语速更快）：祖父抽袋烟

生（迅速接话）：我也抽袋烟（发现上当，大笑）

在这个设计中，教师通过固定的句式引导学生展开想象，借以体会我与祖父在院子中的快乐时光，最后“抽袋烟”的设计，显然是教师有意为之的幽默设计，也可视作故意挖好的坑，只等学生跳进来，在相视大笑里进一步体会文意，获得愉快的学习体验。

5. 清简平和、貌朴实巧的教学设计美学

因为“组块教学”的训练板块具有综合性、整体性的特点，薛法根的教学设计在环节上都比较简单，呈现出一种简约清朗、不蔓不枝的干净之美。有研究者认为这种风格的形成与薛法根所处的地域有关，“苏派”名师从斯霞到于永正在教学风格上都比较“简朴”。薛法根从执教之初，就浸润在老一辈江苏语文名师的氛围中，苏派语文倡导的“清简”影响着薛法根教学风格的形成与发展。薛老师生性平和，生命本性里带着属于土地的朴实与勤奋，与他的性格一致，他的教学设计少有大起大落、大开大合式的艺术化追求，反而呈现出恬淡自然的气息，他的教学智慧蕴含在以一当多的局部设计中，貌朴而实巧。他几乎很少设计情境与学生一起进入一种审美自失的状态。对教学内容，他基本上保持一种客观冷静的态度，更多的是把文本作为教学的对象而非审美的对象，只是借用文本带领学生进行言语交际的学习，但追求学得轻松，学得有趣。

另外，薛法根受庄杏珍老师直接指点，又曾经专心研习模仿贾志敏老师的教学视频。因此，他的课堂教学因循20世纪90年代的传统，特别重视学生的语言训练，使教学显得扎实有效。

第三节 2000—2010年小学语文教学设计的基本特征

如前所述，1997年《北京文学》引起的语文教育大讨论是中国当代语文教育的重大转折，它使人们对语文教育科学化追求带来的工具理性的弊端进行检省。2000年启动课程改革之后，人文主义在语文教育中得到张扬，语文教育中的文学因素得到加强，教学设计者普遍将促进学生生命发展作为基础的教育关怀，学生学习的体验也被尊重与重视。新世纪初，随着语文学科教学理论研究的推进，语文学科本土理论研究成果日渐丰富，逐渐走进教育实践，影响了语文教学设计中教学目标的制定及教学策略的选择，如王尚文的《语感论》、潘新和的《语文：表现与存在》等。与此同时，哲学领域的对话理论、文艺学领域的新批评学派等为语文教育提供了新的视角与方向，“对话”“文本解读”等成为影响语文教学设计的关键语词。学习方式的变革在这一时段异常活跃，自主合作探究理念下的小组合作等学习方式受到追捧。信息技术的飞速发展给语文教育打开了新的窗口，资料获得的便捷使课程内容的开放、丰富成为可能，多媒体课件逐渐成为教师教学最重要的辅助手段。另外，课程改革对教师参与课程开发与建设提出了要求，也为教师参与课程开发与建设提供了自由的空间。教师的个性特征在这一时段得到前所未有的放大，众多一线名师纷纷著书立说，提出自己的语文教育主张。

一、人文主义张扬，学生的生命个性在教学设计中得到重视

人文主义在这一时段得到充分的张扬。这一时段的语文教学设计普遍表现出对学生生命的理解、关心和信任，学生天性、个性得到尊重，教师

在教学中重视对学生灵性、悟性的启迪以及对学生创造性的激发。1997年叶澜教授《让课堂焕发出生命活力》一文在教育界引起强烈反响，对学生个性生命教育发展的关注随着对工具主义、技术主义的反驳成为教育界最热门的话题，有学者呼吁让"让生命教育成为我们头顶上最耀眼的光环"。窦桂梅等这一时段涌现出来的名师纷纷将"为生命发展奠基"作为语文教育的目标与旨归。

在教学设计中，科学主义的倾向被摒弃和消解，机械的训练、具体知识的讲解等不再占据课堂的中心地位。通过感性化的学习方式，唤醒学生自身体验，使学生在一定的情境中受到熏陶有所感悟并以此建构学生情感态度价值观是这一时段语文教师教学设计的主要思路。例如，王崧舟在2000年执教《长城》一课时，原先安排有这样一个句式训练：将"长城气魄雄伟""长城建筑年代久远""长城工程浩大，施工艰难"三句话运用关联词语改写成一句话。这种句式训练是20世纪90年代常见的关联词训练，但是在备课讨论时，这一设计被专家建议取消了。在修改稿当中，王老师想象写话的环节，将课文中的"成千上万的参观者"具化为老人、孩子、外国记者等，并引导学生将这种想象带入课文，反复朗读重点语句，体会课文所表达的情感。这一设计的改变可视为新世纪课改转型期人文主义张扬而科学主义式微的缩影。

二、语文课程理论日益丰富，教学设计的研究性增强

新世纪前后，随着语文课程研究的深入，我国本土的语文课程理论日益丰富，部分优秀的理论成果被广大一线语文教师接受，改变着语文教育教学的实践。这其中，以王尚文的"语感论"、王荣生的"课文类型四分类"、潘新和的语文表现存在说、李海林的"言语教学论"等为代表。王尚文"语感论"认为培养语感是提高学生语文综合素养的基础，改传统的"知识中心说"为"语感中心说"。他提出了"语感图示"这一概念，启发语文教育将语感的培养作为主要目标。王荣生在其博士论文《语文科课程

论建构》中将语文教材中的课文按功能分为定篇、例文、样本、用件等四种，认为不同的课文发挥着不同的教学功能，这对语文教学设计中教学目标的制定和教材的处理都起到了重要的指导作用。潘新和在《语文：表现与存在》一书中颠覆性地提出了“写作本位”说，他提出“阅读，指向言语表现、指向写作”“写作是阅读的目的”“写作是语文能力的最高呈现”。(传统的阅读教学是强调“阅读本位”的，以叶圣陶先生为代表的主流读写观认为“阅读是写作的基础”“写作的‘根’是阅读”“教师教得好，学生读得好，才能写得好”)“写作本位”的提出引发了小学语文界对读写关系的热烈讨论，王崧舟、管建刚、何捷等一线名师纷纷以课例研讨的形式对这一观点做出响应。李海林在2000年出版《言语教学论》中，认为言语是语文内涵的科学表达，呼吁重视语文课程的言语性。

另外，文艺理论的相关成果逐步被引入小学语文界，兰瑟姆的新批评学派、接受美学以及朱光潜等中国本土美学理论受到语文教育研究者的关注，“文本”“文本解读”“召唤结构”“文本秘妙”等在这一时期成为语文教育研究的基本词汇，特别是文本解读、文本细读的理论超越了原来的钻研教材，拓展了语文教学研究的广度与深度，众多语文教师在解读发现文本内涵的惊喜与语文课程边界、学生接受能力间小心翼翼地试探。

三、教师参与课程开发，教学内容由课内走向课外，单篇走向多篇

新世纪课程改革赋予地方、学校、教师参与课程开发与建设的权利，小学语文教学在这样的背景下实现了由课内走向课外，由单篇走向多篇的探索。一方面，语文教师在教学设计中常常拓展1～2篇与课文相关的同主题文本，引导学生比较阅读，与课文相互补充或者互为印证；另一方面，语文教师纷纷将儿童文学、中华优秀古诗文等相关材料引入语文学习的课程体系，或开发独具特色的师本课程、校本课程，作为教材之外语文学习的有益补充。如韩兴娥的课内海量阅读实验、丁惠臻的说话接龙、常丽华

的“农历天空下的二十四节气课程”等。还有不少学校开展了阅读考级课程实验——除了语文教材的学习之外，还选取古今中外经典作品，引导学生大量阅读、积累。影响较大的有杭州市拱宸桥小学的七段阅读考级课程和南京市北京路小学的“12 岁以前的语文”等。

同时，社会性的儿童阅读推广活动兴起，大量国外优秀的儿童文学作品被译介至国内，绘本教学、儿童诗教学等成为语文教学的新生事物，为语文教学带来了生机勃勃的活力。亲近母语研究院等社会组织定期开展儿童阅读书目推介活动，梅子涵、窦桂梅、周益民等一批学者与名师参与其中，有力地推动了语文课程的儿童阅读转向。

四、板块式教学取代线性结构，成为教学设计的常态

在这一时段，课堂教学改革异常活跃，众多课改实验兴起。从课堂教学结构看，传统的逐段串讲课文式的教学结构被逐渐摒弃，板块式教学结构成为小学语文教学设计的常态。板块式的教学结构基于对课文学习内容的整合，如以“积累为内核的诵读板块、以理解为内核的述演板块、以迁移为内核的读写板块、以创造为内核的问题解决板块”等，使学习或训练的内容更集中，板块与板块之间形成并列式、递进式、承接式与主从式等关联结构，让课堂学习的逻辑感、设计感更强，更具有张力和活力。

这一时期，窦桂梅探索提出的“网状结构”可视为板块内教学线索自由调整，而王崧舟在教学设计中使用的“网状结构”的概念则是指同一教学环节的多种作用，仍是板块结构中的意义建构。

五、师生关系被解释为“特殊的对话者”，学习方式多元

对话理论从哲学领域进入教育学，对语文教育产生了巨大的影响。课程标准实验稿中将阅读教学界定为师生围绕文本展开的对话过程，师生关系被定义为“特殊的对话者”，教师不再是“绝对化”“神圣化”的权威，而成为“平等中的首席”。对话理论视域下的教师必须具备倾听的诚意、海

纳百川的气度与胸襟，并承认学生是知识可能性的源泉。对话理念影响下的语文教学设计普遍表示出对学生的理解与关注，对学生观点与感受的耐心倾听与充分尊重。当然，“平等中的首席”也导致教师作用的部分削弱，教师在教学中的主导地位在一定程度上受到遮蔽。

学生在学习中的主体性在这一时段得到充分确认，与之相适应，课程改革倡导自主、合作、探究式的学习方式。此时主导的理念强调学生是学习和发展的主体，强调学生学习方式个性化，教学的目标之一指向学生创新意识和实践能力的培养。倡导自主、合作、探究式的学习方式，意味着语文教学为学生创设丰富多彩的语文实践活动，让学生在活动中学语文、用语文，在兴趣盎然的体验探索中，获得语文实践能力的发展。

六、信息技术成为推动教学设计的有力杠杆，板书设计式微

21 世纪以来，随着计算机科学的飞速发展，信息技术成为教师教学重要的辅助手段，一方面，教师可以越来越方便地从互联网获得教学设计所需的各种文字、视频、音乐、美术等各种资料（也有教师开始布置学生课前从网上查找资料，搜集信息），另一方面多媒体课件以其展示功能强大、使用方便等优势，迅速成为课堂教学重要的辅助手段，课件的设计制作逐渐成为教师教学设计的重要内容，如何运用多媒体课件更好地为语文教学服务以及多媒体课件的制作与使用应注意的问题等迅速成为教研论文的热门话题。在一定程度上，多媒体课件代替了传统板书的部分功能，且比板书更丰富。它不仅信息量大，展示的内容多，还可以综合美术、音视等各种艺术手段，在帮助学生拓展知识、进入文本情境等方面都有重要的作用。

七、教学设计的地域特色、教师个性特色彰显

随着新世纪课程改革的推进，展示与分享教改成果的语文教研观摩研讨活动日益增多，除了小语会一类的官方教育部门组织的活动，社会上出现了专门策划举办教学研讨观摩活动的文化商业机构，各方力量促使大规

模的教研活动丰富多样，富有特色的课程改革成果以及优秀教师有了更多展示分享的平台，一时涌现出各种各样的教学成果与教学名师。这一阶段的名师教学个性鲜明，在求新求变的课改背景下，他们纷纷著书立说，提出自己的口号或主张，“某某语文”等在小学语文语界兴起。这一时期，教学设计的地域特色日益彰显，如“浙派语文”“闽派语文”“苏派语文”等流派旗号纷纷打出，部分研究者开始对本土的语文教学特色进行总结。这些口号或者主张往往与执教者生命个性息息相关，在当时的社会背景下，它们体现了改革者的勇气与思考，是教育者生命个性的张扬。当然，随着这样的口号越来越多，语文教学有了乱花渐欲迷人眼的困扰。不少教师其实并没有真正独特的教育理解或者教育探究，所提出的主张或者口号不过是经验的漂亮说辞或者常识的精致表达，他们在外部和内部因素的推动下对自己的教学进行包装。这个时段的教学设计在彰显个性的同时，也陷入了教育公共理性的危机。

第六章
设计的常态化回归
——2011—2020 年的小学语文教学设计

2011 年课标的颁布带来了小学语文教研方向的转折，“语言文字运用”成为语文教学研究的重心。2017 年统编教材启用，新教材课外阅读课程化等理念引发阅读研究的热潮，教材中的语文要素成为教学内容确定的依据。随着第二轮课程改革的深入推进，全国各地各种类型的公开研讨观摩活动繁荣，小学语文教研呈现出百花齐放、流派纷呈、热闹异常的景象，同时，人们开始反思公开课剧场化、舞台化、表演化倾向带来的弊端，呼唤教育教研向日常教学回归，出现了小学语文教学设计的常态化回归。

第一节　深化课改背景下语文教育的回望与沉思

2011 年，《义务教育语文课程标准（2011 年版）》颁布，本次课标进一步明确了语文课程的性质。在课标《前言》的第一部分“课程性质”里写道：“语文课程是一门学习语言文字运用的综合性、实践性课程。义务教育阶段的语文课程，应使学生初步学会运用祖国语言文字进行交流沟通，吸收古今中外优秀文化，提高思想文化修养，促进自身精神成长……工具性与人文性的统一是语文课程的基本特点”。本次修订区别了“语文”与“语文课程”，这种回答不是追问前人，而是考察当下：今天我们为什么要开设这门课程，如何设计这门课程。于是有了对语文课程的重新定位：“语文课程是一门学习语言文字运用的综合性、实践性课程。”这就让研究者的目光从“工具”与“人文”的纠结中跳了出来，投向了“语言文字的运用”。随后《语文教学通讯》《小学语文教师》等刊物展开的2011版课标讨论，都是围绕“语言文字运用”展开，“语用”成为语文教育研讨的中心词汇。此外，2011版课标对阅读教学的解释做了调整补充，改“阅读教学是教师、学生、文本之间的对话”为“阅读教学是教师、学生、教科书编者、文本之间的对话”，增加了教科书编者视角，旨在强调文本的教学价值，防止脱离课程语境的对课文任意的解读阐发。与课标语言文字运用的指向相一致，潘新和“指向言语表达”“指向写作”的阅读教学观引起小语界重视。2012年，江苏青年名师管建刚在这一理论的指导下继作文教学革命后提出阅读教学革命，主张阅读教学的教学目标应指向写作，指向表达。这一主张引起小语界激烈争鸣，《小学语文教师》《教学月刊》等纷纷开辟专栏，讨论阅读教学的价值取向以及阅读与写作的关系。

2016年9月，中国学生发展核心素养的研究成果发布。与此相适应，各学科纷纷制订自己的学科核心素养。2017年高中语文课标将语文学科的核心素养分为“语言建构与运用”“思维发展与提升”“审美鉴赏与创造”“文化传承与理解”四个方面。语文核心素养的提出体现了语文学科育人目标的学科性、综合性、整体性的追求。

2017年，教育部统编语文教材开始试用。2019年，统编教材在全国全面启用。这套教材重视立德树人，加大了中华优秀传统文化、革命文化、社会主义先进文化与语文教育的融合。此外，教材开设“跟大人一起读”“快乐读书吧”“名作导读”等助读栏目，尝试课外阅读课程化，提倡“多读书、读好书、读整本的书”，在此背景下，群文阅读、整本书阅读的研讨方兴未艾。

信息技术仍然是推动教育的有力杠杆，慕课、翻转课堂等在这一时期兴起，给传统的教学方式带来巨大冲击。随着自媒体的迅速发展，音视频可以通过网络便捷传播，社会文化企业或者教师自主开发的微课、网络课程等正成为学校课程教育的有力补充。

第二节　2011—2020 年小学语文教学设计实践

在本节中，我们将从三篇典型课文教学设计案例与三位典型人物教学设计思想两个角度感知 2011—2020 年之间的小学语文教学实践面貌，经由这些生动鲜活的典型案例，我们可以审视二轮课改之下小学语文教学设计的现状，总结这段并未远去的历史，认识其教学设计的特点，发现其间所蕴含的智慧并判断其可能的走向。

一、2011—2020 年小学语文经典篇目的设计例举

（一）小学低段诗歌体裁课文《小小的船》课堂教学设计（2017 年）

《小小的船》教学①

徐　艳

【教学目标】

1. 认识 10 个生字，能读准字音，认清字形，了解字词的意思。掌握 1 个新偏旁。

2. 按笔顺正确书写 4 个生字，掌握两个新笔画。

3. 学习用普通话正确、流利地朗读课文，背诵课文。想象坐在月亮船上观赏美丽夜空的快乐场景。

---

① 徐艳：《〈小小的船〉教学》，《小学语文教学》2017 年第 10 期，第 36~37 页。

4. 仿照例子，用简单的叠词说“的”字短语，积累“的”字短语。

【教学过程】

一、揭题激趣

1.（出示一张小船的图片）小朋友们看，这是什么呀？（学生回答后出示词语“小船”，点红“船”）

2. 对，这是一条小船。“船”是一个生字，拼音是三拼音节，跟老师拼一拼。“船”是个翘舌音，你们看，船头翘起来的，我们读的时候，舌头也要翘起来。谁来读？一起读读。

3. 注意了，小船变了。（课件演示小船变成一只更小的船）

（1）变得怎么样了呢？

（2）对，变得更小了，我们可以用两个“小”来表示更小。（出示“小小的船”）这节课我们就来学习一首有趣的儿歌，“小小的船”。

4. 举起手跟老师一起写——

（1）（板书：小小的）两个“小”字都是念三声，两个三声连在一起，第一个要读成二声。“的”是生字，轻声。谁来读读？（小小的，真可爱！）

（2）（板书：船）小小的船什么样呢？（边写边提示字形与船的图片的相似之处）船头尖尖的，头上一撇代表船头，船身窄窄的。一点代表船前面坐了一个人，中间有一横，将船身分成前后两个船舱，下面一点代表船上坐的另一个人，小船上可坐不了几口人。右边上面“几”字不带钩，下面是个“口”，这就是“船”字。

5. 谁来读读课题？（点评朗读：这可真是一只很小很小的船，我们一起读读！）

二、整体感知

1. 船，你们见过吗？你见过哪些船呢？

2. 小结：我们见过的这些船可以在水上开，有的运人，有的运货。

可是，今天课文里讲的船和你们讲的都不一样，不一样在哪里？

3. 大家刚才听得很认真。现在请你们自己读课文，不认识的字，可以读读拼音。

4. 这首儿歌里说的船实际上是什么呀？(月亮)

(1) 对，这只船不是小木船，不是大轮船，不是帆船，而是——月亮。(出示一张圆圆的月亮图和一张弯弯的月牙图) 你们看，是哪一个月亮呢？

(2) 对，是这个弯弯的月亮。老师把月儿请到了课堂上。(贴月牙图)

(3) (板书“月儿”) “月”是生字，我们一起写一写。“月”的样子就像这弯弯的、瘦瘦的月儿 (用手比划一下) 这时的月亮还没长成圆月，还像个小孩呢。“儿”也是一个生字，跟老师写一写。一起读一读。

5. 这首儿歌把弯弯的月儿当作了一只小小的船。

三、品读感悟

细读第一句：

1. 弯弯的月儿哪里像小小的船呢？(边问边贴小船图片在月儿图片下面)

2. (出示：弯弯的月儿小小的船，小小的船儿两头尖) 谁愿意来读一读？

(1) 听出来了，月儿和船儿都是“弯弯的”

出示词卡“弯弯的”。开火车读。齐读。(贴“弯弯的”词卡在“月儿”前面)

(2) 伸出手，比画比画。(老师指着月儿图和船图) 瞧，月儿是弯弯的，船儿也是弯弯的，多像啊！

(3) 哪位同学连起来读读这个词组“弯弯的月儿”？

(4) 月儿弯弯，小船也弯弯。我们一起读句子。

3. 这弯弯的月儿还有哪里像小小的船呢？

（根据学生回答出示词卡“两头尖”）我们一起读一读这个词。

（1）月儿的两头在哪儿呀？谁上台来给大家指一指？

（2）月儿的两端就是月儿的两头。小船的两头呢？（继续请学生指）对，船的两端就是船的两头。

（3）一起读“两头”

（4）看，月儿和船儿的两头都是——“尖”的。你们看“尖”字（出示“尖”字）：上面一个——小（没有钩），下面一个——大。

（5）你们在生活中见过什么东西是尖的？锥子、铅笔的头、针管等等。这些尖的东西有个共同的特点，就是上面小，下面大。

（6）所以“尖”字上面是个“小”字（不带钩），下面是个“大”字。

（7）一起再读读“两头尖”。

4.（出示蓝天弯月图）蓝蓝的天空中有一弯月儿，远远望去，它是那么小，小小的，弯弯的，两头尖，真是一只可爱的月亮船啊！（出示：弯弯的月儿小小的船，小小的船儿两头尖）咱们一起再读读这句话。

细读第二句：

1. 看到这么可爱的月亮船，你们想干什么？

2. 有个小朋友和你们想的一样。（贴小姑娘图）她想象着自己已经飞上天，坐到了月亮船上。

（1）谁想飞上天？读一读。

（2）“看”字是生字，上面是个变形的“手”字，下面是个“目”字。把手放在眼睛上，可以看得更远、更清楚。咱们一起做做这个动作，看一看。

（3）小姑娘坐在月亮船上看到了——（出示词卡：闪闪的星星）读一读。

（4）（出示：星星一闪一闪图）瞧，满天的星星一闪一闪的，咱们用小手来学学，一会儿明，一会儿暗，好像在眨眼睛。你们觉得闪闪的星星像什么？

3. 闪闪的星星像宝石，像珍珠镶嵌在蓝蓝的天上，天空很蓝很蓝，蓝得像大海一样。（演示蓝天、月牙、大海图）真美啊！一起读读"蓝蓝的天"（贴词卡）

结合板书小结：天空蓝蓝的像大海一样，月儿弯弯的像大海上的一只小小的船，小朋友在小小的月亮船里坐，只看见——闪闪的星星蓝蓝的天。让我们一起读读，把这美景带到大家面前。（男生齐读、女生齐读）

这么美的儿歌，让我们一起记在心里。（生齐读）这首儿歌还能唱呢！（播放音乐《小小的船》）让我们一起来跟着唱一唱。

四、复习巩固，指导写字

1. 书读得很好，歌唱得也很好。小星星听到了你们的歌声，也来到了课堂上，要考考你们有没有记住生字。（课件逐一出示生字）仔细看，用心记，记住的话点点头。

2. 下面我们要来做个猜字游戏。（略）

3. 下面再来玩个拼字游戏

（1）（出示门框图）这是什么？（出示"门"）

（2）它当偏旁叫"门字框"。生齐读：门字框，四方方，东西全都往里装。

（3）门字框，在那个字里呢？（出示"闪"）

（4）谁能用你的身体和门字框拼一个"闪"字呢？请你到教室的门下面来做动作。怎么拼？门字里面一个人，就是"闪"。

（5）"闪"还表示一个人很快从门口一闪而过，谁愿意上来演示？

4. 字都认识了，准备练习写字，先来做做手指操。（出示"栅栏""雨丝""小山""蚊香"线条图）书空画一画，练练手指、手腕。

5. 写字前，先认识两个新笔画。

(1)（出示笔画横折钩的象形图）跟老师写一写。（范写横折钩）横折钩，横画稍短，折角有力，钩往里收。

(2) 今天学的哪个生字里有横折钩？对，藏在“月”字里。

(3) 还有一个新笔画也藏在图里，（出示笔画竖弯钩的象形图）竖弯钩像小鹅，竖要直，弯要圆，横要平，钩朝上。（范写竖弯钩）

(4) 竖弯钩在今天学的哪个字里？对，在“儿”字里。

6. 准备写字，练字先练姿。（师巡视，提醒姿势）

7. 投影展示学生的习字册，点评、反馈，以鼓励为主。

8. 小结：这节课我们学习了《小小的船》，知道了这不是一只普通的船，而是弯弯的月儿，是月亮船。回去把这首儿歌读给爸爸妈妈听听，也可以和爸爸妈妈一起唱唱这首儿歌。

（作者单位：江苏南京市教学研究室）

这是一则完整翔实的教学设计，设计中预设了《小小的船》一课识字、学文两方面的完整教学过程，分析这一教学设计，可以发现以下特点。

1. 凸显“工具性”目标，文学性、审美性等方面的目标未明显涉及

在作者设定的四个教学目标中有三个是完全围绕识字、写字展开，另外一个是朗读课文、背诵课文，围绕课文内容展开想象。显然，作者将教学的重心放在语文教育“工具性”的目标与内容之上，课文的文学性、审美性以及由此带来的对学生情感态度价值观的影响未明确涉及。

2. 识字写字教学扎实

教师明确将认识 10 个生字、读准字音、认清字形、了解字词意思以及按笔顺正确书写 4 个生字、掌握两个新笔画、掌握 1 个新偏旁作为本课教学的目标。在教学过程中，既有随课文识字的设计，也有课文学习之后的集中识字、写字环节。教师设计使用猜字、拼字等多种识字方法，利于激发学生的学习兴趣。写字教学中重视笔画教学，能抓住生字书写时的重点笔

画进行教学，包含了观察、讲解、示范、临写、反馈评价等多个环节，且教师对学生写字的姿势有刻意关注、引导。

3. 重视身体认知，灵活运用多种教学方法激发学生学习兴趣

在教学过程中，教师注重学生身体认知的参与，在学习词语阅读课文的过程中常常引导学生伸出手比划比划，或上台指一指，让学生启动身体的感觉进入学习过程。另外，作者运用了身体演示、猜字游戏、拼字游戏等多种教学方法，有利于调整学生学习的积极性，带来良好的学习效果。

4. 信息技术提供了便捷的教学辅助

在本案中，教师多处使用多媒体课件展示图片、音频或动画，但没有出示完整的板书设计。在教学中，词卡、贴图多次使用，成为教学的便利辅助。

综合看来，本案例基础知识扎实，教学方法灵活多样，是一则充满实践智慧的教学设计。不足之处在于课堂教学的基本结构呈线性，教学过程为依据课文内容逐句学习，学习过程中个别问题过于细碎，使整个设计有拖沓之感。

（二）小学中段说明文《海底世界》课堂教学设计（2014 年）

《海底世界》“教什么”的厘定历程①

王学林

细研“文本”，析辨“价值”。

文本作为独立的客观阅读对象，为读者提供的信息价值是多元的，这种价值我们称之为文本的“原生价值”。一旦进入语文教材成为课文，赋予语文课程的意义，立足教学内容的开发与选择，它们的价值就发生了增值和变化，即“如何传播信息的信息”，这就是我们所说的

① 王学林：《〈海底世界〉“教什么”的厘定历程》，《小学语文教学》2014 年第 6 期，第 48~49 页。

语文的“教学价值”。当作品赋予教学价值之时，我们为了追求文本教学的“个性”，要思考文本在一组与一类文本中独有的“特质”，这种价值我们称为“个性价值”。有了“原生价值”“教学价值”“个性价值”这样文本价值的辨析，我们就可以依据学生的年龄认知，课标的学段要求，对“原生价值”“教学价值”“个性价值”进行再次择取厘定，这我们称之为教学的“核心价值”。下面以苏教版三年级下册《海底世界》为例，谈谈“教什么”的确立与思考。

《海底世界》是一篇科普说明性文章，文章从光和声两方面描述海底的景象，从动物、植物、矿物三方面介绍海底的物产，向读者呈现的海底世界是个景色奇异、物产丰富的世界。这是文本的原生价值。

文本教学价值的确立需要研究“如何传播信息的信息”，也就是研究文本“怎么说”与“为什么这样说”。《海底世界》全文共有6个自然段，第1自然段紧扣课题提出“你可知道，大海深处是什么样的吗?”激发学生的阅读兴趣。第2~5自然段，是文章的重点部分，针对上文提出的问题，具体、生动、有序地描述了海底的声音、动物、植物、矿藏，展现了一幅神秘有趣、色彩鲜艳、生动活泼、千姿百态的海底世界图。最后一个自然段是全文的总结，指出“海底真是个景色奇异、物产丰富的世界”，给学生留下一个整体的深刻印象。

此篇课文后面设计了这样一个问题“联系课文内容，说说你对‘海底真是一个景色奇异、物产丰富的世界’这句话的理解”。这个问题的设计是让教学关注文本的整体建构，关注文本“怎么说的”，即先说什么，再说什么，最后说什么。这同时也就是关注了文本“如何传播信息的信息”，在这样的言语实践中，感受并领悟作者“为什么要这样说”。

文本的个性价值需要立足“篇”，着眼“组”，既要看这一组课文区别于其他组的个性，也要看这一篇课文区别于这一组课文其他课文的个性。《海底世界》所在的组共4篇课文，分别为《恐龙》《槐乡五月》《海底世界》《日月潭的传说》。纵观这一组课文，都是介绍性、说明性文章，正因为如此，文中多处运用了打比方、作比较、列数字等说明事物的方法进行描述，使读者对所介绍的事物有了具体而形象的了解。特别是这一组中打比方的说明方法运用尤为甚多，这一篇更加特别，显然理应成为其“个性价值”。其次，围绕中心句与关键词的构段方式在这篇文章中多处出现。开篇用“你可知道，大海深处是什么样的吗?”一句设问，结尾用“海底真是个景色奇异、物产丰富的世界”一句作答，文章的中间部分对关键词“景色奇异、物产丰富”作详细的阐述。在第2~5自然段中，中心句（词）的运用更是反复呈现。例如，“如果你用上特制的水中听音器，就能听到各种各样的声音……海底动物各有各的活动特点……它们的色彩多种多样……”在这些句子中都有中心句、关键词：“各种各样的声音”“各有各的活动特点”“色彩多种多样”这种语言的表述构成了总分的语言逻辑结构，这也是这篇文本在表达上的“鲜明个性”。再看，言语运用中也有许多“个性”类的词语，如“会意性”语词：嗡嗡、啾啾、汪汪；“规律性”语词：各种各样、各有各的、多种多样；“矛盾性”语词：当海面上波涛汹涌的时候，海底依然是宁静的，“波涛汹涌”与“宁静”这类词语的运用在这一篇课文的表达上尽显“张力”，在这一篇课文中也独具特色。

达“标”导“航”，择“适”而行

一篇课文，其教学价值与个性价值在开掘的过程中逐渐丰盈。那么，一堂课是否要方方面面都有兼顾呢？答案是：既没有必要，也不可能。一则课时不允许，二则“面面俱到”，“贪多求全”的结果，必然造成教学指向的不明确、不集中，降低课堂教学的有效性。所以教师要根据课标的要求、学生的认知特点适当取舍，确立相对集中、适切而简约的教学内容，以有利于学生的学习、掌握、消化和吸收。在这样的辨析中厘定的教学价值即为教学的“核心价值”。

教学核心价值的确立与施行必须做到三“变”三“重”，即一变“讲内容”为“学语言”，重视语言形式的学习；二变“只感悟”为“学表达”，注重表达方法的学习；三变“学课文”为“学阅读”，重视阅读方法的学习。

通过对“教什么”的追寻与溯源，根据学生已掌握的认知特点以及《语文课程标准》的学段要求，可以把《海底世界》“教什么”厘定为：

1. 学习本课生字10个，指导“底”“危”半包围字的写法。

2. 联系上下文理解“窃窃私语”的意思；学习“象声叠词”与“ABAC”的构词方法；体会“波涛汹涌”“宁静”等词语表达的精准妥帖。

3. 学习说明文中“列数字”“举例子”“打比方”的说明方法来介绍事物的特点，同时学习围绕中心句描写的构段方法并进行迁移表达，感受体会“问答式”“详略得当”的谋篇布局的方法。

4. 整体把握课文主要内容，以小导游、解说员的身份介绍海底世界。

5. 以篇带组，开展“走近大海”主题式综合性阅读活动。

（作者单位：江苏宿迁市泗阳实验小学）

这是发表于《小学语文教学》2014年第6期的一篇教研文章，文章以《海底世界》一课讨论了语文教学设计中教学内容确定的问题。研读这一文章可以发现作者如下教学设计思想：

1. 重视教学内容的确定

全文以《海底世界》为例，讨论了语文课文教学价值的选择问题。2007年，王荣生出版《听王荣生教授评课》一书，其中“从教学内容的角度观课评课”的主张引起了语文界的热烈回应。“教什么比怎么教更重要”在一段时期内成为语文教研的高频引用语。本文专门撰文讨论教学内容的确定问题，详细论述了文本的“原生价值”“教学价值”“个性价值”以及如何经过课程审视之后择取厘定教学的“核心价值”，对教学设计实践有一定的启示意义。

2. 将“言语形式”作为教学重心

在文章的分析中，作者将言语内容与言语形式相区别，并将言语形式的学习作为语文教学的核心价值。即作者认为语文教学应变“讲内容”为“学语言”，重视语言形式的学习。言语形式与言语内容的关系问题在20世纪80年代王尚文就曾为此专门撰写论文，在2009年前后，语文界纠正泛语文倾向，呼吁语文意识的回归时，这一问题重新为人们热议。从文章看，作者认为学习言语形式是语文的独当之任，并由此认为语文教学应变“只感悟”为“学表达”，注重表达方法的学习。

3. 重视阅读方法教学

作为三变之一，作者提出变“学课文”为“学阅读”，重视阅读方法的学习。这一观点具有一定的代表性，在2011版课标颁布之后，语文界聚焦“语言文字运用”，对课改初期出现的重内容理解轻方法指导的倾向进行了纠正，阅读方法的指导问题引起了语文教育研究者的重视。大家虽然认识到这一问题，但属于阅读策略、阅读指导方面的学科专业知识并没有建立起来，阅读方法指导还未走进语文教学。正如本文所呈现出的一样，尽管作者提出要重视阅读方法，但在他的教学设计中没有真正出现阅读方法的指导。

4. 重视语文实践活动设计

作者在“教什么”的最后厘定中出现了让学生在整体把握课文主要内容的基础上，“以小导游、解说员的身份介绍海底世界”的设计，这已经属于具体的课堂教学实施过程的内容，是语文实践活动设计，这一设计无疑带有较强的综合性，在阅读理解的基础上，有利于学生口语交际能力的培养。

5. 重视综合性阅读训练

作者在“教什么”的最后厘定中出现了“以篇带组，开展‘走近大海’主题式综合性阅读活动”的设计。这一设计展现了一种开放的语文教学观，作者采用一篇带多篇，围绕典型文本开展综合型阅读，与这一时期盛行的群文阅读理念相契合。

（三）小学高段散文体裁课文《草原》课堂教学设计（2016年）

赏画面之美　品人情至深

——《草原》（第二课时）教学设计①

倪水良

【教学目标】

1. 能有感情地朗读课文，体会蒙汉情深、民族团结的思想感情，激发学生热爱草原、热爱草原人民的思想感情。

2. 通过语言文字展开想象，在脑海中再现课文所描写的美妙画面。

【学习难点】

1. 联系课文，说说对“蒙汉情深何忍别，天涯碧草话斜阳”这句话的理解和体会。

【教学流程】

一、直接导入，回顾三幅画面

1. 揭题：同学们，今天这节课我们继续学习老舍爷爷写的《草原》，请大家把课题读一遍——（生读课题）

2. 读着课题，联系昨天的教学内容，此刻不经意间，你的脑海里会浮现出哪几幅画面呢？

（生交流。师课件出示：草原风光图、喜迎远客图、主客联欢图）

---

① 倪水良：《赏画面之美　品人情至深——〈草原〉（第二课时）教学设计》，《小学语文教学（人物版）》2016年第1期，第48~49页。

正因为如此，所以老舍爷爷情不自禁地发出了这样的感叹——（生：“蒙汉情深何忍别，天涯碧草话斜阳！”）（让学生用自己的话说说这句话的意思）

二、自读课文，抓拍特写照片

老舍爷爷为什么会发出这样的感叹呢？答案就在课文中。现在，请同学们自由地读课文。如果你正跟着作者在草原上，看见了美丽的大草原，又目睹了蒙古人民的好客，你会抓拍怎样的一张张难忘的特写照片？（生自读课文，边读边画相关语句）

三、品词赏句，欣赏画面之美

1. 我们来交流一下你拍摄的特写照片。我相信，好的文字背后是一幅幅栩栩如生的画面，你们也必定是通过文字的描述寻找到拍摄角度的，是吗？所以，就请你用课文中的语句来描述你抓拍的那张照片。

2. 生随机交流，师根据学生的交流相机引导点拨，重在关注学生语用能力的培养。主要问题设计如下：真好，你拍了这么美丽的一张照片！很显然，你把镜头对准了。哪些描写草原美景和草原人民的词语从你的镜头中蹦了出来？你从这个画面中欣赏到了什么？体味到了什么？你能把你欣赏到的内容用你的朗读读出来吗？

3. 师小结：你们瞧，栩栩如生的画面背后是词语和句子，词语和句子的背后是栩栩如生的画面，让我们来齐读这些美妙的画面，就让这些美妙的画面在你的头脑中扩散开来，再一次把你带回到课文中的一幅幅画面中去，读——（师出示相应的画面）

四、品读感悟，品味人情之深

1. 同学们，刚才我们抓拍了好多张美丽的照片。这么多照片中，你最欣赏、最感兴趣的是哪一张呢？你能把理由和大家分享吗？（生再读课文）

2. 读后交流，师根据学生的交流相机引导点拨。

（生交流：“四面都有小丘，平地是绿的，小丘也是绿的。羊群一会儿上了小丘，一会儿又下来，走到哪里都像给无边的绿毯绣上了白色的大花。”）

师：很显然，你把镜头对准了草原，能说说你欣赏的原因吗？这么美的画面，读来肯定很有味道，请根据我的提示，大家直接读读，读出草原的美。

师：碧绿的草地，洁白的羊群，再加上蓝天白云，真如仙境一般——（生接读上面一句话）

师：那草地毛茸茸、蓬松松而又软绵绵，羊群就是绿毯上面的大花，真美啊——（生接读上面一句话）

师：欣赏着这一张照片，你觉得羊群在草原上还像什么呢？

（生交流：“在这境界里，连骏马和大牛都有时候静立不动，好像回味着草原的无限乐趣。”）

师：如果牛马真的会回味，它们可能在回味着什么呢？

……

3. 师小结：你们瞧，文字的魅力就在这里，从一张张照片中，我们欣赏到了草原的美景，同时也品味到了蒙汉人民之间的深厚情谊，怪不得老舍爷爷在离开时会发出由衷的感叹：“蒙汉情深何忍别，天涯碧草话斜阳！”

五、课堂练笔，升华民族情感

1.（欣赏歌曲《美丽的草原我的家》）孩子们，请闭上眼睛，在心中再一次举起相机。看，在美丽的草原上，一群穿着各色衣裳的男女老少襟飘带舞地疾驰而来。忽然你的闪光灯捕捉到了他们的特写镜头。睁开眼瞧，（课件出示课本中的插图）蒙古包外，有许多匹马、许多辆车。握手再握手，笑了再笑。你说你的，我说我的。我们回敬，主人再举杯，我们再回敬……请你把镜头聚焦到其中的一个画面，拿起笔来写一写。（课件出示：蒙古包外，有的____，有的____，有的____，大家____真是好不____。所以，虽然太阳偏西了，但是谁也不肯走。这真是____!)

2. 生在音乐声中练笔，师巡视。生练笔后交流。

3. 师小结：同学们，老舍爷爷用如此美妙的笔触描写了草原以及草原上生活的人民，字里行间流露着对草原的热爱之情，歌颂了各民族的团结以及蒙汉人民的友好友谊，让我们在歌声中回味草原的无限秀美、蒙汉人民的美好情谊。

这则教学设计发表在2016年第1期《小学语文教学》(人物版)，从中可以感受到设计者对语文教学艺术化、审美化的追求与所做出的努力，也能发现在这种追求过程中出现的问题，简析如下：

1. 重视在语文教学中培养学生的情感、态度、价值观

作者将这一课时的教学目标定位于“能有感情地朗读课文，体会蒙汉情深、民族团结的思想感情，激发学生热爱草原、热爱草原人民的思想感情”以及“通过语言文字展开想象，在脑海中再现课文所描写的美妙画面”，体现了作者在语文学科教学中渗透情感教育、审美教育的追求。

2. 设计使用隐喻式教学语言

很显然，教师试图艺术化地设计教学，用“拍摄的特写照片”的教学隐喻引导学生品读文本，想象画面。好的教学隐喻可以使课堂教学充满艺术性，带给学生新奇的学习体验。可惜在本课的教学设计中，教师反复使用观察“照片”“举起相机”等隐喻性教学指令，基本停留于简单地根据文字想象画面，根据画面聚焦文字这一笼统且表层内容上，缺少深入文本的问题设计。

3. 设计中使用了引读式教学样式

课例中设计了两处教师描述情境引导学生读课文的环节，属于“回环复沓”式引读样式。复沓式朗读设计会在训练学生朗读的同时形成一定的“境”或“场”，增强课堂教学的艺术性，激发学生的情感体验。

4. 综合运用了音乐、美术等多种艺术手段

教师在读写结合等环节综合使用了歌曲《美丽的草原我的家》、课文插图等元素，致力于通过艺术手段的运用，调动学生的情感体验，触发学生的想象，使学生进入一定的审美情境中，以美启真。

5. 教学设计层次感不强

课例中展示的教学指令与教学问题设计，基本上处于同一层面，缺少由浅入深的层次性，缺乏密切的逻辑推进。因为始终没有小切口的深入性问题引导学生真正展开感性想象，学生可能很难进入词句中真正品咂语词之味，感悟语词背后的情感。

二、2011—2020 年小学语文名师与教学设计

在 2011—2020 年间，一批 90 年代末入职的中青年名师成长起来，逐渐进入教学思想成熟期。这批名师大多经历各类教学比赛走进人们的视野，因为在各种教学研讨观摩活动执教公开课而为小语界熟识。这其中影响较大的名师有蒋军晶、张祖庆、虞大明、何捷、彭才华、许嫣娜等，综合考虑教师所处地域、教学风格、执教年段等因素，本研究选取蒋军晶、何捷、彭才华为研究对象，简要介绍他们的教学主张，并分析其教学设计思想。

（一）蒋军晶的群文阅读与教学设计

蒋军晶，浙江省特级教师，1998 年参加工作，曾获浙江省教坛新秀、浙江省教改之星、浙江省先进科研工作者等称号，曾获浙江省阅读教学评比一等奖、“教改之星”课堂教学评比一等奖、“课改巡礼”课堂教学评比一等奖、全国首届视频课例评比一等奖。2006 年参加全国第六届青年教师阅读教学大赛获一等奖，其参赛课例《月光曲》广受好评，引起小语界关注。斩获各类赛课头筹之后，蒋军晶试图超越对课的研究，打破一堂课的“完整性”和“艺术性”，由课堂走向课程。2010 年起，他探索群文阅读的教学，倡导与学生一起追求有阅读陪伴的生活。蒋军晶倡导并实践的群文阅读指针对同一个议题、组织多个文本、带领学生进行的探索性阅读教学。

发展阅读技能和提升思维力、思考力是这种教学同时关注与追求的，文章之间的“互文关系”常常是教学设计的突破点。以群文阅读为突破口，蒋军晶致力于儿童阅读推广，倡导并实践班级读书会。2014年获评浙江省教育年度影响人物，2015年获评浙江教育十大年度影响力人物。出版有《课堂打磨——蒋军晶小学语文典型课例》《让学生学会阅读——群文阅读这样做》《瞧，这样的语文有意思》《从“课堂”走向“课程”——我的语文之路》《和孩子聊书吧——让孩子爱上阅读》《小学生老舍读本》《群文阅读——新语文读本》等著作。代表课例有《创世纪神话》《已死的母熊》等。

蒋军晶是通过赛课走出来的，在他所向披靡、斩获各级各类赛课的头筹之后，他开始反思刻意经营一节课的弊端。比赛课、公开课与日常语文生活的断裂令他感到一种撕扯的痛苦甚至虚无，于是他不再追求“一节课”的艺术与完美，转向真实完整的语文生活。认为带领学生阅读并在阅读中学会思考是语文最重要的事，他希望带领学生追求有阅读陪伴的生活。课程改革之后，大陆与台湾、香港、澳门的语文教学交流日益频繁，蒋军晶受李玉贵等台湾名师教学理念的影响较大，在课堂教学中特别关注学生的学习情况并重视阅读教学中的阅读策略。

1. *突破人文议题，以多种组元方式实践群文阅读*

2010年10月，蒋军晶在50分钟的时间里，带着学生读了七篇关于创世纪的文章：一篇科普文《关于宇宙大爆炸》和六篇神话——《淤能棋吕岛》《诸神创世》《始祖大梵天》《阿胡拉·马兹达》《盘古开天辟地》《巨人伊密尔》。这是他的第一堂群文阅读课，这一课作为群文阅读的经典课例经常被讨论、引用。蒋军晶理解的群文阅读教学的特征是同一个议题、多个文本、探索性教学。他希望带领学生深入文本内部，关注文章的表达形式、内部结构、承载信息、核心观点，并对在文章之间形成结构化的“互文关系”有所体察。他的群文阅读实践包含了对教材内容的重组、对教材内容进行补充以及课外组文三种范式，编写了群文阅读读本，把大量经典的儿童文学、民间文学、外国文学作品引入到语文课程的视野，拓展了语文课程的视域。从教学设计看，同样是多篇文本的教学，不同于窦桂梅的主题教学之处在于他的“议题”突破了人文主题的限制，既有基于内容的议题组文，又有基于表达手法的议题组文。主题教学往往以一篇为主，其他为辅；而群文阅读没有明显的主辅之分，主题教学的走向最终是教师引导学生对某一问题形成理解与认识，而群文阅读更注重发现、质疑、思考甚至解构与批判。然而，蒋老师目前的设计主要在粗线条的比较上，求同与求异是最主要的教学策略，组文间的关系链尚不清晰；单篇文章在群组中的个性特质在大问题的设计中尚未被充分重视。

2. 以技术式的教学内容追求课堂教学的确定性

蒋老师在其成长叙事《独立，又保持吸纳的姿势》一文中记述了自己年轻时对摇滚乐的痴迷。1998 年，21 岁的蒋军晶一遍又一遍看被称作“魔岩三杰”的张楚、窦唯、何勇的演唱会影碟。摇滚音乐中的真诚、困惑、叛逆以及对生命存在的意义追问等都曾深深引起蒋军晶的共鸣。这是颠覆正典的一代，传统的英雄主义、理想主义受到冲击，萨特式的虚无、迷茫、真诚、深刻蔓延在部分青年的精神气质中，这其中包括蒋军晶。在成名之后，他很快经历了两个明显的转向：一是由对“课”的研究转向对“课程”的研究，这是由舞台的艺术化的课堂转向（或者说“回归”）真实的语文生活；二是在话语风格上，他抛弃了曾经追求过的教学语言的修饰与完美，走向口语化。当他放弃对教学环节的苦心经营后，课的风格走向松散、遒劲。在放弃精神境界、审美理想等的同时，他开始更加信赖技术式的确定性的东西。他依据朱自强的儿童文学教学十八法，将自己的教学案例逐一对应进行解析注释。在教学内容上他提炼了作文写作的上百种“方法”，确定性的内容与方法令他心安，这样的教学带给他更多踏实感。

3. 以遒劲疏阔的课堂结构凸显设计主线

因为教育教学追求的改变，蒋军晶的课堂教学设计前后有一定的变化（后期的课设计感变弱，学生自学自悟的分量加重），但整体看都具有简洁干净、具有思考力等特点。蒋军晶的课堂教学设计大多课路简洁，即使采用板块式结构，也常由一条主线贯穿始终，主线的设计往往是主问题设计。例如《月光曲》一课，在听写词语和复述课文主要内容完成之后，蒋老师便提出了整堂课的核心问题：是什么打动了贝多芬的心，让他创作出传世名曲《月光曲》？后面的教学环节始终围绕这一问题展开，学生在老师的引领下围绕这一问题品读人物，朗读对话，想象情境，深化认识。

4. “突转”式提问，激发学生的思考力

蒋老师希望借助语文引导学生练习思考，因而他的课充满理性追求。尽管他一再强调通过语文学习表达，学习策略，但他总能在文本内容上找到有力量的思考点，并将这种思考化成问题。他的设问常常给人以打破常规的顿悟感，把课堂讨论的内容引向一定的深度。这个问题常常在课堂教学时间的四分之三处出现，问题一出，课堂的内容与情境往往产生大的转折与变化。就设计艺术而言，其作用很像文学中的“突转”——使课堂呈峰回路转之势，有曲径通幽之意，总有些出人意料的东西耐人回味，令人思考。例如在《已死的母熊》一课中，蒋老师先是带领学生变着花样读课文，循序渐进“解”课文。疏通了文意之后，对比阅读了《老狼护崽》一文。接下来创设情境，教师引导学生聚焦母爱的主题，又提示学生回到文本中母熊抱石的姿势，品味“端坐不当，足抱巨石”一句，并由此揣摩想象母熊的神态、动作、心理，想象写话。就在观者认为课可以止步于此的时候，蒋老师抛出了启迪性的问题：“两篇文章有什么不同之处？两种结局你更喜欢哪一个？”他结合课文及丰子恺《护生画集》第三集序里曾提到的许多人对护生的非议，提出问题：(1)《已死的母熊》结尾不真实，猎人以打猎为生，猎人不打猎靠什么生活？(2)《已死的母熊》自相矛盾，不杀生，不吃动物植物，那人不都得饿死了？这些问题超越了“母爱”的议题，最终引导学生走向丰子恺“护生”与“护心”的解释。

5. 唤醒感知觉，引发学生生活经验与文本内容的共振

蒋军晶的教学方向（目标）是指向激活学生体验、学习表达、学习阅读策略和学会思考。其中后三个目标都是在唤醒学生体验的基础上达成的。

蒋老师认为，太过注重把文本当作实际知识和抽象意义资源，而忽略了文本引发的视觉、嗅觉和听觉意象的潜质，这是非常遗憾的。因此，在他的课堂中，会设计有效的问题引导，唤醒学生的身体感知与生活经验。例如，在《祖父的园子》一课的教学中，他没有急于让学生归纳概括“园子里有什么”“祖孙俩做了哪些事”等，而是通过反复朗读感知作品情绪、补充材料丰富阅读前见、分析文章的表达特色感受作者情感等方式唤起学生自身生活经验与文本内容的共振。

还值得提到的是，蒋军晶是明确表示反对公开课的，但他恰恰是通过公开课成长并发展起来的，并仍然靠公开课传播自己的语文教学思想，由此实现各种价值。他所反对的正是他所依附的，荒诞虚无感与追求真相的深刻与真诚同时在他身上存在。他要破也要立，他扬弃也创新。就当下而言，他“炉火尚未纯青”“流派未定”①，他和他独特的教育智慧都仍充满各种可能。

（二）何捷的语文教学与教学设计

何捷，1975 年生，1994 年参加工作，曾任福州教育学院第二附属小学教师，1999 年参加福州市首届“自主学习”课堂教学比武，获一等奖；2000 年参加福建省首届课堂教学现场比武，再获一等奖；2005 年获“第三届全国作文教学擂台赛”“福建省首届教师素养大赛”特等奖。2010 年参加第八届全国青年教师阅读教学观摩大赛，执教《匆匆》一课，获特等奖，被小语界熟识。此后他不断推出新课新著，应邀在全国讲学数百场，成为新生代名师的代表人物。现为闽江师范高等专科学校教育科学研究所专职研究员，福建教育学院语文课程与教材研究所兼职研究员，福建省作协会员，中国写作学会中小学写作教学专业委员会小学课堂教学部主任。

何捷出生于一个书香家庭，自幼博览群书，爱好写作，著作丰硕。任

---

①　蒋军晶：《让学生学会阅读——群文阅读这样做》，中国人民大学出版社 2016 年版，第 3 页。

教以后，他专注研究作文教学，倡导“游戏作文”“百字作文”，带领学生在日常写作中积累，并进行整本书写作活动，带学生体验“一个人的出版史”。近年来提出“写作教学进行时”这一全新作文教学主张。“写作教学进行时”有三大关键词：“写作”“教学”“儿童”。其中，何捷尤其强调教师的“教”在教学全过程的重要性和不可替代性。何捷认为儿童是写作的主体，伴随着主体写作全过程，教师必须履行教的职责，实施有效、合理、科学的“教”。“进行时”就是以教为轴心，“教”串联全程，时时关照写作运思，激活生活经验，调用阅读积累，组织同伴合作，促进表达欲望产生，直至言语表达顺利倾吐而出。

除了作文教学的突出成就之外，何捷的语文教学研究内容非常广泛，他的研究课例涉及阅读教学、写作教学、口语交际、语文实践活动等多种类型，他的教育写作涉及语文教学、教师培训、儿童教育等各个领域，其个人博客“何捷的教学世界”及公众号“语文榕”发表推送了数千篇教育随笔，深受一线教师喜爱。撰写文章一千六百余篇发表于《人民教育》等期刊，已出版《何捷老师的游戏作文风暴》《一线立场》《何捷老师的全程写作教学法》等四十余部个人专著。

何捷是当今小语界最有影响力的青年名师之一。他素养全面，能读善写，且富有创造力。他以超乎常人的勤奋与积极创造的精神，为小语界奉献了大量研讨课例、儿童著作、教研论文，为语文教学研究带来了虎虎生气。他重视教学基本功，用心练习书法、朗读，为提升教学语言的魅力，甚至曾经专门学习评书；他用心研究儿童，对儿童的世界有真切的了解；他善用游戏，善于组织现场的表演等，这使他的课堂教学充满活泼泼的生机与活力。他的课堂教学推进迅速，节奏利落，充满评书相声似的现场效果，深受儿童喜爱。但是，他过于炫目的个性光芒，也造成了听课者（无论儿童还是观摩学习的教师）往往忘记了他教的是什么，只记得何捷的课带给他们极大的愉悦。似乎无论他教什么，最终都教成了自己的快乐世界。在一定意义上，他极强的现场光芒遮蔽了他课堂背后的教学思考与教学研究价值。事实上，何老师的教学研究内容广泛，思考深入，教学设计灵动多样。滤去课堂现场的欢声笑语，还原并直面他的设计本身，可以发现其中所承载的可分析、可迁移的语文教育公共理性，找到其中唤醒学生学习兴趣的设计密码。

1. 教学目标与教学内容：共性追求与个性发现的协调统一

何捷的教学设计有鲜明的目标意识，开课亮目标是何氏课堂常见的路数。

这个目标通常是“问题解决式”的，目标的确定主要来自课程标准与教科书的学习要求。在何捷的教学设计中，即使是单篇课文的教学，也能看到清晰的年段目标、单元视角，他确定的教学目标以学习策略或知识为主，尽管这种目标必然与文本的特质密切相关，但他的出发点不是文本解读，而是语文学习的要求。——不是说何捷老师不重视文本解读，而是他不以文本解读作为教学的出发点与教学目标来源。这样的价值选择在一定程度上封闭了文本意义的多向通道，但它自觉规避了过于追求文本解读的新意与深度可能带来的教学偏离，教学目标更容易贴合课程要求。

在一定程度上，何捷这种教学目标确定的方式是对某一种“共性”要求的自觉遵守，是“拿来的”，那么，在教学内容的选取上，我们能看到他课堂内容上的个性与创造性。教学内容是与课程内容、教材内容区别而言的，它是指语文教师处理教材的结果，是教师从课文中所寻找、发现、选取的本课言语学习或训练的内容点。正是合宜的教学内容，分解具化了教学目标，促成了教学目标的达成，有研究者因此也将教学内容看作课堂教学的二级目标。因为语文教学的过程就是教师以自己的言语经验影响、启迪学生言语学习的过程，教师的言语直觉以及实践经验决定了其面对课文时教学内容点的选取与设计。面对同一篇课文，不同的语文教师可能设计不同的教学目标，但这些目标都可能具有合理性；面对同样的教学目标，不同的语文教师也会选取不同的教学内容，这些教学内容也可能都具有适宜性。相同（或相似）教学目标下不同教学内容的选取决定了课堂所教内容点的差异。承认语文教学中不同教学内容的合法性、合理性，我们可以进一步认识到一位语文教师教学能力成熟的标志，就是拥有了独立发现与选择合宜教学内容的能力，这种能力依赖丰富的教学实践经验，但比经验更重要的是语文教师对自己言语经验的自信心与内省力。

何捷卓越的读写功底以及丰富的教学经验给予他超人的教学内容发现力，使其教学内容的选取与教学目标的设定相辅相成，呈现出一种共性追求与个性发现的和谐统一。以《桥》一课为例，他在这一课里亮明的教学目标来自单元学习要求："读小说，关注情节、环境，感受人物形象"，这一目标是对教学要求的自觉遵循。而在具体教学内容上，这一课的教学内容点主要有：通过与《穷人》对比，发现提示语与人物语言的关系、环境描写长与短的利弊辨析、结尾交代人物关系的巧妙之处等。① 这些内容都围绕"读小说，关注情节、环境，感受人物形象"这一"共性"目标展开，但具体教学的内容点则是具有个性的，展示出何捷老师独特的文本解读发现以及对阅读写作知识的理解，是他教学中富有创新性的一部分。

2. 教学结构与教学过程：活动任务的关联与蓄势

何捷的课堂教学结构大多是板块式的，并且其教学板块大都是由清晰明确的学习项目构成。正是通过一个又一个学习项目的达成，确保了语文课堂学习的实践性、有效性。何捷希望语文教学可以与数学课一样，充满"使命感"（任务性），认为"在整个教学设计中，设定清晰而明确的学习项目，让项目成为整节课设计的'牛鼻子'，这是理念上的重大改变，也必将带来课堂结构上的重大优化。"② 以《田忌赛马》一课为例，何捷设计了如下几个主要学习项目："联系齐威王、田忌、孙膑三个主要人物说说田忌赛马的故事""假设自己是齐国大臣，猜测比赛结果""分析故事完美结局发

---

① 何捷：《〈桥〉（统编本六上）教学实录》，《小学语文教学》2019 年第 12 期，第 21~22 页。

② 何捷：《教学设计新颖有效的三个建议》，《小学教学设计》2019 年第 7 期，第 5 页。

生的前提条件”“朗读对话，体会人物性格心理”“表演补白孙膑与田忌的悄悄话”“讨论谁是这个故事真正的赢家”。不难发现，这些项目指令清晰，带有天然的“动感”，是学习中的行动指南。

学习项目的推进组成了课堂教学的主要过程。值得注意的是，何捷设计的各项目版块并非独立割裂的，而是密切相关，形成一个系统的、立体化、交互性的关联之链。他注重各个板块间的联系，着眼于引发各个学习板块之间的连锁反应，带动学生的理解与情感体验。例如上文提到的《田忌赛马》课例中“分析故事完美结局发生的前提条件”这一学习项目，需要学生综合运用前面所学内容才能完成任务，而任务的完成又为后面深入理解课文内容做好了铺垫。板块之间的关系并非并列，而是呈现出层层推进的逻辑关联，形成教学的势能。教学势能的积蓄与释放，带来教学的张力，可以带给学生强烈的认知心理体验。

此外，板块内部结构里，何捷常常又有微设计。例如《田忌赛马》“朗读对话，体会人物性格心理”这一板块，其内部设计又分了四步：“关注两个标点符号”——“通过标点体会人物心理特点”——“师生合作分角色朗读”——“学生自读”，像这样细致的设计为学生的学习过程步步设置了认知的支架，也使学习过程富有变化。

3. 教学组织与教学方法：情景式与游戏化的童心欢歌

何捷反对“套路宿构”，在儿童学习中求真，求新，求趣，他主张：“教师要善于借助多样式、情境化、故事类、趣味型的教学，充分激活学生参与的积极性，促使学生从被动接受到主动参与，将课堂真正变成学习场。”① 观摩他的课，其活泼泼的教学氛围确实构成了一个快乐的学习场，这其中情景式的教学组织形式与游戏化的教学方法是唤起儿童主动参与的重要手段。

---

① 何捷：《“生动的语文”教学主张及建构实践》，《教育评论》2018 年第 12 期，第 149 页。

何捷善于创设情景，这些情景或源自生活，或源于故事，学生在情景之中化身某一角色，或表演、或讨论，获得一种深度沉浸式的学习体验。例如，在《商量》一课的教学中，何老师联系教材内容创设了“小明生日这天做值日生想早走一会儿”“爸爸看球赛，而儿子喜欢的动画片要开始了”“借同学的书该归还了，但是还没看完”等多个情景，让学生置身情景，扮演人物，展开口语交际训练。在这样的情景中，孩子们的生活经验被唤醒，他们化身角色参与其中，学得兴致盎然。再如，在《田忌赛马》一课中，何老师让孩子们化身大臣到赛马场现场观看比赛，并猜测结局；让孩子们想象补白孙膑与田忌的对话并表演出来……这些设计将儿童的学习任务放置于特定的背景中，充分调动了儿童的积极性，完成了综合性的语言实践活动训练。

这种情景中的表演带有游戏的成分，我们来看朱光潜先生笔下儿童游戏的场景：

> 儿童在游戏时意造空中楼阁，大概都现出这几个特点。他们的想象力还没有受经验和理智束缚死，还能去来无碍。只要有一点实事实物触动他们的思路，他们立刻就生出一种意境，在一弹指间就把这种意境渲染成五光十彩。念头一动，随便什么事物都变成他们的玩具，你给他们一个世界，他们立刻就可以造出许多变化离奇的世界来交还你。①

在何捷的课上，我们确实常常可以看到孩子们交还给我们的神奇的语文学习的世界。课堂中的游戏化几乎是贯穿始终的，挑战、竞赛都是执教者信手拈来、处处可见的教学方法。“男生先来，女生准备挑战”“你们这

① 朱光潜：《艺术与游戏》，《语数外学习（高中版下旬）》2021 年第 5 期，第 17 页。

么厉害，何老师不得不放点大招”等等这样的教学语言比比皆是。认知心理学发现，在游戏中，儿童的心理功能超越了他们在日常活动所反映出来的平均能力。游戏为儿童的学习提供了一个经验情景，通过它，儿童来探索社会和文化的法则。通常，何老师并不会郑重地组织某个游戏，但游戏化的状态始终都在。在他的教学设计，比某一个游戏方式更可贵的，一种勇于创造、富于想象并在这创造与想象中获得乐趣的“游戏精神”。

4. 课堂理答与艺术风格：生命的在场与爽脆利落的课堂美学

观摩何捷的课，我们总会被他敏捷的课堂理答所折服。无论给什么样的孩子上课，他在教学中总能根据变动的学情，给出机智幽默的回应，这种回应不只是评价或指导，而是现场进行的二次设计，它的随机变化性使课堂呈现一种活泼泼的生机与活力。这种理答的发生，不仅要求执教者具有敏捷的思维、丰富的经验、课前充分的准备，更要求执教者在课堂中的状态是自然的、在场的。正如何捷在课堂中，他专注于每一个当下，没有惦记着下一个教学流程的推进，也不担心某一个学生的发言是否会超出预期，他全然地观察每一个孩子，全然地感知着每一个瞬间。何捷课堂在场的底气离不开他对儿童的研究。他说，只要有时间，他就跟孩子在一起，只有跟孩子在一起，才能深入、全面、多角度了解孩子。20 多年一线班主任的经历，使他摸清了各年级孩子的喜好。当下孩童间秘密流行的玩意儿、他们的流行语、热门游戏等等都是何老师关心的，他还专门研究各种气质类型儿童的教育方式、关注留守儿童的心理辅导等等。因此，他的设计贴近儿童，深受儿童喜欢。何捷老师以充分了解学情为教学的出发点，他认为“学情更多的时候是一种感觉，神而明之，但精准与否就差‘那么一点点’，与儿童的默契就是你和儿童两心相知的化境”①。

从风格上看，何捷老师的课堂教学爽脆利落，他要教的东西十分明确，课堂思路通常依据课文的文体特征、文章结构而设计，很少苦心经营。他

① 何捷：《我的魔力语文课》，福建教育出版社 2015 年版，第 92 页。

的教学内容出示方式几乎都是直接呈现式，干脆果断，不弯不绕也很少求巧。因为课的目标针很强，课路简洁利落，他将此称为“清者自清”。就教学时间而言，他少有长课，即便遇到篇幅较长的文章，他也会简短设计，长文短教。另外，何捷老师思维敏捷，话语干脆结实，语速快，他的课上也有让学生自己静静读书思考批注的时间，此时何老师会巡视指导，从容等待。但他一开口，就是“闪电似的”话语，铿锵有力，掷地有声。他的课上偶尔也有渲染造境、暂时舒缓的时候，但总体看，他的课路进程快，呈现出爽利紧凑的美学风格。

何捷老师是当代小语界最富有创造力的青年名师，他的教学设计研究内容之广泛、数量之多、更新之快都令人惊叹。他曾将自己的微信号取名“周伯通”，其课堂教学确实带着“语文老顽童”的娱乐感，但是在精神内核中，他为人真诚认真，骨子里仍是70后的踏实勤奋、积极进取。他的教学在灵活多变的外表下，体现的是科学化的追求，他要发现与掌控的是确定性，这与现代语文哲学思潮的总体发展一致。语文学科复杂的本质注定其必然存在科学难以企及、难以明朗的空间，好在何捷老师本身是阅读与写作的行家里手，又始终在课堂中摸爬实战，他的沉默知识与教学直觉自会带他调适与纠偏，这就意味着无论怎么走，他都不会陷入极端。何捷的身上带着鲜明的个性特质，又有着典型的时代气息，多种矛盾式的特征在他身上同时存在，形成真实而富有张力的语文现象，带给我们思考，又引发我们新的期待。

（三）彭才华的语文教学与教学设计

彭才华，湖南株洲人。1979年生，1997年参加工作。中学高级教师，曾获广东省五一劳动奖章，省首届教学能力大赛小学教育组总冠军，2018年获选全国“十大青年名师”，入选《广东省小学语文教学改革30年名师名录》，省名师工作室主持人，现任教于广东省东莞市莞城中心小学。源于对音乐的热爱，彭才华比较早地将音乐与语文牵手，使其成为重要的教学辅助手段。他类比过音乐艺术与教学艺术的相似性，认为：文本解读就如演唱家分析、理解歌词；语文学科蕴含的丰富情感性与音乐的情感性相通；演唱对语言有很高的要求，语文也是语言的艺术；演唱要自然从容，教学亦如此；教师的仪表体态语等与演唱家登台演唱一样，要落落大方。① 后来，彭才华超越这种简单的迁移与类比，在语文教学中追求“如歌”的艺术境界。2008 年 9 月至 12 月，彭才华有缘到王崧舟工作室学习，这是他专业发展、生命成长的重要事件。王崧舟的语文教育思想无疑给了他巨大的启迪，除了醍醐灌顶的点醒，还有对自己以往教学观的省察与确证。在跟随王老师学习的过程中，他渐渐丰富了自己的语文教学思考，从语文教学的“调式”“情感”“结构”“节奏”“旋律”“休止”等各个方面比较系统地建构起自己“如歌”的语文教学观。他认为好的语文教学向美而生，暗合艺术的节奏，逼近音乐的胜境。著有《语文如歌》《如歌，指向更美的语文》，编著《倾听花开：关注言语生命的小学语文课堂》《小学生小散文100 课》等。代表课例有《古诗两首》《渔歌子》《村居》等。

在众多的新生代名师中，彭才华属于比较“老派”的一个，在他的身上没有这一代名师常见的巨大的创造力和深刻的娱乐精神，反而温文尔雅，谦和中正，是标准的儒家传统。他师从王崧舟老师，深得诗意语文三昧，诗意语文倡导的文化传承、审美建构等与彭才华生命秉性完全契合。在教学设计上，他牵手语文与音乐，调控节奏，平中见奇，学习设计细密，课堂呈现柔和温润的美学风格。

1. 将音乐作为语文教学的重要辅助手段

20 世纪 90 年代末，电化教学以其形象生动、富有感染力等特点为语文教学带来新的生机与活力。彭才华热爱音乐，并受过一定的音乐训练，在刚工作时就自觉地将音乐作为语文教学重要的辅助手段。例如，在教授《燕子》时，他一边在风琴上弹奏出“小燕子，穿花衣”的旋律，一边与孩子们朗读课文中郑振铎笔下的燕子。在讲授《狼牙山五壮士》之后，与孩

① 彭才华：《语文如歌》，东北师范大学出版社 2015 年版，第 98 页。

子们一起聆听《血染的风采》，让孩子们通过音乐感受一种悲壮之美，再回到课文中去理解、感受英雄跳崖的壮举。新世纪之后，信息技术飞速发展，多媒体课件的使用让音乐、美术等艺术元素的呈现更加便捷，彭才华更巧妙地运用多媒体为朗读配乐，起到渲染氛围、创造情境的作用。他说："对于语文课堂的音乐使用，我向来有近乎偏执的追求，不肯迁就丝毫。"他曾记述自己为《古诗两首》配乐的情景，那是在50首曲子里披沙拣金，一遍遍地咂摸曲子间细微的差别，最终淘得两首他认为最契合的音乐。他还尝试在作文教学中引导学生听音乐写故事，让音乐成为唤起学生想象力的重要媒介。

2. 将音乐精神迁移至语文教学，在教学结构设计中讲究节奏调控

彭才华将音乐精神迁移至语文教学，追求"如歌的"艺术化的语文教学境界。作为辅助手段的音乐，沟通的是文学与音乐两种艺术的深刻关联，将音乐精神迁移至教学设计，沟通的则是教学与音乐两种艺术的关联。师从王崧舟，深得"诗意语文"堂奥的他，用音乐精神设计、实践艺术化的语文课堂教学，从语文教学的"调式""情感""结构""节奏""旋律""休止"等各个方面比较系统地建构起自己"如歌"的语文教学观。这其中，最显著的特征是对教学节奏的追求。他在《变化：如歌的语文教学节奏》中总结道：教学流程上，注意起与伏；教学思维上，注意张与弛；教学内容上，注意疏与密；教学速度上注意缓与急；教学活动上，注意动与静。在一定意义上，好的语文教学堪称艺术品，语文教学设计的艺术是时间的艺术，与雕刻、绘画只通过空间见形象不同，它有段落的变化、情感的跌宕起伏、高潮的推出和结束时的回响。例如，在《凡卡》一课的写话交流片段，他设计把控了这样的教学节奏：低徊（写话、汇报）——渐起（朗读第8自然段）——攀升（合作朗读，呼唤爷爷）——平复（问答，感悟"反复"）——悬置（课末设疑）。在8分钟左右的片段里，节奏有张有弛，有缓有急，为的便是更好地让学生走进主人公凡卡的内心世界，在强烈的情感体验之后，深入理解文章运用的"反复"这一表达形式。

3. 在寻常教学内容中进行富有创意的微设计

彭才华的语文课堂教学设计感强，但教学内容的选取呈现平实质朴之感，很少有大的思维冲击力的内容或夸张式戏剧化的效果，他的教学设计擅长在寻常教学内容上进行富有创意的微设计，在问题的提问、学习内容的引出、学习结果的交流等方面往往颇具匠心，呈现平中见奇、寓奇于正的设计效果。例如，在《古诗两首》的教学中，诗题“黄鹤楼送孟浩然之广陵”“送元二使安西”中蕴含的两个文言词“之”“使”是学习的重点和难点，彭老师没有直接出示这两个字向学生提问，他设计了三个连环的问题，引导学生发现：①读了诗题，你发现了它们之间有什么相同点？（生：两首诗的题目中都有个“送”字，写的都是送别友人的）②你知道他们的友人分别是要到哪儿去吗？（生：到广陵，去安西）③题目中哪个字眼告诉我们是“到”“去”？学生在问题中思考，辨别，根据注释提示找出“之”和“使”两个字，教师紧跟着对“之”“使”做详细讲解区分：“之”，在这里作动词是“到”“去”的意思。“使”是受朝廷之命出使。然后让学生再读诗题，梳理清楚诗歌所讲述的时间、地点、事件。这一设计的创意在于学习的难点是在设问中让学生自己去发现的，而且在难点出现之前，教师已经为帮助学生自己去理解它们做好了充分的铺垫。

4. 制造学习心理落差，形成教学势能

因为有对课堂教学节奏的自觉调控，彭才华在设计教学时会根据一定教学内容的需要，刻意进行教学反差式设计，形成学生学习心理落差，使课堂形成一定的张力，释放教学势能。例如在《村居》一课中，彭老师引入了作者辛弃疾的《醉里挑灯看剑》做补充拓展。他没有直接解读作品，把作者梦回战场的辛酸无奈直接告诉学生，而是通过教师的配乐朗读，让学生感受战场中将士的豪情与战事的紧张，然后在词作中寻找描写战争的字眼，极尽铺叙。在学生们仿佛看到画面、听到号角、置身其中时，忽然，教师轻轻提问：“同学们，请注意，词里描述的是真的战场吗？”教学节奏，先扬后抑。学生马上注意到“醉里挑灯看剑，梦回八角连营”中的“醉”和“梦”字，恍然大悟，原来这些场景都是作者喝醉酒之后梦见的，此时教师适时补充辛弃疾的背景材料，学生就对诗人力主抗金却壮志难酬的心情有了深切的理解。

5. 善于运用课堂静默，形成教学“休止符”，创造艺术效果

休止，是音乐语言中一种重要的表达形式，是音乐流动中特殊、微妙的静止。恰到好处的休止是节奏调控的重要手段，常常达到无声胜有声的效果。在课堂教学中，适时适度的静默类似于音乐中的“休止符”，让学生在一定的氛围中静默想象、感受回味，往往达到出其不意的教学效果。在当代小语界，休止符式的课堂静默设计较早出现在王崧舟的教学中，王崧舟在《圆明园的毁灭》一课的教学中设计了一个长达 20 多秒的停顿，用于营造圆明园毁灭时的悲情氛围，被认为是教学“休止符”使用的范式。彭才华将这一范式运用得轻车就熟，在众多课例中达到很好的虚化艺术效果。例如，在小说《桥》一课的教学中，他顺应文章情感脉络，设置了几处“休止”：

师：对，洪水越来越深，情势越来越急，死亡的脚步越来越近，但是，我们的老汉一直就是这么站着，站着，在我们心里永远这么站着。来，我们把这些画面连起来，连成一个故事，连成我们心中的一段永恒记忆。请第一大组读有关老汉的段落，第二大组读其他段落。老师有一个小小的请求，能把最后五段留给我吗？

师生配乐合作读文。以下是朗读最后几段的课堂场景：

生：（齐读）老汉吼道：“少废话，快走。”他用力把小伙子推上木桥。突然，那木桥轰地一声塌了。小伙子被洪水吞没了。老汉似乎要喊什么，猛然间，一个浪头也吞没了他。

师：（全场静默 5 秒钟）一片白茫茫的世界。

师：（继续静默 5 秒钟）五天以后，洪水退了。

师：一个老太太，被人搀扶着，来这里祭奠。她来祭奠两个人。

师：（全场静默 2 秒钟）她丈夫和她儿子。

（音乐继续，全场静默 10 秒钟）

在这个片段里，执教者精心设置四次“休止”，用于营造一份无法言说的氛围，学生于静默间体味桥毁人亡的悲怆、“白茫茫世界”里的空茫、结果揭晓前的紧张矛盾以及恍然大悟之后的巨大惊愕、震撼、伤痛、感动。

无疑，彭才华语文教学设计呈现出一种个性潜能与专业发展的天作之合，他中正平和又富有艺术气息的语文教学带给语文界众多启示。但是，一切理论或思想都有一定的适用范围，艺术化的设计要源于科学准确的教学内容把控，否则就流于形式，成为无土之木、无源之水。另外，艺术化的教学设计对执教者的个人修养有较高的要求，运用之妙，贵在自然，如若盲目模仿其中的招数，为艺术而艺术、为音乐而音乐，则容易适得其反，陷入尴尬的境地。

第三节　2011—2020 年小学语文教学设计的基本特征

2011 年以来，随着第二轮课程改革的深入推进，全国各地各种类型的公开研讨观摩活动繁荣，其间有教育行政部门的组织作用，也有各种文化公司的商业化助推，伴随着自媒体兴起，教育信息传播的途径更为便捷，传播的形式更为多样，小学语文教研呈现出百花齐放、流派纷呈、热闹异常的景象。2011 年课程标准的颁布带来了小学语文教研的方向性转折，“语言文字运用”成为语文教学研究的重心，决定了语文教育的价值取向；2017 年统编教材启用，语文要素成为教学内容确定的依据；新教材课外阅读课程化等理念引发阅读研究的热潮，课堂教学的课型由单篇走向群文阅读、整本书阅读；传统文化与语文教育的深度融合引起研究者重视；课堂教学审美化的追求日益成熟，同时出现了过度求美的焦虑；信息化仍是教育研究的前沿话题，但并没有根本性改变课堂教学设计的常态。

一、“指向表达”成为教学设计的价值旨归

审视教育思想史，一种思潮的兴起往往是对现有问题的反省，但与之相对的一面也不会主动或者被动消失，而是以在野的方式存在、观望，待另一方出现“矫枉过正”、弊端越来越明显时，再出来纠偏。20 世纪末 21 世纪初，人文主义曾因不满科学主义造成的语文教育中精神价值缺失、教学过程过度僵化、机械训练等问题，带来人文精神的呼唤。课改之后，语文教育中的人文精神得以弘扬，但在实际的教学中又出现了“泛语文”等弊端。2011 年课标将语文课程界定为“一门学习语言文字运用的综合性、实践性课程”。这一界定强调“语言文字运用”，可看作语文教育科学主义回驳，工具性目标再次得到凸显，语文教育正进行“否定之否定”的自我调适。

2011 年以来的小学语文教学设计，纷纷将“语言文字运用”“学习表达”等当作确定教学目标、教学内容的首要价值判断，甚至有学者将其称为语文教育的本体价值。值得注意的是，潘新和“写作本位的阅读教学观”与课标精神有暗合之处，这一理念被部分语文教师迅速接纳，一度成为讨论焦点。从结果看，这一理论在实践中曾被片面化理解，导致了语文教学设计中僵化的技术性、工具性倾向。潘新和倡导言语生命动力说，关注人在语文教育中的表现与存在，是反对机械的工具论的，但他的理论却吊诡性地在一定程度上助推了新一轮的工具主义倾向。

二、语文学科教学内容成为研究热点

2007 年，王荣生所著《听王荣生教授评课》一书出版。其中“从教学内容的角度观课评课”的主张引起了语文界的热烈回应。“教什么比怎么教更重要”在一段时期内成为语文教研的高频引用语。2011 年以后，语文学科教学内容的讨论日益增多，成为语文教学研究的热点与难点。与此相关的王尚文早年提出的语文教学中“言语形式”与“言语内容”的讨论再次

被广泛关注，发现“言语形式”的特点被认为是语文教学的“独当之任”。2007 年前后，文本秘妙的开掘成为教师教学设计中教学内容确定的依据，2017 年统编教材使用之后，语文要素则成为规定性教学内容。

同样是关注言语形式的文本秘妙与语文要素，文本秘妙的开掘指向文本本身，是由文而教语文，教师的言语经验、阅读素养、言语敏感、教学判断等决定着文本秘妙的开掘，它具有鲜明的教师个体性特征，最终指向语文教学的发展性。而语文要素是系统性、课程性的教学要求，它是包含了基于语文元素选择课文、基于课文提炼语文要素的双向互动的，是体系化、规定性、公共性的教学内容，是指向语文教学保底性的教学要求。目前，落实语文要素是统编教材提出的要求，它是现代语文教育追求科学化、现代化进程的体现，也是对课改以来语文教学课程规定性内容缺失导致“泛语文”等问题出现的一种补救措施，势必为语文教学有的放矢、走向确定性提供重要保障。但是，完全依托语文要素的教学，势必会在一定程度上抹杀文本丰富的特质，限制教师自身言语经验的释放。语文要素是否能够系统、有效、全面提升语文学习能力，培养核心素养，仍需要在实践中观察验证。关于语文要素的教学研究目前以执行为主，如何使完成语文要素之后的教学还有余地，实现教学内容上的部分性自主，其反思与融通变化在未来依然可期。

三、课堂中的阅读教学单位从单篇拓展到群文以及整本书

2011 年课程标准在“教学建议”中指出：“应加强对阅读方法的指导，让学生逐步学会精读、略读和浏览……要重视培养学生广泛的阅读兴趣，扩大阅读面，增加阅读量，提高阅读品位，提倡少做题，多读书，好读书，读好书，读整本的书……加强对课外阅读的指导，开展各种课外阅读活动，创造展示与交流的机会，营造人人爱读书的良好氛围。”① 2017 年起启用的

① 中华人民共和国教育部：《义务教育语文课程标准》，北京师范大学出版社 2012 年版，第 2 页。

新教材则构建了“教读、自读、课外阅读”三位一体的阅读教学体系，提倡课内教学和课外阅读的整合。在这样的背景下，小学语文阅读教学设计的阅读单位由单篇拓展到群文，由文选拓展到整本书，以拓宽学生阅读视野、增加阅读指导为目的的群文阅读课、整本书阅读课成为教研热点，相关的研究方兴未艾。如前所述，小语界较早探索群文阅读的是蒋军晶老师。“相比于单篇课文的教学，群文阅读的视野无疑被打开了，它最显著的特征就是多文本语境的交叉建构。多文本语境带来的是阅读视野、阅读方法、思维角度、体验过程等方面发生的一系列深刻变化，它为学生的语言建构与思维发展创造了条件。”① 群文教学的关键是组文时文本间互文关系的发现以及教学关注点的确立，好的群文阅读教学会积极使用比较、对话等策略，引发围绕教学关注点的深度学习，但是这种课型依赖教师的课程开发能力，对教师的阅读素养、综合能力有很高的要求，抓不准连接链、设计失利的群文阅读无法起到预期的阅读效果，反而会形成 1+1+1 小于 1 的尴尬局面。

整本书阅读也不是新生事物，20 世纪 20 年代，叶圣陶就针对语文教材都是文选可能产生的弊端提出要引导学生读整本书的意见。整本书阅读能够将教读、自读和课外阅读有效整合。目前的整本书阅读主要分为读前指导与读后交流两种形式，在导读课上教师以教师教、引导读为主，推进指导过程中锻炼学生的自读能力，在分享交流中展示学生的课外阅读成果，形成前后完整的阅读体系。李怀源在 2016 年 11 月发表文章《孩子们，去读整本书——清华大学附属小学建构“读整本书”课程》，将课外的整本书阅读纳入清华附小的学校课程体系当中，并在单元整体教学的实践中对整本书阅读与教材进行了科学的整合，可视为当前小语界整本书阅读较有代表性的成果。

① 潘庆玉：《群文阅读：由链接而群聚，因秘响而旁通》，《语文建设》2018 年第 1 期，第 27 页。

四、传统文化与语文教育走向深度融合

在这一时段，随着国家对中华优秀传统文化复兴的日益重视，传统文化与语文教育的深度融合成为语文课程改革的热点，语文教育出现了回归传统的思潮。在教学内容上，部分传统的语文教学经典重新回到语文教育的现场，并逐渐占据重要位置。从“三、百、千”到《笠翁对韵》《声律启蒙》、古典诗词乃至四书五经，这些内容纷纷出现在教师自发的师本课程、校本课程中。2017 年开始使用的部编教材也特别加大了传统文化的比重。整个小学阶段共选古诗文 124 篇，占所有选篇的 30%，增幅达 80%。另一方面，在阅读教学方法上，传统语文教育中注重积累、注重整体感悟、涵泳体味的方法越来越被语文教师重视。

语文教育中的“传统文化热”是语文教育现代化进程中对传统精神的深情回望，隐含着社会集体的文化乡愁。与此同时，几千年传统语文教育中一些符合汉语学习规律、行之有效的方法与理论也被语文教育研究者重新擦亮，开启了现代语文教育的寻根之旅。

五、教学中充满时代性的游戏感与娱乐感

在这一时段，改革开放以后成长起来的 70 后教师日益成为教学骨干，80 后乃至 90 后出生的青年教师逐渐成熟，成为小学语文教学的主力军。他们深受时代影响，思想活跃开放，充满创造力、想象力，为语文教学带来蓬勃生机。他们的教学设计中带有一定的摇滚精神或顽童气质，游戏、故事甚至相声式幽默被广泛使用。这种教学设计对网络原住民的当代儿童富有吸引力，受到学生们的喜欢。这一代名师不再深信自我牺牲、自我奉献的传统道德精神，在精神意义上，后现代萨特式的怀疑及虚无与传统的修身安心式的儒学追求形成了矛盾与张力。他们反对虚假套话的课堂，追求真实与深刻。在一定程度上他们解构着崇高与优美，带着自黑自嘲的娱乐精神。因为对绝对精神的不信任，在教学内容上，他们追求确定的技术或知识。

六、美的追求与美的焦虑并存

在这一时段，课堂教学的审美化追求持续发展。以王崧舟“诗意语文”为代表的对语文教学艺术化的追求日臻完善，提出了“除了美，语文空无一物”的主张。2017 年王崧舟《湖心亭看雪》一课可视为《长相思》之后又一座语文教学审美化追求的高峰。彭才华等青年名师继承了这种美学追求，在教学节奏等方面做了创新性探索。但是，与此同时，部分青年教师的教学设计出现了“为诗意而诗意”“为美而美”的倾向，这些教学设计者因为自身的文学素养、艺术修养都还难以支撑起其艺术化追求的基础，架空求美的设计使语文教学出现了流于表面的浮夸，在理念上也出现了虚玄的言论，有的教师不顾课程要求、学生实际，任意将自身的个性化理解与情感投射到教学设计中。教学设计被过度个性化、虚化，教学隐喻过度使用而教学理性缺失，严重损坏了语文教学的效果，也伤害了语文教学审美化、艺术化的声誉。

七、线上线下混合式教学兴起，但没有根本性改变语文教学的面貌

随着信息技术的飞速发展，慕课、翻转课堂、微课等渐入小学语文教学设计的领域，线上线下的混合式教学兴起。部分教师尝试运用教学平台，为学生提供课前预习视频或资源，课上则使用 pad 等设备进行学习辅助或当堂检测等，课下在网络平台布置作业。另外，随着自媒体的发展，信息传播越来越便捷，网络资源越来越丰富。部分教师离开公职，走向教学商业化之路，为语文教学开发设计了众多教学商品，为教育教学提供了更多资源和更多学习的途径。但是这些商品目前鱼龙混杂，语文教育研究商业化在为语文教研带来推动力的同时，也存在着将语文教研拖入商业炒作泥潭的风险。

从总体看，语文教学的面貌没有出现根本性改变，传统的课堂授课仍是最常用、最实用的教学方式，信息技术的使用尚未带来教与学方式的根本性变革。

第三部分

当代小学语文教学设计发展述评与反思

四十多年来，语文教育迂回前行，从观念到实践都发生了重大变化。这些变革既反映出社会政治经济发展对育人要求的不断变化，又呈示着语文学科在现代化进程中不断追问本体、寻找规律的过程。然而，语文教育的发展绝非不断逼近“教育之真”的历史，而是在不同时代基于不同价值追求对语文教育基本问题不断追问、思考和重新解释的历史。与所有人文学科一样，语文教育发展的轨迹不像自然科学领域那样呈现出鲜明的前后承接、逐渐深化的趋势。相反，它的发展过程充满了矛盾与张力、曲折与徘徊。不同时代的小学语文教学设计就如一面镜子，折射着人们对语文教育的理解与认识，反映着语文教育的探索、争鸣、发展之路。认识当代小学语文教学设计发展的特点，对其发展变化的影响因素进行分析，有利于我们总结历史经验、认清语文教育现实中存在各种问题，并在此基础上做出省察与行动判断。

第七章
当代小学语文教学设计发展述评

前文已经对 1978—1988、1989—1999、2000—2010、2011—2020 四个阶段的小学语文教学设计的特点分别做了分析，初步展示出小学语文教学设计四十年的发展历程。在本章中，笔者将综合分析三篇典型课文教学设计的历史沿革以及四代名师在教学设计思想上的继承与创新，并在此基础上系统总结当代小学语文教学设计发展的特点，对影响小学语文教学设计发展的各因素做阐释与分析。

第一节　三篇典型课文的教学设计历史沿革分析

改革开放以来，人民教育出版社组织编写了 8 套小学语文教科书。尽管教科书中的选文随着时代的发展发生了巨大变化，但一些经典的选文却穿越时空，一直保留了下来。这些课文文质兼美，是学生学习的典范之作。将同篇课文在不同时期的教学设计放在一起比较分析，就如观摩四代教师同台的“同课异构”展示，见微知著，我们从中可以看出不同时期、不同年段、不同体裁的小学语文教学设计发展变化的历程。

一、小学低段诗歌类文本《小小的船》教学设计的历史沿革

《小小的船》是一篇儿歌韵文，课文以优美的语言、形象的比喻描绘了一幅奇妙的夜景图。文章篇幅短小，想象奇特，易于激发儿童诵读的兴趣，唤起他们的想象。在各版教材中，本课皆出现在第一册，学生在完成拼音学习后不久即接触这篇课文，识字写字教学是这一时段的教学重点。

前文已按不同历史阶段对四个版本《小小的船》教学设计的特点做出了简要分析，现汇总于下表：

表 7-1　四版本《小小的船》教学设计特点汇总表

年份	文章标题	作　者	主要特点
1985	《小小的船》训练要点与心理分析	金玫林（河北）	1. “训练”是教学的目标与落脚点 2. “认识事物之间的联系”是主要教学内容 3. 重视审美，重视情境创设，综合运用了音乐、美术等艺术手段 4. 没有涉及识字写字教学
1993	《小小的船》教学设计	李达吉（黑龙江）	1. 依据大纲与教材教学要求进行教学设计 2. 以教学内容而非教学程序为线索设计教学 3. 图文结合法是主要教学方法 4. “读”“背”方式多样 5. 阅读教学中有说话设计，鼓励学生大胆发言
2003	“月亮船”的启示——听李吉林老师教《小小的船》后	周益民（江苏）	1. 认识到教师参与课程建设的意义 2. 把学生情感、态度、价值观的培养作为语文教育重要的课程目标 3. 重视学生在学习中的体验

（续表）

年份	文章标题	作 者	主要特点
2017	《小小的船》教学	徐艳 （江苏）	1. 凸显“工具性”目标，文学性、审美性等方面的目标未明显涉及 2. 识字写字教学扎实 3. 课堂教学的基本结构呈线性，教学过程为依据课文内容逐句学习 4. 重视身体认知，灵活运用多种教学方法激发学生学习兴趣 5. 信息技术成为便捷的教学辅助手段

通过比较我们可以发现，四个版本《小小的船》的教学设计者都注意尊重低年级儿童的认知心理特点，并在此基础上进行有针对性的教学活动设计。低年级儿童好奇心强，想象力丰富，但注意力不容易集中。四位教师在设计中都注意运用各种方法唤醒学生的感知觉，以此激发学生兴趣，唤醒学生体验。他们或运用音乐、图画等艺术手段创设情境；或让学生启动身体的感觉，进入学习过程；或运用演示、猜字游戏、拼字游戏等教学方法调动学生学习的积极性，都产生了良好的学习效果。

四个版本中教学重点各有侧重，反映出不同时代语文教师对本课教学不同的价值追求。1985 年版教学的目标与落脚点是“训练”，将“认识事物之间的联系”作为主要教学内容与手段，案例中没有进行识字写字教学的设计；1993 年版注重“随文识字”，在识字学文的同时进行了口语交际训练；2003 年版强调教师参与课程的重要性，重视学生情感、态度、价值观的培养，具有明显的“人文精神”；2017 年版凸显了语文学科的“工具性”，在作者设定的四个教学目标中，有三个完全围绕识字、写字展开，另外一个则是朗读、背诵课文，围绕课文内容展开想象。

四个版本中，除 1993 版教学设计有板块感之外，其余三个版本都是依据课文内容进行教学的线性结构，“一句一句地教”是他们共同的教学顺序。另外，教学中的问题设计普遍比较细碎，教师很少围绕课文整体提问。当然，这样的设计与一年级学生的学习刚刚起步、学习基础薄弱有关，也受课文本身篇幅短小，内容不多所限。毕竟，在有限的内容里，教师要展开丰富性的设计有一定难度。

从文体特征看，这是一篇优美且富有想象力的儿歌。1985 版、1993 版、2003 版的课例设计者都注重课文的文学性与审美性，注意引导学生在美的情境中朗读、想象与体验，但 2017 版的设计中没有将文本的文学性、审美性作为教学内容或学习目标。

从教学辅助手段看，1985 版、1993 版运用了挂图和音乐辅助教学；2003 之后，电教手段丰富起来，2017 版中的信息技术为教学提供了便捷的辅助。教师多处使用多媒体课件展示图片、音频或动画，但没有出示完整的板书设计。在教学中，词卡、贴图的多次使用也成为教学的便利辅助。

综合以上分析，形成四版本《小小的船》教学设计特点对比分析表，如表 7-2 所示。

表 7-2　四版本《小小的船》教学设计特点对比分析表

	设计问题的确定		设计问题的求解		
版本	教学内容	年段重点：识字写字	教学方法或教学样式	课堂教学结构	教学辅助手段
1985	读说训练、审美训练、认识事物联系	未提及	演示法	线性	音乐、美术
1993	识字、学词学句、朗读、想象	随文识字	图文结合教学	板块	挂图
2003	识字学文、情感态度价值观培养	未提及	情境教学法	线性	音乐、美术、电教
2017	识字、写字	集中识字、随文识字	演示法 游戏法	线性	词卡、贴图、图片、音频、动画

综合比较四个版本，设计各有特点，相对而言 1993 版本的教学设计更能体现年段特点和文本特点，是相对理想的设计。

二、小学中段说明类文本《海底世界》教学设计的历史沿革

《海底世界》是一篇富有情趣的科普说明文，出现在小学语文教科书的第六册或者第七册。它段落结构清晰，谋篇布局上采用典型的总分总结构，是中年级学生学习写作的好样本。此外，文章语言生动，充满趣味，能够激发学生探索海底世界的兴趣。作为中年级的经典课文，篇章结构的掌握与段的训练是本文教学重点。

前文已按不同历史阶段对四个版本《海底世界》教学设计的特点做出了简要分析，现汇总于下表：

表 7-3　四版本《海底世界》教学设计特点分析汇总表

年份	文章标题	作者	案例主要特点
1986	《海底世界》 导读设计新探	江全佐 （湖北）	1. 设计的整体感强 2. 有设计指导思想的自觉 3. 重视段的教学 4. 运用了身体认知工具 5. 运用了“中心突破法”
1991	《海底世界》教学建议	连雪红 （福建）	1. 教学之初有“整体感知”环节 2. 教学设计的框架结构呈“板块式” 3. 电化手段在教学中受到重视 4. “理解事物之间的联系”是学习的目标之一
2000	《海底世界》 教材分析与教学建议	莫永辉 （湖南）	1. 设计具有整体性 2. 段的训练扎实有效 3. 运用了自学法、小组合作法 4. 设计富有情趣

（续表）

年份	文章标题	作者	案例主要特点
2014	《海底世界》 “教什么”的厘定历程	王学林 （江苏）	1. 重视教学内容的确定 2. 将“言语形式”作为教学重心 3. 重视阅读方法的教学 4. 重视语文实践活动设计 5. 重视综合性阅读训练

分析四个阶段的教学设计，发现设计者都自觉地将教学思路与文章的写作思路相结合，在把握课文结构的基础上进行了整体设计，基本遵循整体—部分—整体的阅读教学规律。

在年段教学重点——段的训练上，前三个版本的设计都很重视段的教学，教师重视“教学生学会把课文内容联系比较紧密的段落构成一大段”，注意“指导学生逐步学会分析课文是按怎样的次序安排内容的，段与段之间是怎样联系起来的，从而依据课文的叙述顺序和对段与段之间关系的理解，给课文分段”①。但是，2017 版设计中却未明显涉及段的教学内容。

从课堂结构看，传统的线性教学结构逐步被变序教学、板块式教学取代。在 1986 版的设计中，设计者使用了“中心突破法”，调整了教学材料出现顺序的时间与空间，这样的设计可以带给学生新奇的学习体验。1991 年和 2000 年两个版本的教学都使用“板块式”结构，教学内容依据学生学习的方式进行组合处理，是学生学习活动的改变推进着课堂的进程而不再是课文讲述内容的转换推进课堂进展。

从教与学的方式看，20 世纪 80、90 年代的设计课例中，教学方法相对单一，讲授法、问答法是最主要的教学方法；90 年代末，注重学生主体性的自学法受到青睐；新世纪改革之后的两个课例中，小组合作、综合实践

① 人民教育出版社小学语文室：《九年义务教育六年制小学语文教学参考书（第七册）》，人民教育出版社 1992 年版。

训练等教与学的方法被广泛运用。

从设计的审美追求看，前三个阶段的设计版本中，都有明确的审美追求，教学设计中比较重视教学情境的创设，重视由课文内容引发学生探索海底世界的兴趣等。只有 2014 版的教学设计中没有相关内容。

从教学辅助手段看，早期的课例中设计者积极使用了多种教学辅助手段以激发学生的学习兴趣。如使用教学挂图、录音、录像等将学生带入海底世界的情境，启发他们学习的兴趣。但在 2014 版的设计中则表现出对语言文字之外手段的排斥，设计者抱紧“言语形式”，对“情感”“审美”等目标表现出刻意的回避，非语言性手段皆未涉及。

综合以上比较分析，形成四版本《海底世界》教学设计对比分析表。

表 7-4　四版本《海底世界》教学设计对比分析表

	设计问题的确定		设计问题的求解		
版本	教学内容	年段学习重点：段的教学	课堂教学结构	教法学法	教学辅助
1986	学习语文和认识事物 思维训练和思想教育 综合训练	重视	中心突破式	问题代入法、自学法	板书、表格
1991	课文内容 事物之间的联系	重视	板块	问答法	录音、挂图、板书
2000	课文内容 句子联系 段的训练	重视	板块	自学法、小组讨论	板书
2014	言语形式 阅读策略 拓展阅读	未提及	未提及	未提及	综合实践活动

比较而言，1991 版和 2000 版的教学设计能抓住文本特点及年段训练重心，教学设计合理有效，是相对理想的教学设计。

三、小学高段散文类文本《草原》教学设计的历史沿革

《草原》一课在小学语文教科书教材中出现在第九册（五年级上册），是一篇讲读课文。课文中，老舍先生用他的亲身经历，描写了辽阔美丽的草原景色和热情好客的草原人民。文章笔意舒畅，韵律感强烈。作者采用动静结合的手法，将所见、所闻、所感表现得淋漓尽致，使景物的美、人物的美和语言文字的美有机融为一体，让读者充分领略了草原的美和蒙汉人民的深厚情谊。学习这样一篇文学性极强的课文，教师应该带领学生披文入情，通过鉴赏文章中情景交融的佳句，揣摩作者遣词造句的妙处，领略作者抒发的情感。

现将四个版本《草原》教学设计的特点汇总于下表：

表 7-5　四个版本《草原》教学设计的特点汇总表

年份	文章标题	作　者	案例主要特点
1984	试谈《草原》一课的教学	朱瑞足 吴宝法 （江苏）	1. 教学设计意识尚不清晰 2. 讲读串讲法是主要的教学方式，课堂教学顺序推进，呈线性结构 3. 将课文内容理解作为教学的重点
1994	引导学生在比较、联系、点拨中学习——《草原》重点段教学谈	洪榴 （江苏）	1. 运用比较还原法赏析课文词句 2. 教学中注意对学生的引导和启发 3. 设计了读写结合的训练 4. 在教学中运用了引读法
2000	《草原》第一课时说课设计	谢文斌 （福建）	1. 重视美育且将其与语言文字品位相结合 2. 电化手段的使用合理、适度 3. 刻意进行了语感训练 4. 内容设计综合性强

（续表）

年份	文章标题	作　者	案例主要特点
2016	赏画面之美　品人情至深——《草原》第二课时教学设计	倪水良（浙江）	1. 有审美化的教学设计追求 2. 教学隐喻贯穿始终 3. 缺少深入文本的问题设计

四个阶段不同年代教师《草原》一课的教学设计差别明显。1984 版的设计中，作者的设计意识尚不清晰，文章着重分析了《草原》一课是如何体现“事物与环境的变化关系”的，也就是从特定角度对课文进行了逐段解读。这样的解读属于传统备课中的“备教材”，但在教学过程上着力不多。作者重点准备了“教什么”，较少关注“怎么教”。1994 版的设计显示出作者较好的文学感受力，执教者在引导学生进行文学鉴赏方面做出了努力。2000 版较好地把握了文章的特点，并从“言”“意”两方面展开了有效的设计，值得注意的是，在这个设计中出现了刻意设计的语感训练。2016 版设计者具有明显的语文教学文学化、艺术化追求，但因为没有带领学生沉入文本，未能达到理想的效果。

从课堂结构看，1984 版是线性结构，教师推进课堂教学的方式是逐段讲解；1994 版教学结构不详（从文章中无法判断）；2000 版、2016 版都是板块式结构，教师组织课堂的线索是不同的学习活动。从教学方法看，1984 版方法单一，以讲读串讲为主；1994 版之后，教师注重引导、点拨，很少直接分析讲授对课文的理解，而是通过一系列的问题，与学生交流对话，让他们在思考、比较中理解课文内容，感受作者表达之妙；2000 年之后，设计者开始综合使用各种方法并利用多种媒介创设情境，吸引学生主动投入学习。值得注意的是，1994 版、2000 版、2016 版都出现了读写结合的设计。另外，1994 版和 2016 版都使用了“引读式”，这一教学样式源自支玉恒老师，在小语界流行甚广。遗憾的是在本组案例中，1994 版的使用还比较粗糙，引读语言的设计不够细致；2016 版则未能抓住文章词句深入感悟，没能进入文章情境。

综合以上比较分析，形成四版本《草原》教学设计对比分析表：

表 7-6　四版本《草原》教学设计特点对比分析表

	设计问题的发现与确定		设计问题的求解过程		
年份	教学内容	年段重点：散文文学性	课堂教学结构	教法学法	教学辅助
1984	作者思路 事物与环境的变化关系	无	线性	讲读法	板书
1994	语言训练	有	不详	问答法 引读式	图画
2000	事物的描写方法 在学文的同时进行审美	有	板块	图文结合 情境教学法	录音、录像、多媒体课件
2016	文中表达的蒙汉情深、民族团结的思想感情 通过语言文字展开想象，再现课文所描写的美妙画面	有	板块	引读式 教学隐喻	多媒体课件

相比较而言，1994 版与 2000 版的教学设计抓住了课文的文体特征，将文学性、审美性、思维性较好地融合在一起，是相对理想的教学设计。

第二节　四代典型人物的教学设计传承与发展分析

当代小学语文教学发展的历史，是名师辈出的历史。一代又一代的小学语文名师在教学中深耕细作，钻研探索，引领着儿童言语生命的拔节生长，也谱就了当代小学语文教育蓬勃发展的华章。研究名师的教学设计，就如跟随一位位可亲可敬的师长走进他们所处的时代，进入他们精心经营的语文田园，从中我们不仅可以感受名师独具特色的教育智慧，还可以溯源而上或顺流而下，在历史发展的眼光中认识名师设计思想的贡献与价值，从而分析当代小学语文教学设计思想演进的历史，把握当代小学语文教学设计的文脉。

本研究的名师教学设计思想研究选择了四个阶段（1978—1988、1989—1999、2000—2010、2011—2020）的四代名师（丁有宽、朱雪丹、李吉林、于永正、贾志敏、支玉恒、窦桂梅、王崧舟、薛法根、蒋军晶、何捷、彭才华）作为主要研究对象，需要说明的是这些名师固然呈现鲜明的代际特点，但绝不是独属于一个时期或仅仅在一个时期产生影响。比如李吉林"情境教学"的影响绝不仅在80年代，而是延续波及80年代以来的整个语文教育史。一代名师于永正影响最大的时期也不是在90年代，而是在新世纪课程改革后随着观摩研讨活动的增多，才日益被广大小学语文教师熟识。本研究中将他们归属的时代是他们语文教育思想成熟、典型课例产生、教学风格形成的时代。另外，在同一时代，也绝不仅仅是本文所列举的几位名师影响着小学语文教育的实践，每一时期都是老、中、青三代教育者共同刻画着语文教育波澜壮阔的图景，每一时期都有各具风采的小学语文名师登上历史舞台，限于篇幅，笔者只能选择相对更具代表性的名师做具体分析。

前文已经结合时代背景，对12位名师教学设计的特点做了详细论述，现汇总列表如下：

表7-7　四阶段名师教学设计特点汇总表

成名时段	姓名	教学设计特点	贡献或标识
1978—1987	丁有宽	1. 基于课程整体考量设计教学 2. 向学生明示目标 3. 追求教学内容科学化、序列化	读写结合

（续表）

成名时段	姓名	教学设计特点	贡献或标识
1978—1987	丁有宽	4. 以教促进学，以学为主线 5. 具有一定的开放性	读写结合
	朱雪丹	1. 以辩证唯物主义为指导设计教学，将学习语文与认识事物相结合 2. 以思维训练为核心设计教学，将教学思路与文章思路相融合 3. 遵循“整体—部分—整体”的认知规律，设计教学过程 4. 运用身体认知工具，让学生在语言环境中学习词语	认识事物
	李吉林	1. 以高度的设计自觉，创造性、艺术化地进行教学设计 2. 构建发展性情境，链接语言符号与学生生命经验的关系 3. 设计螺旋式训练结构，促进学生语文能力的整体发展 4. 利用角色转换原理设计学习活动，激发学生参与学习的主动力 5. 营造心理场整合效应，形成促进教学的“正诱发力”	情境教学
1988—1997	于永正	1. 利用任务驱动设计情境，进行言语交际表达训练 2. 利用“情感”“幽默”“游戏”“闲话”“表演”等认知工具，设计“有意思”的课堂教学 3. 将示范教学法作为朗读与写字教学的首要方法 4. 将板画作为重要的教学辅助手段 5. 秉持素朴保守的语文教学设计哲学	言语交际教学

（续表）

成名时段	姓名	教学设计特点	贡献或标识
1988—1997	贾志敏	1. 教学设计具有生活化、实用化倾向 2. 善于设计单项训练活动，引导学生进行语言文字训练 3. 教学内容设计“细密”“有梯度”，教学过程节奏紧凑 4. 采用各种不同形式，设计“朗读”的指导与训练	素描作文
	支玉恒	1. “从整体入手”，设计整体感知的教学样式 2. “以读代讲”，设计形式多样的朗读代替内容讲解 3. 设计使用隐喻指令，以理解促进朗读 4. 设计回环朗读教学样式，以读造境 5. 设计丰富多彩的学习活动，让学生主动参与其中	以读代讲
1998—2010	窦桂梅	1. 主题教学——将课文放在组群中，通过作品互证凸显主题 2. 情感嵌入——把知识置入强烈的情感联系，为生命成长奠基 3. 文学熏陶——将课外儿童文学作品引入教学，拓展语文课程的文学视域 4. 网状结构——关键词引领下的自由对话 5. 聊谈式——营造轻松亲密的教学心理关系	主题教学
	王崧舟	1. “把自己全然地交给语文”——基于存在论的教学设计哲学 2. “向美而生”——追求艺术与审美的教学设计理念 3. 从“文本细读”到“文本秘妙”——由文本出发的教学内容确定 4. “经营课堂文章”——修辞化的教学结构设计	诗意语文

（续表）

成名时段	姓名	教学设计特点	贡献或标识
1998—2010	王崧舟	5. “致力于形成一种场”——深度沉浸式的课堂情境创设 6. “在由言及意的过程中看到象”——心理成像式的教学样式设计	诗意语文
	薛法根	1. 基于实践经验而非学理阐释的教学设计 2. “为发展学生的言语智能而教”的教学设计目标 3. 块状重组、整合求巧的课堂教学结构 4. 以幽默为认知工具，营造宽松而富有情趣的教学氛围 5. 清简平和、貌朴实巧的教学设计美学	组块教学
2011—2020	蒋军晶	1. 突破人文议题，以多种组元方式实践群文阅读 2. 技术式教学内容，追求课堂教学的确定性 3. 以遒劲疏阔的课堂结构，凸显设计主线 4. 以“突转”式提问设计，激发学生思考力 5. 唤醒感知觉，引发学生生活经验与文本内容的共振	群文阅读
	何　捷	1. 教学目标与教学内容：共性追求与个性发现的协调统一 2. 教学结构与教学过程：活动任务的关联与蓄势 3. 教学组织与教学方法：情景式与游戏化的童心欢歌 4. 课堂理答与艺术风格：生命的在场与爽脆利落的课堂美学	游戏精神
	彭才华	1. 将音乐作为语文教学的重要辅助手段 2. 将音乐精神迁移至语文教学，在教学结构设计中注意调控节奏 3. 在寻常教学内容中进行富有创意的微设计 4. 制造学习心理落差，形成教学势能 5. 善于运用课堂静默，形成教学“休止符”，创造艺术效果	音乐精神

各代名师的教学设计都有属于自己的个性特征，又在一定层面上显示出自己时代的特点。弥漫于一个时代的氛围，在另一个时代也许就烟消云散了。但每个时代都是从上一个时代发展过来的，每个时代都能激发起对以往时代的回忆，其实也是对当代语文教育成长过程的回忆。另外，当代小学语文名师的教学设计呈现出一定的审美风格类型，部分名师的教学设计折射出地域语文教育文化的特点。当代小学语文名师还呈现出师承相继的特点，大部分名师都是在系统学习借鉴前辈名师经验的基础上创新发展，小学语文教学的精神血脉在各代名师身上皆有体现。

一、四代小学语文名师教学设计的代际性特征

（一）第一代名师：在革新期尝试改革，由教育学普遍准则转向语文学科内部探索

改革开放以来涌现出的第一代名师如丁有宽、朱雪丹、李吉林等都是在五六十年代参加工作并崭露头角，在“文革”中不幸遭受磨难。改革开放之后，他们压抑的教育热情得以释放，积极投入语文教学改革实验。他们的教育实验真诚扎实，其中丁有宽的“读写结合五步教学法”经历了六轮实验，是在一代代学生语文学习成长的过程中不断调整总结出来的符合儿童母语学习规律的教研成果；朱雪丹在袁微子的帮助下坚持教学改革，在低段教学设计上做出了许多开创性的贡献；李吉林的教育实验从“情境教学”到“情境教育”到“情境课程”，四十年如一日，在南通师范第二附属小学切实开展。同时代值得关注的名师还有张玉洁、曲卫英等。这一代的名师对教育充满赤诚之爱，但不再满足于将“童心”“母爱”等道德层面的抽象准则作为解决教育问题的路径。他们深入学科专业领域，以几十年如一日的精神钻研学科教学中的具体问题。他们从教育学理论那里寻求改革力量并与自己的语文教育实验双向互动，形成了具有本土特色、浸润着实践智慧的语文教育理念。他们的教学设计扎实高效，注重双基落实又不失灵活生动，在进行语言训练的同时注意对学生道德、思维、审美的全面

教育。其中，李吉林的语文教学展示出高度的设计自觉，其课堂教学灵活生动，设计充满想象力、创造力、审美力，她的许多方法与理念都具有超前性，不仅代表了一个时代的高度，也撑起了当代小学语文教学设计的高峰。

（二）第二代名师：跨世纪的创造与坚守，寻找语文教育的规律

第二代名师如于永正、贾志敏、支玉恒等是横跨两个世纪的名师，他们成名于20世纪80年代末90年代初，在被称为黄金时代的八九十年代里，他们积极改革，勇于实践，不乏创造性、开拓性的成果。这些成果为新世纪课程改革奠定了基础。例如于永正的“言语交际表达训练”在90年代向全国推广，2001版课标就是在借鉴“言语交际表达训练”成果经验的基础上，对语文教学增加了“口语交际”的训练要求。这一代名师深受实用主义思潮影响，教学设计中普遍存在生活化的追求。在这一时期，与于永正、贾志敏、支玉恒并称的还有靳家彦。这代名师的教学设计实践中，以支玉恒最值得关注。支老师半路出家，似一名“怪才”，在语文教学设计领域出奇制胜，开“以读代讲”先河，并创造性地开发出一系列广为流传的语文教学新样式，为小学语文教学设计的实践注入了生机与活力。新世纪课程改革之后，随着全国教研活动的日益增多，这一代名师四处讲学，广收弟子，深受一线小学语文教师喜爱，影响深远。但是他们对新世纪课程改革的理念持保守态度。当西方教育理论和文艺理论等纷纷被引介到语文界，教育技术飞速兴起，小学语文教育的面貌日新月异时，他们表示出怀疑与否定的态度。原因一方面在于课改中存在着冲动冒进的因素，存在着形式大于内容的“创新”或过度膨胀了的“人文精神”，这必然受到老一辈名师的批评。另一方面也不得不承认，这一代名师在晚年面对巨大的教育变革时，存在一定的保守倾向。他们在此时纷纷提出“简简单单教语文”等口号，将素朴扎实作为第一追求。事实上，他们最初的语文教学改革并不“简单”，也曾经充满想象力、创造力、新奇感。

（三）第三代名师：悦纳新世纪课程改革，追寻开放多元的语文教育

第三代名师如窦桂梅、王崧舟、薛法根等是在课改前参加工作，工作之初正逢小学语文教研蓬勃发展的时代，接受过“把语文课上成语言文字训练课”的影响，但他们成熟与发展起来并走上历史舞台则是在新世纪课程改革之后。与窦桂梅、王崧舟、薛法根同期具有较高声望与影响力的还有孙双金。事实上，这是个百家争鸣、百花齐放的时期，小语界具有影响力的名师及研究成果还有许多，如盛新凤的“和美语文”、周益民的“诗化语文”、闫学的“儿童绘本课程”等。新世纪课程改革之时，面对课程改革的到来，正值青壮年的他们是欢欣鼓舞的。他们承上启下，积极吸纳新的理念，将文学、文艺学的理论成果引入小学语文课堂教学的实践，在教学内容上广泛拓展——儿童文学、古典文学、民间文学中的经典作品纷纷进入课堂；在教学结构上勇于创新，如薛法根的组块教学、窦桂梅的网状教学结构等都富有影响。在这一时期，小学语文教学设计走向成熟，作品化的小学语文教学设计出现。代表这一时期高度的是王崧舟的教学设计。王老师深得传统文化及西方文艺理论精髓，其教学设计代表了当代小学语文的美学高峰，另外，他提出了一系列教学设计的研讨概念，将教学设计推到了存在论的高度阐释。这一代名师的遗憾在于，他们在课改初期成名，在那个追求个性发展的时代纷纷著书立说提出自己的主张，现在看来这些理论或者主张带有鲜明的时代局限，尽管他们后来也在不断修正、调适，但个性的过分追求难免导致语文教育公共理性的缺失。此外，这一代的名师大多有主张、有课例，但长期深耕于教学一线、观察几轮学生成长变化的教育实验并不多见。

（四）第四代名师：在深化改革的时代转向真实、确定的语文世界

第四代名师如蒋军晶、何捷、彭才华等是与新世纪课程改革一起成长、一起反思的一代名师。同时期值得关注的青年名师还有管建刚、许嫣娜、朱煜等。他们入职于90年代末，在课程改革如火如荼的背景下完成了自己最初的职业发展。他们往往从各级各类大赛中走出，经历各种剧场式、舞

台式的教学检验，在他们可以熟稔完美地呈现各种课型的单节教学的设计之后，他们常常会选择一个研究领域，作逐渐深入的研究。这一代名师的教学，课型丰富，内容开放。在教学内容与价值取向上，他们基本上经历了课改后语文教育的完整历程，但他们的成熟期处于一轮课改反思调适的时期。在教学追求上，他们倾向于以“指向表达”或“阅读策略”为标榜，以显示对“泛语文”“滥情”的扬弃。另外，这一代的名师往往带着某种后现代的摇滚精神或者顽童气质，在一定程度上解构着崇高与优美。他们不是传统的儒学做派，他们追求深刻的真实感以及自黑自嘲的娱乐精神。不少教师在课堂上或讲座中表现出一种游戏精神，他们轻松愉快地抖包袱、说段子，这可视为社会的娱乐化倾向在教育中的呈现，也可以理解为这一代的青年名师在以自己的方式解构正典，寻找新的意义。

二、四代小学语文名师教学设计的审美风格

本书的第二章中，笔者借鉴设计美学的视域，提出了“小学语文教学设计的审美意蕴”这一问题，希望发现教学设计在实用与科学之外所存在的“孤立绝缘”的美，为小学语文教学设计的研究增加“尚美”的视角。分析四代小学语文名师的教学设计实践，笔者发现，当代小学语文名师教学设计大都呈现出鲜明的艺术风格，其形成与个人审美秉性密切相关，也呈现出一定的地域化特征。概括地看，当代小学语文名师的教学设计大致呈现以下四种审美风格：

（一）简约疏阔

有的小学语文教学设计呈现出简约疏阔型的美学品格，在这样的设计中，课路通常比较简单，教学目标集中，课堂结构简约，设计者通过削冗去繁、削枝强干实现以少胜多、以约驭博的目的。教师往往围绕课文设计几个主干问题或者布置几个学习任务，很少出现围绕细微学习内容的小切口提问，而是在整个教学推进中自然地进入细节。设计的问题坡度不大，由浅入深，整个设计平缓疏阔，其形成的课境节奏舒缓、温润平和。但在

这简约平和中，优秀的小学语文名师又往往能抓住某一个教学点，生成某种课堂趣味或者引发学生的思考，使教学呈现平中见奇或平中见趣之意味。第一代名师中的朱雪丹、第二代名师中的于永正、第三代名师中的薛法根等教学设计案例常常具有这种简约疏阔的艺术特点，尤以薛法根最具代表性。薛老师的教学环节简单，呈现出一种简约清朗、不蔓不枝的干净之美。他的设计少有大起大落、大开大合式的艺术化追求，呈现出一种恬淡自然、貌朴实巧的气质。

（二）缜密紧凑

有的小学语文教学设计呈现出缜密紧凑的美学品格，这种设计中，设计者的“针脚”颇为细密，除了教学目标性的大的学习要求外，课中多数问题都从小角度切入，且问必连环。细密的教学问题之间具有一定的逻辑关系，对学习者的思维构成一定的挑战，它要求学习者跟随教师的提问迅速思考，做出应答。在当代语文教育史上，上海的特级教师从袁瑢到贾志敏到朱煜，其教学设计皆有着细腻缜密的特点。以贾志敏老师为代表，在训练内容的设计上，贾老师常常利用一个字词或简单的一个句段生发出多个教学或训练内容，这些内容排列细密，且呈现由易到难的梯度性。在第四代名师中，何捷的教学设计紧凑爽利，学习任务密集且转化快，具有一定的思维密度，而且教师语速也快，要求学生在整个学习过程中必须精力集中，步步紧跟。

（三）精致绮丽

有的小学语文教学设计呈现出精致绮丽的艺术风格。这类型的设计往往注重“打磨”，设计者会精心设计教学中的每一处细节，无论是课堂布局、教学语言还是教学辅助手段都颇为讲究。设计者往往使用文学性教学语言，综合运用音乐、美术等多种艺术手段，使课堂教学呈现出鲜明的艺术追求与审美特质。同时，教师注重情境创设，在课堂教学中致力于形成心理场，使学生沉浸在特定的教学氛围中，从而得到熏陶与感染。第一代名师中的李吉林、第三代名师中的王崧舟、第四代名师中的彭才华等，其教学设计课例大多呈现这样的审美追求。尤以王崧舟老师为代表。王老师倡导“诗意语文”，追求“大气、开放、和谐、精致”的教学，其课堂教学皆如艺术作品，设计必整体布局，讲究起承转合、动静相生、虚实结合。课的设计细致精巧，在课件图片选择、字体使用、音乐使用、教学语言打磨等各个细节上也是做足功夫，使整堂课的每个环节都精致妥帖，呈现出典型的艺术化、审美化特征。

（四）奇崛峭拔

有的小学语文教学设计呈现出奇崛峭拔的艺术风格。这类教学设计往往追求理性思考的力量，教师选择的教学材料或者设计的课堂教学问题都有一定的难度。设计中，教学情境经过一定的铺垫之后，新鲜材料的引入或者问题的提出能够立即形成教学势能，引发课堂情境的转向，把学生的思考带向深入。这类风格以第四代名师蒋军晶的教学设计为代表，同时期张祖庆的部分课例也有相似的品质。教师在教学材料选择或者文本解读时，善于发掘文本内容中有力量的思考点，并将其转化成问题，常常给人以打破常规的顿悟感，把课堂讨论的内容引向一定的深度。如前所述，蒋军晶的教学设计中，在课堂教学时间的四分之三处常常出现颠覆常规的提问，问题一出，课堂的内容与情境往往产生大的转折与变化，形成一种奇崛峭拔的艺术品质。

当然，名师的教学设计虽然呈现出一定的艺术风格，但这种风格并非固定或者僵化的，有的教师的艺术风格前后会有一定的发展或变化，还有的教师会偶尔设计出与自己以往风格大相径庭的课例。不同风格的教学设计展示出语文教学不同之美，教学设计审美意蕴的开掘也是语文教师从业状态审美化的重要途径。

三、四代小学语文名师教学设计的传承与发展

考察名师们的专业发展经历不难发现，每位名师在专业成熟之前都有过潜心学习前辈名师的经历。他们往往先专心学习一家，再杂取百家，最

终结合自己对教育的独特理解形成自己的教学风格，自成一家。在研读四代小学语文名师专业发展的经历时，笔者发现他们之间存在着密切的师承关系。在学习方式上，有的是直接拜师入室学习，有的是自己观摩录像带反复研习；在内容方法上，有传承，更有创新。

其中，霍懋征的 1+X 实验开当代语文一篇代多篇之先河，窦桂梅的主题教学是对此的传承创新，蒋军晶的群文阅读又是在主题教学的基础上综合台湾、香港语文教学的经验加以发展而来。贾志敏的细腻缜密的教学风格承自袁瑢。薛法根清简素朴的教学追求承自斯霞、于永正、庄杏珍，但在作文教学上曾专心研习贾志敏的素描作文。王崧舟学习支玉恒的朗读法，并将朗读教学的多种样式发展到极致。彭才华是王崧舟工作室的学员，在教学设计的审美化追求上承接了“诗意语文”的追求。何捷曾自学模仿于永正的课，成名后正式拜于永正为师，在口语交际教学上对于永正的风格有所继承发展。

第三节　当代小学语文教学设计发展的主要特点

从三篇课文不同阶段教学设计案例以及四代名师教学设计特点两个视角，我们可以真切感受到当代小学语文教学设计在四十年间从思想到实践发生的巨大变化，结合前文所析的每个阶段的时代背景变迁、小学语文教研热点变化以及四个阶段小学语文教学设计的初步总结，我们可以从教师的设计意识、设计问题的发现与确定、设计问题的求解过程以及设计品格等方面对当代小学语文教学设计发展的主要特点做出分析。

一、教师的设计意识：从“自在”到“自觉”

（一）从分析“所教之物”到设计“教学之事”

“教学设计”的概念是在 20 世纪 80 年代传入我国的，此前，传统的教学准备称为“备课”。从广义而言，备课也是一种对教学的设计。传统的备课往往侧重于教学内容的准备，即教师先行对课文进行一定的分析解读，然后带领学生一起学习课文，“教学内容”往往等同于“教材内容”，“教什么”基本处于混沌状态、自然状态，对“怎么教”的关注不多。例如前文所析1984年《草原》、1985年《小小的船》的教学设计案例，教师的教学陈述主要是围绕教材分析以及教学目标展开的，作者重点准备了“教什么”，较少关注“怎么教”。设计者重点说明了“要把学生带到哪里”（教学目标）以及“为什么是带到那里”（教材分析），但在“如何带学生到那里”（教学过程与方法）以及“如何确定学生是否已经到达那里”（学习评价）方面考虑得不多。80年代中期之后，随着教研的深度展开，小学语文教师的教学设计意识逐渐觉醒，优秀的语文教师开始注重课堂教学艺术，对自己的课堂教学有了精心的设计。90年代之后的课例中，教师的设计自觉明显加强，这种转变受当时理论界信息论、系统论的影响。小学语文教师设计意识的觉醒以李吉林“情境教学”的提出为标志。李老师的课堂教学设计中已经有明确的“设计问题”，教学内容清晰明确，且与教材内容相区别。她的课堂教学追求一定的教学情境设计，设计结构灵活富于变化，有鲜明的设计感。从“分析课文内容”到“设计教学事件”，体现了小学语文教学设计的重心由“物”到“事”的逐渐转变——从分析“所教之物”到设计“所教之事”。

（二）从“工作任务”“教研表达”到“确证方式”

在设计学的视域中，我们可以将小学语文教学设计解释为设计者（教师）将自己的知识、经验及直觉投射于未来，以期改变学生学习现状的活动。外显的教学设计结果是物化的教案以及将教案实施而形成的课堂教学作品。内隐显现的是教师对课程与教育教学的理解、审美旨趣、文化修养等等。任何精心设计的课例都是执教者生命哲学的呈现，无论设计者是否意识到，课堂都是执教者生命的倒影。在一定意义上，与其说教师在设计教学，不如说将自己诉诸教学设计。

在传统的教学设计活动中，教师大多是将教学设计仅仅作为自己语文教学任务的一部分，部分优秀的教师或可从促进学生学习的角度理解教学设计的意义，将教学设计看作“利他之物”，以教师从业的良知以及对教育事业的热爱与奉献精神做好课堂教学的设计。21 世纪课程改革之后，随着教师个体生命的觉醒，语文教育被越来越多的语文教师当作安身立命的家园，而不再仅仅是生命之外的工作任务或谋生手段，以第三代名师王崧舟为代表，小学语文对教学设计的理解有了存在论的哲学高度。如前所述，王老师将教学设计的过程当作作品创作的过程，也是生命情绪自觉投入与安放的过程。这样的教学设计是生命情绪的一种消解与救赎，课成为生命存在与确证的方式。王老师之后，第四代名师里的肖绍国、彭才华等教学设计的实践中都有明显的存在论自觉。

二、设计问题的确定：教学价值秩序与教学内容的变迁

借鉴设计事理学方法论，小学语文教学设计就是小学语文教师通过对学生对某一语文内容学习需求（与困难）的分析，综合运用分析、归纳、判断等思维方式，创造性地提出解决问题的方案、方法及组织和管理机制的过程。这其中，根据学生学习的期待与困难，确定需要设计的具体问题是小学语文教学设计的起点。在当代四十年小学语文教学设计实践的发展中，影响教学设计问题确定的主要因素是人们对小学语文课程价值与目标的定位，表征为教学价值秩序的排列与教学内容的选择。

（一）教学价值秩序：在工具价值与人文价值的徘徊中寻找平衡

若将语文教育的价值取向笼统划分为工具价值和人文价值两种，与工具价值相关联的是对科学与技术的追求，其哲学基础是科学主义与认识论。与人文价值相关联的是“人”自身的精神、信仰、意义等，它意识到工具的“非终极性”，从而对生命存在的处境与终极意义做出更多关怀与思考，其哲学基础是人文主义与存在论。通过典型课文及典型人物四十年的教学设计发展沿革，我们可以明确感受到当代语文教育教学价值秩序在不同历史时期的变化。以《海底世界》一课为例，1986 版的设计指导思想是“把

学习语文和认识事物，思维训练和思想教育融于一体”，1991 版的设计希望通过教学陶冶学生“热爱自然的情操，激发他们去探索大自然的奥秘”，2000 版的设计要求学生“在了解课文内容的同时，切实把段的训练落到实处”，2014 版则把《海底世界》“教什么”主要厘定在课文“怎么写的”即“言语形式”上。历史地看，设计者对语文教育的主要任务的认识经过了“认识事物”—“训练双基”—“弘扬人文”—“学习言语形式”的变化阶段，其内涵的价值秩序是在工具与人文之间摇摆，尽管在每一阶段人们都曾在理智上追求两者的平衡，但事实上不同的历史阶段，教学呈现出不同的价值秩序。20 世纪末 21 世纪初，关于语文学科性质的争论正是人们对语文教育价值秩序的大讨论。作为论争的结果，2001 年颁布的语文课程标准将学科课程性质描述为“语文是最重要的交际工具，是人类文化的重要组成部分。工具性与人文性的统一，是语文课程的基本特点”。应该说，经过论争之后的语文教育日益走向中正平和，但课标的表述无法一劳永逸地撑起价值的天平，也不可能彻底解决语文教师面对不同文本时价值选择的困境。就当前的语文教学设计现状来看，工具价值再次占据了主导话语，2017 版的《小小的船》一课中审美目标、文学目标的完全丢失就是这种倾向的体现。

（二）教学内容：从“语文知识”“文本秘妙”到“语文要素”

语文教学内容即“语文教什么”的问题。80 年代的阅读教学内容是在加强“双基”的精神下确定的，侧重学习识字写字、遣词造句、布局谋篇，学习语法、修辞、逻辑、写作常识和文学常识等“语文知识”。80 年代中后期及 90 年代初期，在阅读教学中训练学生思维能力成为风尚。90 年代，“把语文课上成语言文字训练课”成为语文教学的主旋律，“训练”这一概念成了当时语文教育领域的核心概念。这在一段时间内对强化语言的基础工具性产生过积极作用，但是随着时间的推移，这种强化训练和应试教育一拍即合，使训练变成了枯燥机械的纯技能训练。20 世纪末，语文教育大讨论中，人们对过度强调知识、强调训练使语文课失去美感与感染力进行了口诛笔伐的批评，2001 年课程标准中提出“不宜刻意追求语文知识的系统和完整”“可以引导学生随文学习必要的语法知识和修辞知识，但不必进行系统、集中的语法修辞知识教学”“不必过多传授口语交际知识”的意见。如前所述，这是人们对以往语文教育过度强调知识陷入“形式训练论”误区的不满，反映出人们对语文学习规律的反思，它受后现代教育哲学的影响，又与传统语文学习方式暗合。它在一定程度上给语文教育减轻了负担，带来了生机与活力，但是，这种去知识化、技能化倾向也带来了语文教学内容选择的困境，成为“泛语文”现象发生的重要原因。

2005 年前后，课改进入调适反思阶段。随着对“泛语文”现象的批评，王尚文先生早年提出的语文教学中“言语形式”与“言语内容”的讨论再次被广泛关注，发现“言语形式”的特点被认为是语文教学的“独当之任”。随后，文艺理论中的“文本秘妙”一词进入语文教学内容讨论的视野，文本秘妙的开掘成为教师教学设计中教学内容确定的依据，此时，课文已经不是读本，而是学习写作的范本。2017 年统编教材使用之后，语文要素则成为规定性教学内容。纵观各册次、各单元的教材，其所引导的阅读教学内容选择取向表现出某些多元化的倾向，并且第一次编排了预测、提问、提高阅读速度、有目的地阅读等引导学生学习阅读策略的要求。

比较“文本秘妙”与“语文要素”，它们同样基于“言语形式”，但文本秘妙的开掘指向文本本身，是由“文”而教语文，教师的言语经验、阅读素养、言语敏感、教学判断等决定着文本秘妙的开掘程度，具有鲜明的教师个体性特征，最终指向语文教学的发展性。而语文要素是系统性、课程性的教学要求，它是包含了基于语文元素选择课文和基于课文提炼语文要素的双向互动的，是体系化、规定性、公共性的教学内容，也是指向语文教学保底性的教学要求。目前，落实语文要素是统编教材提出的要求，是现代语文教育追求科学化、现代化进程的体现，也是对课改以来语文教学课程规定性内容缺失导致“泛语文”等问题出现的一种补救措施，势必为语文教学有的放矢、走向确定性提供重要保障。但是，完全依托语文要素的教学，势必会在一定程度上抹杀了文本丰富的特质，限制了教师自身言语经验的释放，语文要素是否能够系统、有效、全面提升语文学习能力、培养核心素养，仍需在实践中观察验证。

三、设计问题求解：课堂教学结构、教学方式及教学辅助手段的沿革

在明确设计问题的基础上对设计问题进行综合分析，运用创造性思维，制定出解决方案的过程是小学语文教学设计的核心过程。小学语文教学设计活动需要综合分析外部环境，通过一定的手段，解决学生学习的困难。从教学设计的功能来定义，教学设计就是“方法、程序和措施”①。教育作为一种实践活动，是有目的的，要达到目的，就需要考虑手段。在教学设计的实践中，设计问题求解的主要程序和措施包括组织课堂结构、确定教与学的方式及选择教学辅助手段。

（一）课堂教学结构从“线性串讲”到“中心突破”到“板块教学”

现代语文早期的教学侧重对课文内容的解释串讲，课堂教学的设计感弱，课堂教学结构基本上依照课文内容顺序呈线性结构。这些特点在 80 年代的小学语文教学设计实践中仍有体现。如前文所析，发表于 1984 年 4 期《试论〈草原〉一课的教学》一文中，讲读串讲法是教师教学的主要方式，教学结构是顺着课文内容的顺序逐段推进的，既没有变序设计，也不刻意进行前后勾连，课堂教学结构主体为线性。

改革开放以后，改革课堂教学结构的呼声越来越高。80 年代中期，“中心讲读法”首次出现，这种打破课文顺序的设计立即引起人们的巨大兴趣。变序意味着创新与改变，也意味着设计本身将带来更大的教育张力。传统的串讲方式受到挑战甚至批评，“一点突破法”、变序教学法等方兴未艾。例如前文所析，设计于 1986 年的湖北省江全佐老师《海底世界》一课，就

① 李定仁、徐继存主编：《课程论研究二十年》，人民教育出版社 2004 年版。

运用了“中心突破法”，在分段教学中，教师没有按照传统的依照课文顺序进行分析教学的方法，而是抓住中心与难点，先进行中间段落的分段训练，再通观全篇，带给学生一定的陌生化学习体验。

受系统论影响，80年代末小学语文教学开始了关于整体性教学改革讨论，人们开始注意语文学科教学内部各子系统之间的关系，力图从整体着眼，改善语文教学的面貌。在课堂教学结构上，整体设计的教学结构改变了以往“线性”的模式，出现了“板块式”的教学设计。90年代前后，串讲的方式被摒弃，各种模式的教学探索盛行。教学模式的兴起昭示着人们对课堂教学规律性、确定性的寻求，人们在寻找某种确切的程式，相信程式的功能，甚至对程式有一定的迷信，认为只要按照既定的程式操作，就可以带来有效的教学。新世纪课程改革之后，传统的逐段串讲课文的教学结构被逐渐摒弃，板块式教学结构成为小学语文教学设计的常态。板块式的教学结构基于对课文学习内容的整合，使学习或训练的内容更集中，板块与板块之间，形成并列式、递进式、承接式与主从式等关联结构，使课堂学习的逻辑感、设计感更强，更具有张力和活力。

（二）课堂教学单位从“单篇”拓展到“群文”（多篇）、整本书

改革开放以来，人们对儿童阅读日益重视，各阶段的课程标准（教学大纲）都强调广泛阅读对小学生语文学习的意义。新世纪课程改革之后，随着教师参与课程开发，大量优秀的课外读物纷纷进入语文教学的视野，2017年起启用的新教材则构建了“教读、自读、课外阅读”三位一体的阅读教学体系，提倡课内教学和课外阅读的整合。

与将学生阅读视野由课内扩大至课外，并引导学生广泛阅读的理念相契合，小学语文阅读教学的课堂教学单位出现了从“单篇”到“群文”（多篇）到整本书的变化。传统的阅读教学是单篇课文的教学，80年代，霍懋征、李吉林等虽然开始进行一篇带多篇的教学改革，但仍以课文教学为主，补充的篇目用于拓宽学生视野并加深学生对课文相关问题的理解。新世纪初，窦桂梅进行主题教学探索，围绕一个主题，组织两篇以上的文章进行教学，这种教学以多文本互文印证的方式，拓展了学生的阅读视域并加深学生对特定主题的理解，但其选文组元的方式主要局限于单一的“主题”式组元。2010年前后，群文阅读逐渐兴起。群文阅读的概念源自台湾学者赵镜中，在小语界以蒋军晶老师为代表，许多教师开始尝试以多文本为教学单位，在有限的课堂教学时间里带领学生进行多文本阅读教学。与主题教学不同，群文阅读组元的方式多元，文本间的连接点不再限于内容“主题”，而是既有基于内容的议题组文，又有基于表达手法的议题组文。并且群文阅读中选文之间没有明显的主辅之分，它以多文本语境的交叉建构为学生的语言建构与思维发展创造了更多契机。2011版课程标准倡导“读整本的书”，近几年来，关于整本书阅读的研讨在小语界兴起。当然整本书阅读也不是新生事物，20世纪20年代，叶圣陶就针对语文教材都是文选可能产生的弊端提出要引导学生读整本书的意见。目前的整本书阅读主要分为读前指导与读后交流两种形式，在导读课上以教师教、引导读为主，推进指导过程中锻炼学生的自读能力，在分享交流中展示学生的课外阅读成果，形成前后完整的阅读体系。

当代小学语文阅读教学单位从“单篇”到“群文”（多篇）到整本书的变化，表现出人们日益开放的阅读视域以及单位时间内追求效率的教学心理。目前群文阅读与整本书教学的研讨方兴未艾，尽管它们并未成为小学语文教学日常的设计形式，但是它们无疑为小学语文教学设计提供了开放、丰富多元的教学方式，为提升学生的阅读数量、质量做出了可贵的探索。当然，从“单篇”到“群文”（多篇）到整本书，教学设计的难度逐渐增大，对教师的专业素养提出了更高的要求。

（三）教学样式从无到有，从个人偶发创作到群体模仿使用

如前所述，教学样式是指在特定情境中使用的具有一定固定性程序的教学方式。在小学语文教学设计的实践中，存在着许多适合某一情境使用的可重复性、可传授性的教学样式。它们为设计者在面临相似的情境问题时提供了问题解决方案的关键部分，设计者可以重复使用这个方案，而不

必另起炉灶，重新摸索。

四十多年来，当代小学语文教学设计中的教学样式经历了从无到有，从个人偶发创作到群体流传、模仿共用的过程。众多富有创意、在特定情境下可迁移的教学微设计在小学语文课堂中被广泛使用。例如前文所举第二代名师中的支玉恒在《再见了，亲人》一课中所采用的“回环复沓”式的引读设计，被众多小学语文教师模仿使用。另外，支玉恒老师在《第一场雪》课文整体感知阶段，以词语听写的方式概括文章内容的样式，在薛法根组块教学中常常出现，经其《螳螂捕蝉》等课例广泛传播，成为小学语文教师教学设计的常见样式。

教学样式的丰富将带来课堂教学更多的趣味与意味。在优秀的小学语文教师的设计实践中，实用有效的样式比比皆是，可惜，对它们的总结、归类、推广还尚未引起语文教育理论与实践界的重视。目前，教学样式的使用与传播仍处于一种自然状态，主要靠教师课例观摩后自得自悟的“暗中摸索”，或名师带徒过程中潜移默化的影响。教学样式的知识与技能基本处于缄默知识的状态。对教学样式系统性地总结、归纳、命名、传播尚待来日。

（四）教学方法从重视“教”到重视“学”

语文教学方式的重心四十年来经历了从重视教师的“教”到重视学生的“学”的转变。教学方法逐渐多样化，教学中对学生的关注日益增强。

20世纪五六十年代，受苏联教育家凯洛夫的教育学理论影响，人们信奉“教师中心”“教材中心”“课堂中心”。教学方法上以讲授法、问答法为主。改革开放之后，人们对学生的“学”逐渐重视。1978年、1980年大纲都倡导“废止注入式，采用启发式”，要求教师“调动学生学习的积极性和自觉性”“正确估计学生的能力”“重视培养学生的自学能力”并处理好“课内和课外的关系”。1986年中小学大纲、1992年义务教育大纲则进一步提出，让学生“自己动脑、动口、动手，在学习语文的实践中，获取知识、形成能力、发展智力”以及“培养学生自学能力、养成自学习惯”。在此背景下，八九十年代的语文教学改革如“读读议议练练讲讲”八字教学法、钱梦龙的“三主四式”教学法、魏书生的六步教学法等都有着“教”“学”结合的意识，且在方式方法上重视学生的“学”。

2001年启动的课程改革借鉴的是芬兰经验，其指导理念深受杜威实用主义影响。杜威实用主义的教育观是以儿童为中心的，它改变了赫尔巴特为代表的传统教学论，不再将学生理解为“教学过程中的被动体”，而认为学生应该按其天赋的本能兴趣、要求和能力去自由地“生长”起来。2001年课标强调“学生是学习和发展的主体”。认为语文课程必须根据学生身心发展和语文学习的特点，关注学生的个体差异和不同的学习需求，爱护学生的好奇心、求知欲，充分激发学生的主动意识和进取精神，倡导自主、合作、探究的学习方式。小组合作、讨论等方式迅速成为课堂教学的流行方式。

语文教学方式重心由“教”到“学”的转变体现了教育的人本主义思想，表现出对学生的尊重与关怀。但是，教学方式只是客观的教学手段，只有适合与否，没有高下优劣之分，各种教学方式都有自己的优点，也有一定的局限。教学方式的选择与师生特点、教学内容、教学条件等密切相关。教学方式本身并不能决定教学的效果与成败。另外，“教”与“学”、“师”与“生”的关系绝非二元对立或主客二分的。认识到这一点，有利于帮助我们既注意尊重学生的能动性，又不至于滑入“唯学生主义的泥潭”。

（五）辅助手段：从“板书插图”到“电化教学”到“信息技术”

在相当长的一段时间内，板书是语文教学最重要的设计内容之一。好的板书设计，能够起到展示教学重点、帮助学生理解课文思路等多重作用。建国初的特级教师如袁瑢、霍懋征等就特别重视板书设计。改革开放之后，人们对板书的研究越来越多，日渐成熟，教学杂志几乎每期都会刊登板书设计的案例。分析优秀的板书设计，常常可以基本掌握执教者的教学思路。板书的类型从各个层面得到总结，甚至出版了教材板书设计类的研究书籍与教学工具书。在教学资源相对匮乏的80年代，课文的插图被设计者普遍重视，成为课堂教学有效的辅助手段。

20 世纪 70 年代末 80 年代初，随着电的普遍使用，电化教育出现。电视、录音机、投影等电化手段为语文教学设计带来了丰富多样的教学资源，也激发了教师巨大的创造热情，声、光、电等手段也刺激着学习者的感官，增加了小学生语文学习的生动性、趣味性。90 年代电教化教学得以迅速发展，录音、视频等以更直观丰富的感染力在激发学生兴趣、创设课堂情境、拓展教学资源等方面具有更明显的优势。

21 世纪以来，随着计算机科学的飞速发展，信息技术成为教师教学重要的辅助手段。一方面，教师越来越方便地可以从互联网获得教学设计所需的各种文字、视频、音乐、美术等资料（也有教师开始布置学生课前从网上查找资料、搜集信息）；另一方面多媒体课件以其展示功能强大、使用方便等优势迅速成为课堂教学的重要辅助手段，课件的设计制作逐渐成为教师教学设计的重要内容。如何运用多媒体课件更好地为语文教学服务以及多媒体课件的制作与使用应注意的问题等迅速成为教研论文的热门话题。在一定程度上，多媒体课件代替了传统板书的部分功能，且比板书更丰富，它不仅信息量大，展示的内容多，还可以综合美术、音视等各种艺术手段，在帮助学生拓展知识、进入文本情境等方面都有重要的作用。与信息技术的蓬勃发展相关，传统的板书在教学设计中的地位与作用迅速下滑，鼠标的点击日益取代着传统的粉笔书写，板书设计不再占据教学设计中的重点位置，有了英雄末路的尴尬与无奈。

近几年，随着信息技术的飞速发展，慕课、翻转课堂、微课等逐渐进入小学语文教学设计的领域，线上线下的混合式教学兴起。部分教师尝试运用部分教学平台，为学生提供课前预习视频或资源，课上则使用 pad 等设备辅助学习或当堂检测等，课下在网络平台布置作业。但从总体看，语文教学的面貌没有出现根本性改变，传统的课堂授课仍是最常用、最实用的教学方式，信息技术的使用尚未带来小学语文教与学方式的根本性变革。

四、设计风格：致用为本，美的追求与美的焦虑共在

不同的语文教学设计呈现不同的艺术风格。纵观当代小学语文教学设计的发展，素朴实用仍是占据主流话语的风格导向，这与现代语文科学化的追求一致，也与中国儒家经世致用的传统有关。同时，教学设计之美始终是语文教育热切的呼唤与追求。四十年间，小学语文教学设计之美得以发展并逐渐走向成熟，成为部分优秀语文教师的自觉追求。但是，设计之美的产生与设计之真（科学基础）、设计之善（教学伦理）密切相关。新世纪课程改革中，随着语文教育中的情感、态度、价值观受到重视，教师主体个性得以张扬，部分教师在追求设计之美的过程中或丧失了学科教学的科学基础，或损坏了教为学服务的价值根基，出现了教学审美失当，造成了美的追求与美的焦虑共在的现状。

改革开放之初，在语文教育中寻美、求美成为语文教育研究的热点。人们主要是从语文教学的内容（文质兼美的文学作品类课文）出发，强调带领学生感受文章中的自然美、人情美，课堂教学本身的风格之美以及教学设计的美学品格没有被明确揭示。但 80 年代前后的教学设计中，美的意识、审美的情境始终存在。特别值得注意的是李吉林的“情境教学”，李老师的教学完全是在美的规律下对教学的统筹计划与设计，这种设计不仅体现在音乐、美术等艺术手段的运用上，还体现在她对学生认知心理场营造的理论自觉上，更体现在她的教学设计本身的变化与张力上。只不过这种品格尚未被完全明确认识与表达出来。90 年代的教学设计中，简朴高效是教学设计者的普遍追求，即便在优秀的课例中仍能感受到一定的情境美，但这并不是教学设计者的自觉追求。新世纪课程改革之后，以王崧舟“诗意语文”相关理念与实践为标志，小学语文教学设计之美达到自觉之境地。彭才华等青年名师继承了这种美学追求，并在自己的设计实践中有所创新。但与此同时，部分青年教师的教学设计出现了“为诗意而诗意”“为美而美”的倾向，这些教学设计者因为自身的文学素养、艺术修养都还难以支

撑起其艺术化追求的基础，架空求美的设计使语文教学出现了流于表面的浮夸、抒情，在理念上也出现了虚玄的言论，有的教师不顾课程要求、学生实际，任意将自身的个性化理解与情感投射到教学设计中，致使教学设计出现了过度个性化、虚化等问题。

第四节　当代小学语文教学设计发展影响因素分析

一、当代教育思潮与小学语文教学设计

“一切历史都是思想史。”① 分析当代教育思潮的发展变化，可以帮助我们更好地理解小学语文教学实践的变化与发展。毕竟，小学语文教师在进行教学设计时，其隐藏的教育哲学渗透在其设计过程始终，不同的设计行为背后是不同的价值判断、哲学取向。历史地看，改革开放以来的语文教育归属于百年现代语文史不断追求现代性的进程中。而现代性内部始终存在着矛盾、张力与暧昧性，科学与人文、实用与文化、现代与后现代、创新与复古等各种思潮错综复杂地交织于当代语文教育发展的现场，它们互相掣肘，相反相成，在不同的时期，从不同的层面指导或影响着当代小学语文教学设计的实践。

（一）科学主义与人文主义的较量与融合

在世界思想发展史上，20 世纪是科学主义与人文主义相互较量的时代。随着科学的迅猛发展，科学精神占据了社会的主导价值，有学者认为，20 世纪的教育日益受科学而不是哲学的制约。科学主义在与人文主义的较量中总体占上风，但人文主义教育思潮也始终存在，它以在野的身份时时对科学主义的种种弊端进行着批评与纠偏，20 世纪 70 年代以后，科学主义与人文主义在较量中逐步趋向融合。

① 丁耘、陈新主编：《思想史研究（第一卷）》，广西师范大学出版社 2005 年版，第 5 页。

在我国改革开放以来的语文教育现代性的探索中，科学化、学科化的追求是其发展的最主要脉络。在80年代末至90年代初小学语文教学设计的现场，语文基础知识与基本技能的训练成为教学设计中最主要的任务与目标。同时，受布卢姆的教育评价理论及目标教学法影响，目标教学法、标准化测试兴起，语文教育者试图通过严格有序的可以预测的目标来组织、规范及控制教学过程。80年代末，对科学化的过度强调逐渐消解了语文教育的思想性，使之逐步陷入技术主义路线。1997年由《北京文学》引起的语文教育大讨论正是人文主义对科学主义长期占据中心地位造成价值理性缺失而表达的不满与纠偏，作为论争的结果，2001年课程标准将学科课程性质描述为“语文是最重要的交际工具，是人类文化的重要组成部分。工具性与人文性的统一，是语文课程的基本特点”。课改之后，人文精神强势回归，这一阶段的小学语文教学设计普遍注重对学生天性、个性的尊重与张扬，对学生灵性、悟性的启迪以及对学生创造性的激发。但是，随后语文知识等基础性内容被忽视，语文教育出现了“泛语文”病疾，2011年课程标准将语文课程界定为“一门学习语言文字运用的综合性、实践性课程”。这一界定强调“语言文字运用”，可看作语文教育自身“否定之否定”之后的调适。2011年以来，教学目标“指向表达”“指向运用”成为小学语文教学设计的普遍价值。

（二）实用主义的张扬与限度

20世纪语文教育的现代化进程，首先是一步步走向实用化，然后再由实用化向文化回归。当然，这一过程绝不是直线往返，而是无时无刻不充满着曲折的迂回、矛盾与斗争。实用主义教育思潮主要来源于杜威的实用主义哲学。不同于传统语文朝向过去，以重建过去为最高的教育理想，现代语文朝向现实人生，无论教学内容还是教学价值都呈现出鲜明的实用化、平民化倾向。拨乱反正改革开放以后，实用主义对语文教育的影响主要表现为语文教育的生活化追求。

20世纪80年代以来，“语文学习的外延与生活的外延相等同”的理念日益深入人心。语文教学的生活化追求是指教师在语文教学的过程中有意识地引入生活的内容，使学生在学习语文的过程中观察生活，思考社会人生。不能不说，生活化理念为当时科学主义主宰下的语文教育带来了生机与活力，无论一线的语文教师还是语文教育的研究者无不为生活化所带来的生机勃勃的局面欢欣鼓舞。语文教师在这方面表现出积极的课程自觉与自主，纷纷将现实生活中的事件或元素引入语文教学。例如前文所列于永正老师《草》、贾志敏老师《谁动了松鼠的奶酪》等课例中都有明显的生活化追求。然而，看到语文生活化追求合理价值的同时，我们还必须清醒地看到它的限度，避免走向一味崇尚实际效用而导致的对学术基础的忽视。美国在1950年代就对实用主义思潮进行了反思与批判。要素主义早已指出，过分迁就儿童生活经验的课程设置破坏了学科体系的完整性，忽视了教育对文化的传承性，造成了“约翰不读书”现象，并致使基础教育质量迅速下滑。我们必须清楚学校教育的作用之一就是将人类几千年文明的成果以系统化的方式在短时间内传授给学生，在这个意义上，学校教育绝不能仅仅是关注学生现实生活，甚至必须与生活保持着一定的距离。我们必须清楚，有一些文化内容只能由学校教育负责传授，而这些内容并非学生日常生活所熟悉或者必需的。

（三）后现代主义影响下的阅读教学观重建

20世纪五六十年代的阅读教学是一种以分析思想内容为主的讲读模式，改革开放之后，语文教学改革全面展开，80年代的小学阅读教学设计开始重视培养学生的自学能力，涌现出许多卓有成效的教学模式探索，但1978年大纲、1980年大纲中仍然要求教师要“善于讲解课文”。阅读教学观的彻底转变以课程改革为标志，与之前的大纲只强调阅读的功能相比较，2001年课程标准中，第一次出现了阅读教学这一概念的解释性定义：“阅读教学是学生、教师、文本之间对话的过程。”实验稿课标还强调“阅读是学生的个性化行为，不应以教师的分析来代替学生的阅读实践”，“要珍视学生独特的感受、体验和理解”。2011年课程标准加入了编者视角，将阅读教学解释为“学生、教师、教科书编者、文本之间对话的过程”，并再次强调“阅读是学生的个性化行为”，“要珍视学生独特的感受、体验和理解”。

课改倡导的阅读教学观显示出对话理论、哲学解释学、接受美学等后现代理论对语文教育的影响。现代课程观的理论基础是牛顿的经验主义和笛卡尔的理性主义，它以寻求确定性、规律性为主要特征。而后现代的课程观基于生物学而非物理学，它不再追求线性的、统一的、可测量的，而转向相互作用、相互平衡、相互理解的课程理解范式，走向了更为多元与开放的境域。对话理论、哲学解释学、接受美学都体现出后现代主义这种开放、多元的特质。课改之后的阅读教学被解释为师生围绕文本展开的对话过程，师生关系被定义为“特殊的对话者”，教师不再是“绝对化”“神圣化”的权威，而成为“平等中的首席”。课改之后的小学语文教学设计普遍显示出开放性的追求，教学设计的问题路向不再是封闭的，教师认同文本是一个“召唤结构”，它以无限的开放性、可能性等待着读者的理解与解释。而读者也不再是消极的接受者，而是积极的意义建构者。试图在语文教学中建立一个“没有人拥有绝对真理，而每个人都有权利要求被理解”的迷人的王国。

当然，任何理论都有边界与限度，当读者的作用被重新发现与定义，又可能滑入“读者至上”的误区。尽管2011年课程标准以“编者视角”对教师与学生可能出现的对文本任意或过度解读做出规约，但现实的教学中仍不时可见以“多元”“个性”为借口的对文本的过度或任意解读。另外，在教学中将教师的地位定义为“平等中的首席”可能会忽略教师的主体性，形成另一种“蒙蔽”。

（四）西方价值悖论与传统文化的回归

20世纪90年代末，随着“新儒学”在海外的兴起，社会上出现了“国学热”“少儿读经热”。21世纪之后，随着国家对中华优秀传统文化复兴的日益重视，传统文化与语文教育的深度融合成为语文课程改革的热点，语文教育出现了回归传统的思潮。在教学内容上，部分传统的语文教学经典重新回到语文教育的现场，并逐渐占据重要位置。在阅读教学方法上，传统语文教育中注重积累、注重整体感悟、涵泳体味的方法越来越为语文教师所重视。

语文教育中的“传统文化热”是语文教育现代化进程中对传统精神的深情回望，隐含着社会集体的文化乡愁。美国哈佛大学国际政治学教授塞缪尔·亨廷顿在《文明的冲突与世界秩序的重建》一书中曾提出一种“西方价值悖论”的观点，可以帮助我们理解传统文化复兴的背景——“原先，西方化和现代化密切相联……在变化的早期阶段，西方化促进了现代化。在后期阶段，现代化以两种方式促进了非西方化和本土文化的复兴。在社会层面上，现代化提高了社会的总体经济、军事和政治实力，鼓励这个社会的人民具有对自己文化的信心，从而成为文化的伸张者。在个人层面上，当传统纽带和社会关系断裂时，现代化便造成了异化感和反常感，并导致了需要从宗教中寻求答案的认同危机。”① 不难看出，当前语文教育中的“传统文化热”都表现了一种文化保守主义的价值取向，蕴含着一种现代化而不西方化的要求，表现了一种民族文化身份的自觉意识。事实上，“一个不争的事实是，在语文教育现代性建构中，传统一直在场。语文教育现代价值的诉求，或宣称‘新’的东西，在语文教育传统中有很丰富的资源，只不过长期被遮蔽，没有被发掘罢了”②。今天，我们学习和借鉴传统语文教育的精神，绝不能照搬与照抄，毕竟现代教育的目的与传统教育的目的相比早已发生了巨大的变化，教育的内容与方式也随之发生了巨大的改变，刻舟求剑或者盲目复古都是行不通的。对传统语文教育知之愈全、愈深，才能用之愈当，我们要避免语文教育上的历史虚无主义，也要避免对传统语文教育的过度阐释或过度开发。

---

① ［美］塞缪尔·亨廷顿著，周琪等译：《文明的冲突与世界秩序的重建》，新华出版社 1998 年版，第 67~68 页。

② 刘正伟：《语文教育现代性探索》，商务印书馆 2015 年版，第 25 页。

二、政策纲领性文件与小学语文教学设计

不同的历史阶段，人们对语文教育基本问题有不同的思考与解答。这些历史性认识的成果相对集中地表征于不同历史时期的语文课程标准（教学大纲）之中。课程标准（教学大纲）是国家教育行政部门对中小学课程设置、培养目标、教学内容、教学安排的指导性文件，是编写教材、教学实施、课程评价的依据。1978 年以来，国家共公布 8 套中小学课程标准（教学大纲）。不同时期语文课程标准（教学大纲）往往是一定阶段教育论争的结果，反映着人们对语文教育认识的发展变化。我国中小学课程标准和教学大纲都是国家层面的纲领性文件，代表国家意志，具有“准法律”性质，必然是影响小学语文教学设计的直接因素。在课程标准（教学大纲）中影响小学语文教学设计的主要内容有：课程性质、课程目标、课程知识、教学方式等，前文在论述小学语文教学设计发展特点时已经联系课程标准（教学大纲）沿革对课程目标与教学方式做了一定的分析说明，在此仅对课程性质与语文知识在 8 套课标（大纲）中的变革做进一步阐释。

（一）语文课程性质：从“工具性与思想性的交替”到“工具性与人文性的统一”

对语文课程性质的讨论是当代语文教育论争的焦点，它追问的是“语文学科是一门什么样的学科”，反映出语文教育研究者对语文学科本体特征与功能定位的思考。

当代语文课程性质观承接历史上人们对“文”“道”关系的认识，主要集中于“工具性”和“思想性”两维。“工具性”是指语文是学生学习与工作的基础工具，“思想性”是指语文课程具有丰富的思想内涵。① 新中国成立后，语文界对学科性质的认识一直在“工具”与“思想”两维之间寻

① 在 20 世纪 50 年代，语文曾被当作思想教育工具，但 1963 年教学大纲之后，语文课程的工具性特指语言文字所具有的基础工具性。

找平衡，“工具性”与“思想性”震荡交替，在不同历史阶段有不同侧重。“文革”结束，语文教育秩序恢复之后，面对学生语文基础薄弱的现状，1978年大纲继承了1963年大纲的主要精神，凸显语文教育的“工具性”，语文课程的功能偏向学生语言文字或语言文章的学习与训练。随后的1980年大纲继续强调“语文是学习和工作的基础工具”，并在中学大纲进一步指出：“语文课在进行读写训练的同时，还必须进行思想政治教育。思想政治教育必须根据语文课的特点进行，必须在读写过程中进行，读写训练必须以正确的观点为指导，两者是相辅相成、互相促进的。”80年代后期，改革开放带来思想的多元与开放，社会上也出现了“自由主义”“拜金主义”“享乐主义”等不良思想观念，1988年、1992年大纲中对语文性质的表述修改为“语文不仅具有工具性，而且有很强的思想性”，期待通过语文教育加强对学生的思想政治教育。但是，90年代，语文教学日益彰显的科学化追求逐渐消解了语文教育的思想性，使之逐步陷入技术主义路线。

1997年《北京文学》引起的语文教育大讨论中，人们对工具理性至上的教学价值进行反思，又开始回到语文学科的本体问题，思考语文到底是一门什么样的学科。20世纪末21世纪初，受世界范围的人文主义思潮影响，我国语文教育界出现了人文精神的呼唤，陈钟梁、王尚文等学者认为“人文性”才是语文学科的本质属性，随后，语文教育出现课程性质的“工具与人文之争”。作为论争的结果，2001年、2003年两个课标，将语文学科课程性质描述为“语文是最重要的交际工具，是人类文化的重要组成部分。工具性与人文性的统一，是语文课程的基本特点”。课改之后，语文教育的人文性得到张扬，但是，随后语文知识等基础性内容被忽视，语文教育出现了“泛语文”病疾，2011年课程标准将语文课程界定为“一门学习语言文字运用的综合性、实践性课程”。这一界定强调“语言文字运用”，可看作语文教育自身“否定之否定”之后的调适。

如前所述，对语文名称与性质的讨论反映的是语文教育研究者对语文学科本体与课程价值的思考。这种追问带着本质主义的执拗，对问题的认识与社会发展的政治经济背景密切相关，也与哲学思潮的影响紧密相连。

（二）语文知识："确定性的寻求"与"混沌的秩序"

四十年语文教育中，"语文知识"曾经备受重视，课改之后又被淡化。完整严密的语文知识体系的追求背后是语文教育现代化进程中的科学化态度——寻求确定性。课改之后淡化语文知识的态度既反映出人们对过度强调知识、强调训练使语文课失去美感与感染力的不满，也反映出后现代教育哲学对语文教育的影响——语文教育的秩序可能是"混沌的秩序"。

改革开放之后，随着语文教育现代化的进程，语文课程知识、结构、体系不断逻辑化、系统化。1978 年大纲和 1980 年大纲以表格形式将语文知识在各年级的安排附于文后附录中，集中展现了教学中的语文知识体系。1986 年大纲分"阅读""写作""听说""基础知识"四部分列出"各年级语文基本能力和基础知识教学要求"。1992 年大纲则将语文基础知识作为一个独立板块呈现。与对语文知识的重视一致，"训练"这一概念成了当时语文教育领域的核心概念，语文课一度被上成语言文字训练课。这在一段时间内对强化语言的基础工具性产生过积极作用，但是随着时间的推移，这种强化训练变成了枯燥机械的纯技能训练。

2001 年课程标准中提出"不宜刻意追求语文知识的系统和完整"，"可以引导学生随文学习必要的语法知识和修辞知识，但不必进行系统、集中的语法修辞知识教学"，"不必过多传授口语交际知识"的要求，本课程标准中也没有制定内容标准，训练一词不再被提起，取而代之的是"体验""熏陶""感悟"等词汇。如前所述，这是人们对以往语文教育过度强调知识陷入"形式训练论"误区的不满，反映出人们对语文学习规律的反思，它受后现代教育哲学的影响，又与传统语文学习方式暗合。它在一定程度上给语文教育减轻了负担，带来了生机与活力。但是，这种去知识化、技能化倾向也带来了语文教学内容选择的困境，成为"泛语文"现象发生的重要原因。

反思语文知识在四十年语文教育话语中地位的沉浮，我们应该认识到，语文教学当然需要一定的知识，问题是什么样的语文知识最有价值。长时间以来，语文界误将语言学知识作为语文学科的知识主体，而忽视了阅读学、写作学等相关知识，语文知识结构不合理，语文知识中程序性知识的建构未引起重视。另外，语文界还必须积极吸纳语言学、阅读学、写作学等相关学科的最新知识成果，及时对语文知识体系进行更新。对知识的掌握当然需要一定的训练，但训练必须有导向、有方法、讲艺术。“训练万能论”和“不要训练”都不可取。

三、重要组织、关键事件、典型人物与小学语文教学设计

（一）中国教育学会小学语文教学专业委员会

1980 年 7 月中国教育学会全国小学语文教学研究会（后更名为中国教育学会小学语文教学专业委员会，下文简称“小语会”）成立，会后，各省市相继成立省级小学语文教学研究会。小语会是小学语文教学研究与实践的主导组织，当代小学语文教学改革发展的主导性力量，开启了当代小学语文特色教研的时代。它组织学术研究、组织全国范围的小学语文教研活动、指导教育实验、推广优秀教研成果、培养骨干教师，组织教材编写与研究。在全国、省、市区小语会的组织与指导下，全国各地的语文教研活动有序开展。四十多年来，小语会的声音始终主导着全国小学语文教学研究的方向。

（二）全国青年教师阅读教学观摩大赛

全国小学语文教学研究会于 1989 年 11 月在成都市举办了全国首届阅读教学观摩大赛，来自全国 28 个省市自治区的 32 名青年教师参加比赛，这是改革开放以后首次由小语会组织的教学研讨观摩活动，时任国家教委副主任的柳斌亲自发来贺词。大赛涌现出孙双金、张伟、滕春有等优秀语文教师。随后，《小学语文教学》刊发了全部获奖教师的教学设计，在全国引起热烈反响。此后至今，小语会每隔两年举办一次阅读教学观摩大赛，成为小语界最具影响力的赛事，窦桂梅、贺诚、虞大明、蒋军晶、罗才军、何

捷等众多名师都是在大赛中脱颖而出，逐渐走上小学语文教学改革的大舞台的。

（三）名师与代表性课例

在小学语文教学四十年的发展中，涌现出一代又一代的教学名师。在小学语文教育教学实践的过程中，他们形成了自己的教学思想、教学风格，体现着一个时代的特征，又影响着这个时代的小学语文教学发展。前文已经对四十年小学语文教学领域涌现出的四代名师的主要教学设计思想进行了分析与研究，从中我们可以感受到小学语文教学设计发展变化的轨迹与特点。其中，典型名师的代表性课例具有标志性意义，从理念到技术都影响深远。如支玉恒 1989 年 11 月在成都执教观摩课《第一场雪》，其“以读代讲”的理念及独具特色的“支式品读法”对后来的整个语文教学设计史产生了重要影响。再如于永正的《草》、窦桂梅的《秋天的怀念》、王崧舟的《长相思》、薛法根的《卧薪尝胆》等课例皆具有广泛的流传度，深刻影响了小学语文教学设计的发展。

第八章

当代小学语文教学设计发展的反思与启示

梳理与审视改革开放以来小学语文教学设计发展的历史，可以帮助我们进一步理解今天小学语文教学设计的现状，认识小学语文教学设计相关问题的来龙去脉，从而在历史眼光中获得一份理智与清醒，对目前小学语文教学设计中存在的种种现实问题做出理答与回应，对未来小学语文教学设计的发展做出展望与设想。

第一节　当代小学语文教学设计的核心经验

当代小学语文教学设计日益走向成熟，一代又一代的小学语文教师在教学设计的实践中探索开拓，积累了丰富的设计经验。在第七章中，笔者联系当代小学语文教学设计发展的特点已在宏观上对其做了一定的总结评述，现在，我们将聚焦小学语文教学设计的核心，寻找优秀小学语文教学设计在问题发现与问题解决两方面的特点与品质。

一、设计问题的发现：创造性与合理性的统一

在文本解读与学情分析的基础上，发现需要设计的问题是教学设计的起点。高品质的设计问题是创造性与合理性的统一，它要求教师在文本中发现常人不容易察觉的具有语文学习价值的要素，并依据对学生学习需求的判断将其转化为新颖的设计问题，这些问题要具有适当难度、能够对学生的思维形成挑战，引领其进入深度学习。

（一）唤起惊异感，于平常处见奇崛

高品质的设计问题源自教师对文本新颖独特的解读。当教师在文本解读中经由文字，进入文字背后所蕴含的作者丰富的精神世界，真切地体贴作者写作时的呼吸与心跳，体会作者曾经的喜怒哀乐，并将其与自己切身的生命体验相联系比较，发现并体悟到符号本身带来的意蕴与美感，就能够还原文字符号背后的惊异与渴望，发现常人不易察觉的细微而生动的语文学习内容。在此基础上，教师依据对本阶段课程学习目标以及学生认知水平的权衡，筛选出需要设计的教学问题。这些问题，能够在平常处见奇崛，唤醒知识隐藏的活力与惊异感，引导学生从常规的、习以为常的文字中发现新的意义维度。例如王崧舟在解读《一夜的工作》时注意到了其中一段写总理办公室陈设的文字："这是高大的宫殿式的房子，室内陈设极其简单，一个不大的写字台，两张小转椅，一盏台灯，如此而已。"王老师在阅读中敏锐地发现："这是高大的宫殿式的房子"与后五句所形成的某种强烈而鲜明的对比。"宫殿式"这个词意味着什么呢？这所房子曾经是一座宫殿。那么，这所房子曾经是谁的宫殿呢？查阅资料，他发现这座房子曾经是晚清摄政王载沣的官邸，也曾经是袁世凯的官邸。于是，他将"引导学生通过宫殿式的房子理解总理办公条件之简朴"作为设计问题，在教学时，他设计了引导学生猜测与想象的环节：这间房子里曾经有过什么？通过想象，房子中曾经有过的一切奢华与富丽堂皇纷纷"出场"：流光溢彩的水晶吊顶、松软厚实的羊毛地毯、价值连城的名人字画、稀世罕见的金玉贡品

……有了这样的想象，再来重新审视总理办公室的陈设："一个不大的写字台，两张小转椅，一盏台灯，如此而已。"难怪作者会说"极其简单"！就这样，王老师通过文本解读时发现的"宫殿式"这一常常被忽略的语词，将其作为设计问题，带领学生经由想象，发现了文字背后的巨大的反差，从而体会文本言说的张力、感染力、穿透力与震撼力。

（二）把握难度，形成教学设计的坡度

语文教育要在发展学生语言能力的同时发展学生的思维能力，就必须把握教学设计的难度。有一定教学难度的教学内容以及由此确定的设计问题，能够对学生的认知形成挑战，引导他们向高阶思维迈进，进行深度学习。李吉林认为语文学习要"有趣、好玩、有难度"，这其中所指的趣味性、游戏感是容易被小学语文教师重视的，而"有难度"对于教学设计与学生学习的意义却常常被忽略。事实上，相对简单的学习内容固然会带给学生心理的安全感，但完全没有挑战性的学习内容难以激发学生深层的学习兴趣，也无法在知识学习的过程中磨砺他们的思维。高品质的设计问题一定是具有一定难度的，这种难度带来教学设计的坡度，蕴含着教学设计的势能。例如朱雪丹在设计《小蝌蚪找妈妈》一课时，将"引导学生在学文看图的过程中了解小蝌蚪长成青蛙的过程"作为设计问题，这一学习内容对一年级的孩子具有一定的难度。在具体设计上，教师在三个较长的段落上用力，从句到词，从词到段，抓住段与段之间的联系设计朗读、提问等环节，最后，要求学生口头叙述"小蝌蚪是怎样变成青蛙的"，达到设计意图，完成了教学目标。

二、设计问题的解决：科学化与艺术化的共振

设计问题解决的过程是教师运用创造性思维设计对课堂教学进行整体布局和细节处理的过程，也是教师将自己对文本创造性的解读转化为学生认知过程中的悬念、渴望与丰富体验的过程。分析总结当代小学语文教学设计的优秀案例，可以发现，成功的设计常常组合使用以下设计策略：

（一）嵌入情感，激发知识活力

语文学科具有丰富的人文内涵，蕴含着深厚的情感因素。在小学语文教学设计中，适当的情感嵌入能够将语文知识中所蕴含情感因子激活，将单纯的文字符号还原为作者曾经深刻感触的喜怒哀乐，从而引发学生情感共鸣，深入理解文本，并在学习的过程中涵养情感、陶冶情操，进而形成良好的品德和正确的价值观。优秀的语文教师在文本解读中沉入文字，在字里行间触摸与体会文本中所蕴含的情感，谛听与感受文字背后作者的心灵倾诉，然后在教学设计中带着自己对文本的阅读体验，嵌入情感因素，以此感染学生，引发他们学习过程中积极的情感体验。窦桂梅被称为小语界的“激情玫瑰”，她在阅读教学设计的各个环节都会恰当地嵌入情感因素，以此为学生的学习创造良好的心理氛围和持续动力。她在设计《我的爸爸是焦尼》一课时多次围绕文本，营造氛围，唤醒学生对父亲的情感体验，由此深入理解故事中父母离异背景下“父爱”的表现，达到了理想的教学效果。小学教学设计中的情感嵌入，必然受到语文学习任务的规约，不可因滥情而脱离语文课程的目标或者超出学生的心理认知状态。另外，成功的情感嵌入往往与情境创设相关联，它依赖于教师与学生个体的内在体验的唤醒，也折射出语文教学理想的态度追求与价值皈依。

（二）创设场景（或情境），引发深度沉浸式学习

创设场景（或情境）是小学语文教学设计常见的策略。根据课文内容设计或优选场景（或情境），将在概念和情境、知识和经验之间建立起某种平衡和联系。优秀的教学设计者常常综合运用图画、音乐、课堂叙事等多种手段，将学生代入一种具体的场景（或情境）中，当学生身临其境，沉浸其中，其与知识相关的生命体验被唤醒，可以更深入地理解课文所涉概念、知识与内容。如前所述，李吉林总结了“生活展示情境”“实物演示情境”“图画再现情境”“音乐渲染情境”“表演体会情境”“语言描绘情境”等多种情境设计的途径。根据课文的需要，这些途径可以单选，也可能是组合呈现。优化的场景（或情境）可以在情境—教师—学生三者之间形成

一种良性推进、多向折射的心理场。学生在心理场中沉浸其中，进入深度学习。这样的设计可以达到主客观的一致，智力、非智力因素的和谐，形成“正诱发力”，促进学生顿悟，在真切的情感体验中改变学生的认知结构乃至心理结构。

（三）利用具身认知，唤醒感知觉

在小学语文教学设计中，教师广泛采用具身认知方式，唤醒学生的感知觉，从而艺术地设计出教学支点，引导学生全身心沉浸到语文学习的过程中。身体现象学家梅洛—庞蒂强调读者首先是知觉主义者，在与文本接触中他们形成了一个融合听觉、视觉、触觉、味觉、动觉等各种感觉于一体的物我交融的场域，在其中，读者与文本产生身体间的互逆的“交织”体验。① 怀特海指出：“这是教育中的一条原则：在教学中你一旦忘了你的学生有躯体，那么你将遭到失败。这是文艺复兴以后柏拉图式的课程的错误。”② 小学生的思维发展处于以形象为主的时期，知觉的有意性、选择性、精确性差，同时这一时期的儿童好奇心强，活泼好动，对事物敏感，直观的事物更能引起儿童注意，身体参与的活动性设计，更能加强学习效果。因此朱雪丹、于永正、蒋军晶等名师的设计都反对太过注重把文本当作实际知识和抽象意义资源，而忽略了文本引发的视觉、嗅觉和听觉意象的潜质。他们善于使用挂图、音乐、演示、动作表演等教学方法，让学生在鲜活的语言环境中学习知识、理解知识，使课堂教学呈现出活泼生动的气息。

（四）穷尽细节，给予学习心理的安全感

细节是知识在头脑中进行准确定向和定位的关键线索。在教学过程中，如果我们能把一些重要知识处理得细致入微、鞭辟入里，那么学生就会获

---

①　潘庆玉：《试论文学作品教学召唤结构的三重“隐喻”》，《课程·教材·教法》2017 年第 8 期，第 50 页。

②　［英］怀特海著，徐汝舟译：《教育的目的》，生活·读书·新知三联书店 2002 年版，第 88 页。

得一种彻底的顿悟感和心理上的安全感。在教学中细节不是可有可无的东西，而是维系学生头脑中的知识概念，不断生存发展的重要思想土壤。这些细节越充分，学生头脑中概念的生命力就越旺盛。① 一个好的小学语文教学设计一定可以通过细节揭示出知识体系中微妙而复杂的联系，教学过程中抓住细节则可以促进学生认知加工的深度与精细度。青年名师彭才华曾说，我若讲一个东西，必将它讲透彻。穷尽细节，一方面是指教师引导学生发现文本言语表达的细微之处，在品味典型细节中发现文字背后的丰富意蕴；另一方面教师在教学过程中把一些重要的知识处理得细致入微、鞭辟入里，并注意层层总结、步步回顾，通过多角度、螺旋式的教学，不断地引领学生逐步进入所授知识的世界。

（五）利用修辞化教学结构，提升设计的审美品格

语文教学的艺术与文学创作的艺术相通，把一堂课作为一篇文章来设计与构思，教学过程中的各个环节犹如文章的段落，在这之间，教师如果设计使用呼应、排比、层递、渲染、突降、留白等教学修辞，就可以使课堂呈现强烈的艺术效果，带给学生具有高度审美化的学习体验。例如前文列举王崧舟老师《枫桥夜泊》一课中所使用的“首尾呼应”式结构，其教学首尾闭合，似一个大大的圆。这种修辞化的教学，可以艺术化地表现《枫桥夜泊》中的“钟声”在中国文化史中的独特地位，强化学生的认知，达到良好的教学效果。再如蒋军晶老师常常在课堂教学时间的四分之三处提出有力量的问题，这种问题打破常规，将思考的触角引向另外的方向。问题一出，课堂的内容与情境往往产生大的转折与变化。其作用很像文学中的“突转”，使课堂呈峰回路转之势，有曲径通幽之意，总有些出人意料的东西耐人回味、令人思考。再如，彭才华所善于运用的课堂静默，是节奏调控的重要手段，它就如教学“休止符”，让学生在一定的氛围中静默想象、感受回味，往往达到无声胜有声的教学效果。

---

① 潘庆玉：《富有想象力的课堂教学》，广东教育出版社2009年版，第132页。

第二节　当代小学语文教学设计的现实问题

考察当代小学语文教学设计的发展历程，我们看到时代变革背景下小学语文教学设计的种种变迁，看到伴随着历史的发展，小学语文教学设计逐渐走向了合理化和科学化。但我们不能回避，现实的设计实践中也出现了新的问题，更有一些陈疾旧貌依然。只有直面当下的问题，寻找解决问题的路径，才能真正激活当前小学语文教学设计的活力，焕发小学语文课堂教学的生机。当前小学语文教学设计尚存在的问题主要体现在以下几方面：

一、日常教学中仍缺乏深度的设计自觉

当代小学语文教学设计逐步走向成熟，在理论与实践上都有了一定的成果，积累了一定的经验，这些成果与经验往往以公开课、比赛课、观摩课的形式呈现。在这样的教研活动中，执教者会精心设计自己的教学，课堂教学的每个环节都被精心打磨，教学内容反复斟酌，教学样式与方法经过了认真设计与选择，教学效果通常可以达到预期。本论文所选主要研究课例也基本源于公开课。但我们必须意识到，在日常的小学语文教学中，仍有不少教师的教学缺乏精心设计，课堂教学停留在简单的课文讲读阶段，甚至仍紧紧围绕考试指挥棒，在语文教学中进行着枯燥的语言文字训练和题海战术。

近几年，小学语文教学设计实践中存在于公开课与日常课之间的明显断层引发了人们的关注与反思。这种断层的产生一方面是由于部分小学语文教师对教学设计的意义仍缺乏充分的认识，教学设计尚未能成为其真正的专业自觉。另一方面，从外部环境看，当前小学语文教师的日常工作日益繁忙，教师往往疲于应付各种检查、评估、培训以及教育教学展示活动，安静备课、设计教学的时间被挤占。在这种情况下，教师哪怕知道日常教

学设计的意义，但因为其结果很难被监督，且日常教学设计工作并不具有紧迫性，因此在工作中往往被忽视，甚至被边缘化了。

此外，在商业化的教研活动日益繁荣的当下，我们还必须警惕那种脱离语文教学实际，一味追求舞台化、剧场化的公开课教学设计倾向，警惕教学设计中的个人主义。蒋军晶等倡导的教学设计的日常化回归，正是呼吁语文教育研究者直面当前教学设计中的这一问题，回归教学设计研究的真正意义。

二、设计过程中仍存在教育价值秩序选择的困境

学科性质问题是当代语文教育理论讨论关注的重要问题，人们对课程性质的讨论大致是基于本质主义的，即人们相信语文具有一个先验的、固定的、本质的属性，在这一前提下，关于这一属性究竟是什么，不同时期、不同立场的研究者们曾有过激烈的争论。从“工具性与思想性交替震荡”到“工具性与人文性之争”再到“工具性与人文性统一”，总的看来，语文课程性质问题的讨论表明人们在工具价值与人文价值的博弈间寻找平衡。语文教育界普遍认同语文教育至少应该同时具有工具与人文两种价值，与工具价值相关联的是对科学与技术的追求，与人文价值相关联的是“人”自身的精神、信仰、意义等对生命存在的处境与终极意义的关怀与思考。当前，“人文性与工具性的统一是语文课程的基本特点”的观点已经深入人心，但是面对具体的教学文本时，这两种价值追求如何做到统一？两者之间是否存在一定的秩序？是否某种价值在重要性以及实现的顺序上要更靠前一些，以至于在出现价值冲突的时候优先予以考虑呢？语文教育的价值秩序问题仍是小学语文教师在确定教学设计问题时所面临的现实难题。它使教师在确定教学目标与选择教学内容时常常面临选择的困境。

当前人们对语文教育价值的选择往往是绝对性的，认为语文教育存在绝对的价值秩序，因此尽管双方力量在各种博弈之后达到“统一”的共识，但在面临具体实践时，仍在工具价值与人文价值间摇摆，“不是东风

压倒西风，就是西风压倒东风”。课改初期的泛语文倾向以及当前语文教学设计中普遍存在的唯工具性语用倾向，都是绝对教育价值秩序在实践中的表征。

三、信息技术对教学设计的意义与限度未能被充分认识

21 世纪以来，随着计算机科学的飞速发展，信息技术成为教师教学重要的辅助手段，近几年，随着信息技术的飞速发展，慕课、翻转课堂、微课等逐渐进入小学语文教学设计的领域，部分教师尝试运用教学平台进行教学，线上线下的混合式教学兴起。信息技术已经越来越深度地嵌入到当代教育教学中，成为现代教育无法忽视的存在。

当前，仍有部分小学语文教师对信息技术对教学设计的意义与限度认识不充分，存在“一味排斥”和“过度依赖”两种不理性的心理。部分小学语文教师认为声光影的刺激会冲淡语文的“语言文字味”，所以语文教学最好不要使用信息技术，坚持“用语文的方式教语文”。还有部分小学语文教师没有清醒地意识到技术嵌入教学的理性与规约，一味追捧技术，夸大信息技术在设计中的作用，陷入技术理性至上的误区。

与信息技术嵌入教学设计相关，板书（板画）的日益衰落值得引起我们的关注。板书（板画）是当代语文教育最传统、最基本的教学辅助手段。在相当长的一段时间内，板书设计一直是小学语文教学设计的“重头戏”，也是教师基本功培养的重要内容之一。好的板书设计，能够起到示范书写、展示教学重点、帮助学生理解课文思路等多重作用。在 20 世纪 90 年代，板书的设计研究走向成熟，教育界出版了众多板书研究书籍与教学工具书，各种板书类型的设计经验得到全面总结。可惜，21 世纪以后，随着多媒体课件的普及，人们通过 PPT 等软件可以进行文字、图片与音视频编辑，多媒体课件以更丰富、更便捷的优势迅速成为教师教学最重要的辅助手段，与此同时，板书的地位迅速下滑，板书也不再是设计的重点，往往被简化为仅有的课题书写，或者象征性地呈现一两个关键词，甚至有的青年教师

完全不使用板书，直接用鼠标的点击代替粉笔的书写。从书写示范对语文教学的重要意义而言，这种现象值得引起我们警惕。

四、中国传统设计哲学对教学设计的影响未被充分揭示

柳冠中教授从中国古代器物入手，分析蕴含于其中的中国设计哲学。他在综合分析中国古代设计历史、设计文化意识、设计思维框架的基础上，明确了中国古代设计思维方式：天时、地利、人和、物宜、工巧。其中，"天时"就是"顺天行，应时变"，是指设计者既要顺应自然时节变化的要求又要顺应社会时代发展的要求；"地利"是指造物设计受不同地域自然人文环境的制约；"人和"是"和人性，合人群"，是指设计者要关注不同群体之间的差异以及人自身合理需要的满足；"物宜"即"宜物性，循物理"，是指造物设计既要突出物的特性又要遵循客观规律；"工巧"就是综合天地人物并"巧其思，巧其力"。

在对当代小学语文教学设计的典型人物与典型课例进行分析时，笔者意识到中国传统设计哲学对小学语文教学设计有着深度的影响。众多优秀的教师已经在相关理论与实践中做出了可贵的探索，奠定了一定的研究基础。例如李吉林的"情境"追求、王崧舟的"课品"意识、薛法根"求巧"的设计思维等都是中国传统设计哲学在小学语文教学设计思想中的具体体现。在一线老师讨论教学设计问题或者传授设计经验问题时，也会自然地借用到中国传统设计的概念或者术语，例如当设计中集中出现几个具体且细小的学习内容时，会被教师描述为"雕花雕得特别细"。这种具有中国传统设计美学的评价语生动易懂，又体现出中国文化富有想象力的语言魅力。小学语文教学属于祖国语言文字的教学，其教学内容浸润着几千年的中国文化精神。语文教师是中国文化的传承者、传递者，他们的血脉里流淌着儒释道兼具的中国文化基因。小学语文教学设计呈现出多种多样的艺术风格，这些风格既是教师个体审美特质的外现，也反映出一定的地域文化特点、时代要求，还在深层上与中国传统的设计哲学相关。遗憾的是，

从中国传统设计哲学出发，理解、解释、评价小学语文教学设计的这一路径，尚未引起研究者足够的重视。

第三节 当代小学语文教学设计的发展设想

回眸历史，沉思当下，我们意识到当代小学语文教学设计的研究成果日常化、纠正语文教育价值秩序绝对化以及在总结传统教学辅助手段利弊的基础上，迎接教育技术发展带来的机遇与挑战，是小学语文教学设计研究与实践面临的重要问题。另外，从中国传统设计哲学的角度审视小学语文教学设计的特点，建立小学语文教学设计研究评价系统将有利于实现小学语文教学设计的文化自省与艺术自觉。

一、唤醒教师日常教学设计自觉，实现公开课设计经验的日常转化

当前的小学语文教学设计实践中存在着公开课与日常课的落差，因此人呼吁“把公开课上成家常课”甚至“取消公开课”。事实上，公开课作为有组织、有计划、有目的的一种公开的课程讲授活动，本来就不同于一般的日常教学，它具有一定的展示或研讨功能。它是执教者展示教学水平、交流教学经验的一种方式，它来源于日常教学又必须高于日常教学。公开课与家常课不应是对立的，而应该是各有价值、相辅相成的。在现实中，许多青年教师是通过公开课成长起来的，一节成功的公开课往往需要多次的“打磨”，这个过程常常伴有前辈与同伴的引领、指导、讨论，一堂公开课的意义往往在这“打磨”的途中，执教者若能够将一堂课所得举一反三，他日常课的教学设计力也自然会得到有效提升，收获“公开课的利息”。另外，确实有一部分优秀的教师，已经把公开课上得像“家常课”，那是因为他们经历了“把每一堂课都当成公开课”来上的磨砺，在长期的教学实践中积累了丰富的经验，在课堂掌控、驾驭与课堂突发事件的应对上都有了

驾轻就熟的从容。

当前，我们需要推进的是深入总结公开课设计经验，并推进其向日常课转化。一方面，继续唤醒一线普通教师的教学设计意识，让教师意识到教学设计对课堂教学以及自身专业发展的双重意义，并给予有力的培训指导，切实提高教师的教学设计力。另一方面，切实减轻教师工作负担，不让过度的检查、展示、评比等活动侵占教师日常工作时间，引导教师安静备课，精心设计好每一堂课。此外，在商业化的教研活动日益繁荣的当下，我们也必须警惕脱离语文教学实际，一味追求舞台化、剧场化的公开课教学设计倾向，警惕教学设计中的个人主义，让教学设计的研究回归日常真实语文教学，切实改善小学语文课堂教学的面貌，唤醒日常课堂教学的生机与活力。

二、建立相对教育价值秩序，以开放的课程观设计教学

本质主义的课程性质观以及绝对的语文教育价值秩序排序，导致了当代小学语文教学设计中价值选择的困境。新世纪课程改革初期，小学语文教学设计中曾有过教学目标与教学内容确定时过度强调人文价值的倾向，近几年的小学语文教学设计案例中，又出现了狭隘的唯工具性语用倾向。当前，确有不少语文教育者认为“学习语言文字运用”才是语文的本体价值追求，其他价值都属于从属地位。因此，不少设计者为了防止泛语文的弊端，在教学设计时完全忽视文本自身的文学性、审美性等人文内涵，将“学习语言文字运用”“言语形式”作为了最主要或唯一的教学目标与教学内容。

要改变这种左右摇摆的价值选择困境，首先要认识到“语文本体不是封闭的、静止的、超验的彼岸世界，而是开放的、发展的、经验的、与人的存在在本质上相关联的无限敞开的澄明世界。”① 语文教育不存在静止的、先验的、绝对的本质属性，语文教育的诸多价值之间不存在一个先验的价

① 潘庆玉：《语文教育哲学导论——语言哲学视阈中的语文教育》，教育科学出版社 2009 年版，第 65~66 页。

值秩序，只存在特定情境中不同价值之间的比较。在一种情境中，一些价值可能具有优先性；在另一些情境中，另一些价值可能具有优先性。[①] 在语文教育的诸价值中，其秩序不应是绝对的、抽象的、普遍的，而应是相对的。在不同的时代背景下，针对不同的学情，不同的文本内容，其工具价值与人文价值的优选秩序也应随之变化。

认识到语文教育秩序的相对性，认识到语文课程的敞开性、发展性可以有效改变教师在工具价值与人文价值的博弈中无所适从的局面，引导设计者根据具体的教育情境中、针对不同的文本特点与学习需求做出更合理的价值排序。

三、承接传统教学辅助手段的优势，直面信息技术的机遇与挑战

在信息技术辅助教学日益普及的今天，传统的板书设计被忽视，甚至有的教师在小学语文课堂教学中完全不使用板书，直接用鼠标的点击代替粉笔的书写，这是必须警惕的现象。对于小学语文教学而言，板书具有多媒体无法替代的重要意义。教师规范美观的书写本身就是一种演示与示范，对于低年级的写字教学而言，这种演示与示范甚至是规定性的。另外，板书相对于多媒体课件具有更便捷的互动性与生成性，教师在阅读课堂教学中适时进行板书，不仅能够给学生带来更多视觉冲击，也可以适当弥补电子课件的不足。当前，“互联网+云板书”的研究方兴未艾，承接传统教学辅助手段的优势，在现代技术条件下探索其辅助教学的新形态，才是我们应该努力的方向。

面对信息技术嵌入教学设计的现实，小学语文教师中存在的“一味排斥”与“过度依赖”两种心理都是对技术理性认识失当的表现。排斥信息

---

① 石中英：《教育的价值秩序》，《北京教育（普教版）》2017 年第 4 期，第 22 页。

技术，认为它会损伤语文学科特征的观念是保守的，对信息技术已经带来并将继续引发的教育教学的改变视而不见，无异于故步自封、掩耳盗铃。我们应该认识到：“虽然技术理性的极端发展给人类带来了前所未有的荒诞处境，但并不意味着技术理性应该完全拒绝，而只意味着，技术理性至上是不可取的。那种把人类现存的社会弊端和问题归咎于技术，试图拒斥技术的作法是错误的。”① 另一方面，我们也必须防止工具理性、技术理性成为绝对的主宰，导致对技术的过分依赖，防止出现课堂教学只见技术不见人文，只见工具不见目的的现象。事实上，“我们必须明确，技术永远不能替代教师的教授和学生的学习，更不能涵盖全部的教学活动。因此，无论应用什么样的先进技术，技术辅助的教学都改变不了教学的本性，那种以为仅仅依靠辅助教学的技术的革新就能彻底变革教学的认识显然是肤浅的，也是不负责任的”②。以开放的心态，在新时代探索基于信息化技术辅助的小学语文教学设计路径，迎接第四次教育技术革命带来的机遇与挑战，才是当代小学语文教学设计者的责任与担当。

四、探索具有中国文化特色的小学语文教学设计研究体系

中国传统设计讲究“天时、地利、人和、物宜、工巧”，其设计思维方式中蕴含着中国古代设计整体的认知结构、联系的思维方法模式、和谐的价值结构模式。中国古代设计哲学具有强调整体、注重联系、追求和谐的特点。首先，视天地万物为某种特定机制下相互联结而成的有机体是中国哲学思想的基本观念，所谓天地万物人身“大同”“天地一体”“万物皆一”“天人合一”等。因而中国传统设计活动强调整体性，设计的过程是综合考虑各种资源环境整体设计并寻求平衡的过程，设计中重视整体与局部

① 高亮华：《人文主义视野中的技术》，中国社会科学出版社 1996 年版，第 166 页。

② 徐继存、车丽娜：《教学的技术嵌入及其规约》，《课程·教材·教法》2015 年第 7 期，第 14 页。

的关系。其次，中国造物设计注重天地万物之间的联系，强调人与自然的关系以及相互类似之处。天、地、人、物都是设计的灵感，既在造型、装饰、风格等方面“巧法造化”，又在形制、器用、色彩等方面遵循一定的规范和礼制，将政治人伦与日用器物相联系，形成了重视形象思维、长于直觉思维和内心体验而弱于抽象、逻辑、推理的思维特点。再次，中国传统设计追求“天”“地”“人”“物”“工”之间既普遍联系又具有一定结构的稳定与平衡，体现出“情志”“文质”“意境”“含蓄”等多种美学范畴。它强调平衡均势与调和统一，崇尚功能与装饰和谐，形式与内容统一。在“美”与“善”、“有”与“无”、“文”与“质”、“虚”与“实”、“刚”与“柔”、“情”与“景”等多种美学范畴中追求形神并重、虚实兼备、文质彬彬、情景交融，各随所宜。在此基础上注重礼的规范和社会政治功能，因此在造物中因循守成、中规中矩。

语文是文化的载体、文化的构成、文化的体现。对照比较中国古代设计哲学，我们不难发现，中国传统设计思维在小学语文教学设计的实践中都有较明显的体现。优秀的小学语文教学设计都是一种整体的设计，小学语文教学设计的成功也是一种系统的、整体的成功；小学语文教师的设计在思维方式上具有形象化、直觉化的特点，抽象与逻辑相对较弱；小学语文教学设计追求各方面结构的稳定平衡，透露出不偏不倚的中庸追求。另外，小学语文教学设计讲求“实用”与中国传统的经世致用的观点一致，也符合中国传统设计哲学中“致用应变”的理念。

中国传统设计哲学对小学语文教学设计有着深度的影响，认识中国传统设计哲学的基本特点，从中国传统设计哲学的角度理解、分析小学语文教学设计的实践，实现小学语文教学设计研究思维方式与话语表达的中国化，逐步探索建立具有中国特色的小学语文教学设计研究体系，理应是小学语文教学设计研究的方向。它意味着小学语文教学设计的艺术自省与文化自省，必将有利于在当下的历史现实中深入挖掘传统智慧，改善小学语文教学设计理论与实践研究的面貌。

结　语

回望改革开放以来四十多年的当代小学语文教学设计发展历程，我们可以看到时代变革背景下小学语文教学设计的种种变迁，看到小学语文教育从筚路蓝缕重建教育秩序到走向成熟过程中的种种追求、希望、困顿和徘徊。在几十年的改革中，小学语文课堂教学确实发生了可喜的变化，但也出现了新的问题，还有一些陈疾旧貌依然。在新时代的背景下驻足总结与反思，是小学语文教学设计发展的必要。但是，小学语文教学设计的发展史不是一种已被规定了的存在，而是一种永远期待着后人的理解、永远向未来敞开的存在。它是一种“效应的历史”，存在于后人的解释之中。本研究虽然力图从典型课文、典型人物、典型文献中尽量获得对这段发展历史的客观认识，但它最终未必能够如愿得出某种科学可靠的史论，而只能是笔者对这段语文教育史从教学设计角度的一种解释。这种解释难免带着个人视域空间的局促与偏见。经由史料，笔者走进这段相去不远的历史，阅读与写作的过程就是自己与当代小学语文教学设计的实践对话、交流甚至互相阐发的过程，希望这样的写作可以在“过去”与“现在”的不断碰撞、冲突、遭遇、融合中，使小学语文教学设计的意义世界部分得以开显。

在写作的过程中，我深刻地觉察到语文教学设计的研究正处在大发展的前夜，语文教学设计研究尚存在诸多困境。一方面，传统的语文教学研究是基于经验的，研究的方式大多是经验的总结或提升，很少具有逻辑推演或者哲学反省。哲学还不是自觉的力量，它总是被某些更急需、更迫切的目标遮蔽了。设计哲学的空场使得语文教学设计的研究一直缺乏富有力量的本体追问、价值澄清、方法论研究。另一方面，现有的语文教学设计理论大都是从教学设计理论演绎而来，然后用语文教学设计的实践加以解释，结果出现理论与实践的脱节以及语文教学设计研究与语文教学论研究的混同现象。从设计哲学的高度出发，在对语文学科特质深刻自觉的基础上建构新的研究体系是语文教学设计研究发展的方向。本研究在汲取前人经验的基础上，引入设计学视角，在设计哲学、设计方法论的视域中重新阐释小学语文教学设计的本质、过程与方法，希望从设计学角度搭建小学语文教学设计观察的维度。当然，这一研究体系的建构努力遵循“双向建构”的思想原则，既要依据已有的设计学、教育教学理论演绎推导，即进行理论演绎建构；又从语文教学实践案例中进行审视与归纳，即进行实践归纳。在研究的过程中，深感力所不逮，一边是对设计哲学视域下小学语文教学设计研究框架搭建的理智向往，一边又常常陷入小学语文教学实践中的具体细节，困在语文教学研究固有的话语习惯中，而在这向往与艰难的缝隙中，我还是感受到了某种发现的可能与前行的召唤。

在深入研读当代小学语文教学设计的相关材料时，笔者还意识到尽管设计的具体水平因人、因时而异，但优秀小学语文教师在这四十多年所进行的设计实践已经部分达到了理想的高度。跟中学相比，小学升学压力更轻，小学教学更生动活泼；跟其他学科相比，语文教学是祖国语言文字文学的教学，它更具有本土性、艺术性。系统总结已有的小学语文教学实践经验已经可以为语文教学设计乃至教学设计研究提供新的思路，或者说，教学设计、语文教学设计研究的突破点可能蕴含在小学语文教学设计中。

继续对小学语文教学设计的本体进行思考与追问，在此基础上完善与建构小学语文教学设计的本体论、价值论、方法论应该是今后小学语文教学设计的理论方向。这其中，吸收中国传统设计哲学的智慧，建构具有中国特色、学科特色的小学语文教学设计研究体系，是实现小学语文教学设计文化自觉、学科自觉的必经之路。在实践层面，继续总结推广当代小学语文教学设计的经验，让公开课设计的成果走向日常化，切实改进小学语文课堂教学的家常面貌，唤醒课堂教学的生机与活力是教学设计研究的最终旨归。另外，信息技术的飞速发展给小学语文教学设计的发展带来了机遇与挑战，我们不妨以开放的心态尝试创造新的设计样式，发现新的设计路径，并以理性的姿态直面可能出现的问题，回应时代的要求与召唤，在历史的坐标中，用自己的方式设计出小学语文教学的愿景，接续上小学语文教育发展的文脉。

参考文献

一、著作类

1. ［美］ R. M. 加涅等著，王小明等译:《教学设计原理》，华东师范大学出版社 2007 年版。

2. 皮连生主编:《教学设计——心理学的理论与技术》，高等教育出版社 2000 年版。

3. 皮连生主编:《教学设计（第 2 版)》，高等教育出版社 2009 年版。

4. 徐英俊:《教学设计》，教育科学出版社 2001 年版。

5. ［美］ P. L. 史密斯、T. L. 雷根著，庞维国等译:《教学设计（第 3 版)》，华东师范大学出版社 2008 年版。

6. 乌美娜主编:《教学设计》，高等教育出版社 2004 年版。

7. 徐学福、宋乃庆主编:《教学设计》，重庆出版社 2008 年版。

8. ［美］ Katherine Cennamo，Debby Kalk 著，蔡敏主译:《真实世界的教学设计》，中国轻工业出版社 2007 年版。

9. 盛群力等编著:《教学设计》，高等教育出版社 2005 年版。

10. 盛群力、李志强编著:《现代教学设计论》，浙江教育出版社 1998 年版。

11. 马兰、盛群力等编著：《课堂教学设计——整体化取向》，浙江教育出版社 2011 年版。

12. 潘庆玉：《富有想象力的课堂教学设计》，广东教育出版社 2009 年版。

13. 郭成主编：《课堂教学设计》，人民教育出版社 2006 年版。

14. 查有梁：《系统科学与教育》，人民教育出版社 1993 年版。

15. 杨砾、徐立：《人类理性与设计科学——人类设计技能探索》，辽宁人民出版社 1988 年版。

16. 迪人：《世界是设计的》，中国青年出版社 2009 年版。

17. ［美］John Heskett 著，丁钰译：《设计，无处不在》，译林出版社 2009 年版。

18. ［美］唐纳德·A. 诺曼著，梅琼译：《设计心理学》，中信出版社 2010 年版。

19. 赵伟军：《伦理与价值——现代设计若干问题的再思考》，合肥工业大学出版社 2010 年版。

20. ［美］理查德·布坎南、维克多·马格林著，周丹丹、刘存译：《发现设计：设计研究探讨》，江苏美术出版社 2010 年版。

21. 李立新：《设计价值论》，中国建筑工业出版社 2011 年版。

22. 尹定邦、邵宏主编：《设计学概论》，湖南科学技术出版社 2016 年版。

23. 黄厚石、孙海燕：《设计原理》，东南大学出版社 2005 年版。

24. 彭澎编著：《设计原理》，高等教育出版社 2009 年版。

25. 金秋萍、陆家桂等编著：《现代设计解读》，中国轻工业出版社 2008 年版。

26. 杨先艺：《设计概论》，清华大学出版社 2010 年版。

27. 梁梅：《设计美学》，北京大学出版社 2016 年版。

28. 徐恒醇：《设计美学》，北京大学出版社 2006 年版。

29. 柳冠中：《事理学方法论》，上海人民出版社2019年版。

30. 刘庆昌：《教育工学——教育理论向实践转化的理论探索》，福建教育出版社2016年版。

31. 周庆元：《语文教学设计论》，广西教育出版社1993年版。

32. 张秋玲：《语文教学设计：优化与重构》，教育科学出版社2012年版。

33. 王荣生：《阅读教学设计的要诀——王荣生给语文教师的建议》，中国轻工业出版社2016年版。

34. 夏家发主编：《小学语文教学设计与案例研究》，科学出版社2012年版。

35. 张蕾、张彬福主编：《语文之道——〈中学语文教学〉30年(1979—2009)文萃》，首都师范大学出版社2009年版。

36. 包建新等编著：《语文教学设计与案例分析》，浙江大学出版社2012年版。

37. 姜忞主编：《语文课教学设计经典案例研究》，武汉大学出版社2015年版。

38. 郑逸农：《"非指示性"语文教学设计研究》，浙江大学出版社2012年版。

39. 时金芳：《语文教学设计》，社会科学文献出版社2001年版。

40. 周一贯：《阅读课堂教学设计论》，宁波出版社2000年版。

41. 周一贯编著：《语文教学研究改革概观》，杭州大学出版社1992年版。

42. 李海林主编：《1978—2005语文教育研究大系·理论卷》，上海教育出版社2005年版。

43. 语文报社编：《语文教学通讯30年教学理论与实录精华·小学卷》，华夏出版社2010年版。

44. 陈必祥主编：《中国现代语文教育发展史》，云南教育出版社1987

年版。

45. 顾黄初：《现代语文教育史札记》，南京出版社 1991 年版。

46. 林治金主编：《中国小学语文教学史》，山东教育出版社 1996 年版。

47. 顾黄初、李杏保主编：《二十世纪后期中国语文教育论集》，四川教育出版社 2000 年版。

48. 李杏保、顾黄初：《中国现代语文教育史》，四川教育出版社 1997 年版。

49. 郑国民：《新世纪语文课程改革研究》，北京师范大学出版社 2003 年版。

50. 顾黄初、李杏保主编：《二十世纪后期中国语文教育论集》，四川教育出版社 2000 年版。

51. 郑国民、张毅、季雪娟、黄显涵：《当代语文教育论争》，广东教育出版社 2006 年版。

52. 刘正伟：《语文教育现代性探索》，商务印书馆 2015 年版。

53. 武玉鹏、韩雪屏等著：《语文课程教学问题史论》，中国社会科学出版社 2013 年版。

54. 饶杰腾编：《语文学科教育探索》，首都师范大学出版社 2000 年版。

55. 张蕾、林雨风主编：《中国语文人》，首都师范大学出版社 2010 年版。

56. 王铁军主编：《现代教育思潮》，南京大学出版社 2000 年版。

57. 徐林祥主编：《历史追问：语文教育发展篇》，山东教育出版社 2008 年版。

58. 顾黄初：《语文教育论稿》，人民教育出版社 1995 年版。

59. 王松泉、王柏勋、王静义主编：《中国语文教育史简编》，社会科学文献出版社 2002 年版。

60. 朱永新：《嬗变与建构——中国当代教育思想史》，人民教育出版社 2004 年版。

61. 李定仁、徐继存主编:《课程论研究二十年》,人民教育出版社2004年版。

62. 徐继存:《教育学的学科立场——教育学知识的社会学考察》,北京师范大学出版社2014年版。

63. 潘庆玉:《富有想象力的课堂教学》,广东教育出版社2009年版。

64. [美]小威廉姆·E. 多尔著,王红宇译:《后现代课程观》,教育科学出版社2000年版。

65. 余震球选译:《维果茨基教育论著选》,人民教育出版社2005年版。

66. [加]马克斯·范梅南、[荷]巴斯·莱维林著,陈慧黠、曹赛先译:《儿童的秘密:秘密、隐私和自我的重新认识》,教育科学出版社2004年版。

67. [德]马克斯·韦伯著,韩水法、莫茜译:《社会科学方法论》,商务印书馆2013年版。

68. 章熊著,张彬福编:《思索·探索:章熊语文教育论集》,人民教育出版社2002年版。

69. 顾明远主编:《教育大辞典》,上海教育出版社1990年版。

70. 叶圣陶:《叶圣陶语文教育论集(上下)》,教育科学出版社1980年版。

71. 王荣生:《语文科课程论基础》,教育科学出版社2014年版。

72. 王荣生:《语文课程内容与教学内容》,教育科学出版社2015年版。

73. 顾晓明:《阅读的战略》,上海人民出版社1985年版。

74. 张必隐:《阅读心理学(修订版)》,北京师范大学出版社2002年版。

75. 莫雷、冷英、王瑞明:《文本阅读信息加工过程研究——我国文本阅读双加工理论与实验》,广东高等教育出版社2009年版。

76. 赖瑞云:《混沌阅读》,福建教育出版社2003年版。

77. 陈向明:《质的研究方法与社会科学研究》,教育科学出版社2000

年版。

78. 施茂枝：《语文教学：学科逻辑与心理逻辑》，教育科学出版社 2013 年版。

79. 张心科：《语文课程论》，福建教育出版社 2014 年版。

80. 李海林：《言语教学论》，上海教育出版社 2000 年版。

81. 李维鼎：《语文言意论》，上海教育出版社 2000 年版。

82. 周成平主编：《新课程名师精彩课堂实录·小学语文卷》，中国科学技术出版社 2005 年版。

83. 汤振刚、齐云霞：《斯霞语文教学艺术研究》，福建教育出版社 2018 年版。

84. 崔峦、陈先云主编：《斯霞、霍懋征、袁瑢语文教育思想与实践》，人民教育出版社 2003 年版。

85. 丁有宽、戴汝潜、朱作仁、田本娜：《丁有宽小学语文读写结合法》，山东教育出版社 1999 年版。

86. 李吉林、田本娜、张定璋：《李吉林情景教学—情境教育》，山东教育出版社 2000 年版。

87. 顾明远主编：《李吉林和情境教育学派研究》，教育科学出版社 2011 年版。

88. 黄朝霞：《丁有宽语文教学艺术研究》，福建教育出版社 2017 年版。

89. 教育部师范教育司组编：《于永正与五重教学》，北京师范大学出版社 2011 年版。

90 于永正：《于永正课堂教学实录（阅读教学卷）》，教育科学出版社 2014 年版。

91. 贾志敏：《与讲台同在》，福建教育出版社 2017 年版。

92. 贾志敏口述，朱煜整理：《积攒生命的光——贾志敏教育口述史》，华东师范大学出版社 2018 年版。

93. 李重：《贾志敏语文教学艺术研究》，福建教育出版社 2016 年版。

94. 施茂枝：《支玉恒语文教学艺术研究》，福建教育出版社2016年版。

95. 支玉恒：《小学语文课堂教学亮点》，教育科学出版社2016年版。

96. 支玉恒：《支玉恒老师教语文》，华东师范大学出版社2009年版。

97. 王崧舟、林志芳：《诗意语文课谱：王崧舟十年经典课堂实录与品悟》，华东师范大学出版社2011年版。

98. 王崧舟：《诗意语文七讲》，语文出版社2008年版。

99. 王崧舟：《王崧舟讲语文》，华东师范大学出版社2008年版。

100. 王崧舟：《王崧舟教学思想与经典课堂》，山西教育出版社2005年版。

101. 王崧舟：《语文的生命意蕴》，长江文艺出版社2016年版。

102. 薛法根：《为言语智能而教：薛法根与语文组块教学》，教育科学出版社2016年版。

103. 薛法根：《做一个大写的教师》，教育科学出版社2014年版。

104. 窦桂梅：《窦桂梅与主题教学》，北京师范大学出版社2006年版。

105. 薛法根：《薛法根教学思想与经典课堂》，山西教育出版社2005年版。

106. 薛法根：《现在开始上语文课——薛法根课堂教学实录》，教育科学出版社2014年版。

107. 窦桂梅：《窦桂梅的阅读课堂》，广西师范大学出版社2015年版。

108. 窦桂梅：《小学语文主题教学研究》，人民教育出版社2015年版。

109. 窦桂梅：《玫瑰与教育》，华东师范大学出版社2006年版。

110. 蒋军晶：《让学生学会阅读——群文阅读这样做》，中国人民大学出版社2016年版。

111. 蒋军晶：《课堂打磨——蒋军晶小学语文典型课例》，北京师范大学出版社2009年版。

112. 何捷：《我的魔力语文课》，福建教育出版社2015年版。

113. 何捷：《何捷老师的生动语文50问》，福建教育出版社2018年版。

114. 何捷：《何捷老师的全程写作教学法》，福建教育出版社 2019 年版。

115. 彭才华：《语文如歌》，东北师范大学出版社 2016 年版。

116. 彭才华：《如歌，指向更美的语文》，济南出版社 2019 年版。

117. ［美］Thomas L. Good、Jere E. Brophy 著，陶志琼译：《透视课堂》，中国轻工业出版社 2009 年版。

118. 课程教材研究所编：《20 世纪中国中小学课程标准·教学大纲汇编：语文卷》，人民教育出版社 2001 年版。

119. 刘云杉：《学校生活社会学》，南京师范大学出版社 2001 年版。

二、学位论文类

1. 陈隆生：《语文课堂教学研究：基于“学情分析”的视角》，上海师范大学 2009 年博士论文。

2. 刘强：《基于样式的教学设计方法研究》，南京师范大学 2008 年博士论文。

3. 王春华：《教学设计的理性及其限度》，山东师范大学 2014 年博士论文。

4. 王丽红：《语文教育大讨论述评》，浙江师范大学 2005 年硕士论文。

5. 鲁杭燕：《当代语文教育思潮嬗变论》，浙江师范大学 2009 年硕士论文。

6. 杨豫辉：《数学教师教学决策研究》，西南大学 2009 年博士论文。

7. 刘郭印：《小学语文诗歌教学的微课设计与应用研究》，河南大学 2016 年硕士论文。

8. 夏侯霞：《小学语文选读课文教学主问题设计研究》，闽南师范大学 2016 年硕士论文。

9. 李静文：《小学语文单篇课文主题阅读教学设计研究》，扬州大学 2016 年硕士论文。

10. 曹嘉纯：《小学高年级语文阅读教学设计研究——以苏南某市D小学为例》，扬州大学2016年硕士论文。

11. 孙丽姣：《王崧舟“诗意语文”阅读教学设计的理念与方法研究》，山东师范大学2016年硕士论文。

12. 杨倩瑶：《小学低年级语文课堂教学中的游戏设计研究》，湖南师范大学2016年硕士论文。

13. 黄利智：《小学语文教学情境设计研究》，湖南科技大学2015年硕士论文。

14. 戚政霞：《基于翻转课堂的小学语文教学设计研究》，上海师范大学2015年硕士论文。

15. 陆芳芳：《面向复杂学习的小学语文阅读教学设计研究》，西南大学2015年硕士论文。

16. 王爽：《基于电子书包的小学语文精读课教学设计研究》，沈阳师范大学2015年版。

17. 苏晓敏：《小学语文阅读教学中的学习活动设计研究》，上海师范大学2016年硕士论文。

18. 钟志贤：《面向知识时代的教学设计框架》，华东师范大学2004年博士论文。

三、期刊论文类

1. 孙宽宁：《我国教学设计研究40年审思与展望》，《课程·教材·教法》2018年第11期。

2. 孙宽宁：《我国课程知识研究70年的历程审思》，《课程·教材·教法》2019年第6期。

3. 顾之川：《新中国语文教育理论研究70年》，《中国教育科学（中英文）》2019年第5期。

4. 邵怀领：《新中国70年小学识字教学：历程、特征与启示——基于小学语文课程文件的视角》，《聊城大学学报（社会科学版）》2019年第5期。

5. 周娜、罗怀海：《回到朴素立场 坚持守正出新：改革开放三十年语文教学改革述评》，《泸州职业技术学院学报》2009年第3期。

6. 吴忠豪、于龙：《回顾与检讨：改革开放以来小学语文教学三十年》，《课程·教材·教法》2009年第8期。

7. 汤振纲：《记载与传播：语文教育，三十年，三本书》，《语文建设》2009年第4期。

8. 徐继存：《论教学审慎》，《课程·教材·教法》2019年第8期。

9. 车丽娜、徐继存：《我国师生关系研究70年：历程与反思》，《河北师范大学学报（教育科学版）》2019年第4期。

10. 徐继存：《教学的价值自觉》，《课程·教材·教法》2018年第12期。

11. 徐继存、车丽娜：《教学的技术嵌入及其规约》，《课程·教材·教法》2015年第7期。

12. 徐继存：《主观主义教学及其批判》，《山西大学学报（哲学社会科学版）》2015年第1期。

13. 高文：《教学设计研究的未来——教学设计研究的昨天、今天与明天（之三）》，《中国电化教育》2005年第3期。

14. 钟志贤：《论教学设计的发展历程》，《外国教育研究》2005年第3期。

15. 钟志贤：《论教学设计的发展走势》，《外国教育研究》2005年第5期。

16. 张华：《教学设计研究：百年回顾与前瞻》，《教育科学》2000年第4期。

17. 李秉德：《“教学设计”与教学论》，《电化教育研究》2000年第10期。

18. 何克抗：《也论教学设计与教学论——与李秉德先生商榷》，《电化教育研究》2001 年第 4 期。

19. 何克抗：《教学设计理论与方法研究评论（上）》，《电化教育研究》1998 年第 2 期。

20. 鲍嵘：《教学设计理性及其限制》，《教育评论》1998 年第 3 期。

21. 张克敏、张进良：《1994—2007 年我国教学设计的研究现状及其发展趋势》，《中国医学教育技术》2008 年第 4 期。

22. 黄素蓉、张妍：《教学设计的内涵、特征及其发展趋势》，《重庆与世界》2010 年第 12 期。

23. 徐冰：《略论多尔的后现代主义课程观与当代语文教育》，《成都教育学院学报》2002 年第 6 期。

24. 田本娜：《小学语文教学设计原理（上）》，《课程·教材·教法》2001 年第 9 期。

25. 田本娜：《小学语文教学设计原理（下）》，《课程·教材·教法》2001 年第 10 期。

26. 朱德全：《论教学设计的逻辑生长点》，《教育研究》2008 年第 8 期。

27. 胡波：《基于新课程理念的现代教学设计》，《中国教育学刊》2007 年第 3 期。

28. 李子建、黄显涵：《语文教学设计的理论基础及应用》，《中国教育科学》2015 年第 2 期。

29. 杨传凯：《语文教学设计的理论基础与基本方法》，《教学与管理(理论版)》2005 年第 9 期。

30. 张彬福：《语文教学设计的理论与实践探索》，《中学语文教学》2005 年第 9 期。

31. 时金芳：《语文教学设计的美学原理探析》，《上海师范大学学报(教育版)》2000 年第 11 期。

后 记

这部书稿是在我博士论文的基础上修改而成的，再看书稿，必然想起博士五年寒窗苦读的时光。从五排房窗外法桐斑驳的树影到9号楼宿舍外经十路彻夜的车水马龙，那些酷暑与严寒，那些慌张与不安，那些求索的艰难与发现的欣喜，都终于化成文字，呈现给这迁流不居的时光。

是的，人生总要有那么一段奋斗的时光，让你回想起来会热泪盈眶。

感谢导师潘庆玉教授，没有老师的严格要求与悉心教导就没有我学业上的点滴进步。老师曾说："学术研究不过是在人类思想的长河中打捞意义的碎片，但是对教育而言，即便是碎片一样的意义也要给它，否则用什么来对抗生命巨大的永恒的虚无？"这段话我多年存在心里，是我辛苦求索的动力。

感谢王崧舟教授，我曾有幸在王老师门下受教，我对语文课堂教学最细致入微的体验与感受都源于王老师。王老师对我的影响是直抵心性的，我对语文教育生命意蕴的体悟，对教学设计审美品格的追求，完全承自王老师。感谢徐继存教授、李正涛教授、张心科教授、胡海舟教授、刘庆昌教授，语文教育研究过程中，是各位老师的智慧给我引领与启迪。

感谢于永正、贾志敏、支玉恒、窦桂梅、薛法根、蒋军晶、何捷、彭才华等各位老师，他们是我论文研究的对象，也是我相识多年的师长或朋友。他们支持我，也宽容我，令我在下笔时没有顾虑。感谢山西省教育宣传中心的李红云老师，李老师为我找全了《小学语文教学》创刊以来所有的年度合并本，给我提供了本研究最重要的史料。

感谢济南幼儿师范高等专科学校的领导与同事们，硕士毕业后，我来到当时的山东省济南师范学校工作，赶上了中师教育的尾巴，是我从事小学语文教育研究的大幸。在这里，聂在富老师、刘婴连老师给了我小语教研最初的启蒙，也为我树立了治学的榜样。读博之后，时任校长李海平，初等教育学院院长袁道颐，语文教研室主任李奎艳、张文明等，都多次关心我的学业并在工作安排上给予我照顾，王新程、池海、孙钿力等领导、同事都曾帮我调过文稿的内容或格式。

感谢齐鲁书社许允龙老师，学术著作出版不易，正是因为有了许老师的举荐，本书才得以顺利选题立项。他对整部书稿进行了细致入微的校对，帮助我对重点文献重新做了核查，订正了多处错误。他还与美编一起几易其稿、设计版式与封面，使它终于以洁雅美观的样貌呈现于读者面前。

最后，感谢我的家人，是他们的爱与宽容给予我常年潜心专业的勇气。

书稿付梓，尺短情长，不思量，自难忘。

林志芳

2023 年 6 月 8 日